W0058841

Karin de la Roi Frey
Mütter
berühmter Schwabenköpfe

Karin de la Roi-Frey

Mütter
berühmter
Schwabenköpfe

Stieglitz Verlag
D-75415 Mühlacker
A-8952 Irdning/Steiermark

Schutzumschlag:
Volker Riedel, Knittlingen
Bildnis: Friederike Schwab
Gemälde von Ph.F. Hetsch
Stadtarchiv Stuttgart
Foto: Uli Kraufmann, Stuttgart

Die Deutsche Bibliothek – CIP-Einheitsaufnahme

Roi-Frey, Karin, de la ;
Mütter berühmter Schwabenköpfe / Karin de la Roi-Frey. –
Mühlacker ; Irdning/Steiermark : Stieglitz-Verl., 1999
ISBN 3-7987-0349-3

ISBN 3-7987-0349-3

Alle Rechte, auch die des auszugsweisen Nachdrucks,
der fotomechanischen Wiedergabe und der Übersetzung,
vorbehalten.

© Stieglitz Verlag
D-75415 Mühlacker
A-8952 Irdning/Steiermark
1999
Druck: Karl Elser Druck GmbH, Mühlacker

Inhalt

Einleitung

Die überragende Bedeutung, die Männer ihren Müttern beimessen, wird deutlich beim Lesen ihrer Biographien. Im Gegensatz zu den Ehefrauen, die häufig den Status einer personifizierten Funktion (Gebärerin *„seiner"* Kinder, Gastgeberin, Sekretärin, Krankenschwester und private *„Auftankstation"*) erhalten, werden die Mütter in den Männerbiographien ausführlich und oft sogar differenziert beschrieben. Wesentliche Charakterzüge, Vorlieben, bestimmte Erlebnisse, Gemeinsamkeiten zwischen Mutter und Sohn, ihre prägende Rolle für sein Leben – Söhne erfassen ihre *„alt Gluck"* (Heinrich Heine) als Individuum, zu dem sie eine ganz besondere Beziehung haben. Nicht selten drückt sie sich in Kosenamen aus. So nannte Carl Zuckmayer seine Mutter *„Däxgen"*, Ernst Moritz Arndt überschrieb seine Briefe an sie mit *„meine süße Mutter"*, und ein bewundernder Sohn nennt seine Mutter in Erinnerung an schwere, gemeinsam durchgestandene Jahre *„Löwe"*.

Die in diesem Buch porträtierten Mütter von Herzog Karl Eugen, Johann Friedrich Cotta, Friedrich Hegel, Justinus Kerner, Gustav Schwab, Ludwig Uhland und Wilhelm Hauff umfassen mit ihren so unterschiedlichen Biographien nicht nur mehr als ein Jahrhundert württembergischer Geschichte, sie stehen auch stellvertretend für die vielen unbekannten Frauen, die keine berühmten Kinder hatten und deshalb heute kaum noch recherchierbar sind. Diese Mütter sind heute noch bekannt: z.B. aus direkten Zeugnissen wie Rosine Uhlands Briefen, weil sie zur dynastischen Geschichte des Landes (Herzogin Maria Augusta) gehören oder den Aufbau eines großen Verlagshauses mitgetragen (Rosalie Cotta) haben. Trotzdem ist es schwierig, diese weiblichen Leben zu erforschen, aus den Bruchstücken der Überlieferung ein biographisches Netz zu knüpfen. Rosine Uhlands Briefwechsel mit ihrem Sohn Ludwig gewährt einen über Jahre andauernden, detaillierten Blick in ihr Leben; ähnliche private Einsichten vermitteln die Briefe zwischen Friederike und Gustav Schwab aus dessen Tübinger Zeit. Darüber hinaus lagen mir bei der Suche nach dem Leben der *„Mütter berühmter Schwabenköpfe"* oft nur Bruchstücke vor: ein Brief aus Kinderhand, die Erinnerung an den Todestag der Mutter, ein Eintrag ins Stammbuch, die letzte Stuttgarter Adresse, Hinweise auf das mütterliche Talent zum Schreiben, eine geschäftliche Notiz des Sohnes, ein zerknitterter Bogen mit den Zeilen eines Gedichts und der Name eines Ortes.

Während Justinus Kerner in seiner Biographie immer wieder von seiner Mutter erzählt, haben die anderen hier im Buch vertretenen Söhne keine Lebenserinnerungen aus eigener Hand hinterlassen. Wilhelm Hauff und Gustav Schwab starben zu früh, Ludwig Uhland lagen solche Eigenbetrachtungen ebensowenig wie Friedrich Hegel. Johann Friedrich Cotta schrieb zwar zigtausend Briefe, aber keine Memoiren, und Herzog Karl Eugen ging als absolutistischer Herrscher sowieso davon aus, daß man sich an ihn erinnern würde.

Erschwerend wirkte sich bei den Nachforschungen aus, daß in vielen Genealogien die weibliche Seite des Stammbaumes weggelassen oder nur unvollständig wiedergegeben wurde, Frauen oft als namenlose Faktoren im Leben berühmter Männer erscheinen, die nicht einmal den Rang einer Nebendarstellerin erreichen, und die männliche Ignoranz gegenüber dem *„anderen"* Teil der Geschichte. Als Insektenforscherin (Maria Sibylla Merian), Astronomin (Maria Kirch), feministische Schriftstellerin (Mary Astell), Kurfürstin (Sophie Charlotte von Brandenburg), Schauspielerin (Catharina Elisabeth Velten), Malerin (Rachel Ruysch), Schulgründerin (Henriette von Gersdorf), Königin (Anna von England), Schriftstellerin

(Sophie von la Roche) und Redakteurin (Therese Huber) nahmen Frauen Einfluß auf die Entwicklung des Landes, der Kultur und der Wirtschaft. Frauen haben sich zu allen Zeiten und immer wieder über die ihnen von der (Männer-)Gesellschaft gesteckten Grenzen hinweggesetzt und die Vorschrift, *„empfangend, unterwürfig, sanft, schwach, schweigsam und schön"* ignoriert. In den Geschichtsbüchern aber werden sie nicht als tatkräftige, innovative, beispielgebende Menschen präsentiert, sondern zu Randerscheinungen degradiert, denn sie bringen das althergebrachte Bild vom *„starken"* Mann und der *„schwachen"* Frau und damit das überkommene Geschichtsverständnis durcheinander.

Betrachtungen der württembergischen Geistes- und Kulturgeschichte sind bisher fast ausschließlich aus Männersicht vorgenommen worden. Sie sind unvollständig, solange sie die historische Realität der Frauen verschweigen.

Daß nicht das Muttersein als *„weibliches Dauerschicksal"* diese Frauen geprägt hat, daß sie keine gesichts- und geschichtslosen Frauen waren, die in der Masse der Hausmütter untergingen, sondern abseits von dieser männlichen Definition ihres Lebens selbständige, interessante und beispielgebende Individuen waren, läßt sich an jedem Lebenslauf der hier vorgestellten Mütter, die eben noch viel mehr als das waren, feststellen. Das Muttersein war nur ein Teil ihres Lebens. Der Titel des Buches aber lautet dennoch *„Mütter berühmter Schwabenköpfe"*, denn ohne ihre Söhne als Katalysator wäre es heute kaum noch möglich, über diese Frauen eine Biographie zu schreiben. Das alltägliche weibliche Leben hinterläßt wenig Spuren, berühmte Söhne aber erleichtern die Suche.

Sie hat sich gelohnt: Forschend und schreibend lernte ich imponierende Frauen kennen und lade die Leserinnen und Leser ein, sich diesem Kreis anzuschließen.

Herzogin Maria Augusta von Württemberg
geb. Prinzessin von Thurn und Taxis

Herzogin Maria Augusta von Württemberg (1706–1756), geborene Prinzessin von Thurn und Taxis

Das Leben der Stammutter des königlichen Hauses Württemberg: Von der prachtvollen Brüsseler Residenz der Thurn und Taxis zur *„Verwahrung"* auf Lebenszeit im Schloß Göppingen.

Im Jahre 1689 reitet ein Kurier aus Wien, unverkennbar vom kaiserlichen Hof kommend, in flottem Galopp die Auffahrt von Schloß Raudnitz hoch, um sich sogleich der Fürstin Maria Anna von Lobkowitz melden zu lassen. Ungewöhnlich sind solche reitenden Boten nicht, denn die Familie Lobkowitz steht in enger Verbindung zu Wien. Diesmal aber liegen in der Satteltasche keine Dokumente für den Hausherrn (als Prinzipalkommissar amtiert er am Immerwährenden Reichstag zu Regensburg), sondern ein Schreiben des Kaisers an die Dame des Hauses. *„Um für dero Reputation und guten Leumund billige Sorge zu tragen"* wird Herzogin Maria Anna, geborene Markgräfin von Baden, verheiratete von Lobkowitz per kaiserlichem Dekret aus Wien mit der Beaufsichtigung und Erziehung der verwaisten Prinzessinnen Sibylla Augusta und Anna Maria Franziska betraut. Von Schlackenwerth, dem Schloß ihrer verstorbenen Eltern, werden die zwei reichen, 15 und 18 Jahre alten Erbinnen nach Raudnitz in die böhmische Residenz der Familie Lobkowitz an der Elbe gebracht. Maria Anna von Lobkowitz ist nicht nur *„wegen ihrer Tugend und Sorgfalt"* als herzogliche Gouvernante und Ersatzmutter vom Kaiser ausgewählt wor-

11

den, es bestehen auch verwandtschaftliche Bande zu den jungen Prinzessinnen, die im zwei Stunden vom berühmten Badeort Karlsbad entfernt liegenden Schlackenwerth, dessen Garten als achtes Weltwunder bezeichnet wird, unbeschwerte Jugendjahre verbracht haben. Nach dem frühen Tod der Mutter (1681) und dem neun Jahre späteren plötzlichen Ableben des Vaters ändert sich ihr Leben abrupt; sie sind Waisen. Im Testament ihres Vaters ist festgelegt, daß sie, obwohl nach böhmischem Recht schon in den *„vogtbaren Jahren"* (mündig), der *„Obercuratel"* des Kaisers unterstellt werden. So soll verhindert werden, daß es zu unpassenden Heiraten kommt. Kaiser Leopold I. überträgt die Sorge der standesgemäßen Education bis zur Heirat nun der Großmutter der späteren Herzogin von Württemberg, Maria Anna von Lobkowitz. Bald dreht sich das Ehekandidaten-Karussell für die Prinzessinnen und gipfelt in der Vermählung Sybilla Augustas mit Maria Annas Neffen Markgraf Ludwig Wilhelm von Baden-Baden, der als „Türkenlouis" in die Geschichte eingegangen ist. So wird Anna Maria von Lobkowitz die Tante der Markgräfin Sybilla Augusta, die nach dem frühen Tod ihres Mannes in der von ihr gebauten Residenz Rastatt, die vom Kunstverständnis und -sinn der Fürstin zeugt, lebt.

Zu Hause, in der Markgrafenschaft Baden-Baden, das seit 1677 von ihrem Neffen regiert wird, hat Maria Anna von Lobkowitz im Jahre 1683 ihre Tochter Maria Ludovica zur Welt gebracht. Die ist sechs Jahre alt, als die Prinzessinnen von Schlackenwerth nach Raudnitz kommen und bei dem kleinen Mädchen bleibende Eindrücke hinterlassen. Eine *„eigenwillige Selbständigkeit"*, das perfekte Beherrschen der französischen Sprache und Schrift, die Berichte von den vielen Reisen mit dem Vater und die Künstler, die sie in Schlackenwerth kennengelernt haben, machen die Prinzessinnen zu ganz besonderen Gästen, und ihr Auftreten unterscheidet sich wesentlich vom sonst üblichen: Die Töchter des Adels führen bis zur Verheiratung ein behütetes Leben im Verborgenen, das sie in keiner Weise auf so „männliche" Aufgaben wie das Regieren vorbereitet. Während ihre Brüder zu den Erben der Dynastie herangebildet werden, sitzen sie stickend und plaudernd in vornehmer Haltung auf dem Sessel am Kaminfeuer und warten auf einen Ehemann. Der Alltag eines adligen Jungmädchenlebens sieht so aus: *„Die Prinzessinnen des 17. Jahrhunderts haben wir alle in Barockgemälden der Hofmaler gesehen, mit ihren unglaublichen Gewändern, grandios wie Denkmäler und besetzt mit Edelsteinen wie Reliquiare. ... Und mehr oder weniger wissen wir, daß jede von ihnen eine Art von Luxuspuppe war, zum Zwecke gemacht, um vom väterlichen Hof an einen fremden Hof gesandt zu werden, den sie nie gesehen hatte, nach einer Menge Feilscherei zwischen den Diplomaten, aber ohne daß sie ein Wort zu ihrem eigenen Schicksal sagen konnte. Am Bestimmungsort angekommen, wurde sie in das Bett eines Ehemannes gelegt, der ... häßlich wie ein Affe sein konnte, oder ein Kretin, oder ein lasterhafter Verderbter oder einfach ein alter Dummkopf, aber von dem sie sich so oft als möglich schwängern lassen mußte, im Interesse der Dynastie. Es gab keinen Zweifel, daß sie von diesem Gemahl ausgiebig gehörnt wurde: es war hingegen nur eine Hoffnung, daß er sich mit weiblichen Liebhaberinnen zufriedengab und nicht auch noch männliche wollte. Im Ausgleich für all das hatte eine Prinzessin des 17. Jahrhunderts die Sicherheit, verrückte Verschwendungen auf Kosten devoter Untertanen machen zu können und ihr Leben mit Festen, Bällen, Jagden, Banketten, heiligen Messen und geistlichen und weltlichen Zeremonien, die jeweils einen Berg Geld kosteten, zu verbringen."*

Doch nicht nur Sybilla Augusta, die als Regentin den Wiederaufbau und die Wohlfahrt ihres Landes fördert, auch Maria Ludovica hat einen ungewöhnlichen Weg vor sich. In der Residenz Raudnitz erscheint kurz vor Jahresende 1702 der junge Erbprinz Anselm Franz von Thurn und Taxis bei der Familie Lobkowitz und hält um die Hand der Tochter Maria Ludovica an. Der junge Mann, der sich für die Tochter des Hauses interessiert, ist ein Erbprinz der reichen Postmeisterdynastie von Thurn und Taxis und ein durchaus annehmbarer Kandidat. Dazu kommt, daß Anselm Franz von angenehmem äußeren Erscheinungsbild ist. Seine Familie hat vor kurzem im Zuge des Spanischen Erbfolgekrieges ihre Brüsseler Residenz durch französische Besatzungstruppen verloren und lebt jetzt in Frankfurt. Mit der Heirat von Maria Ludovica und Anselm Franz im Jahre 1703 in Wien verbinden sich zwei „Aufsteiger"familien, über die der alte europäische Adel nur mißbilligend die Nase rümpft, deren Namen aber bis in unsere Tage die Aura von Geld, Macht und Einfluß haben: *„Thurn und Taxis"* und *„von Lobkowitz"*. Die Familiengeschichte der Thurn und Taxis teilt nicht eindeutig mit, wo die Trauung am 10. Januar 1703 stattfindet, Wien oder Raudnitz, aber in die Annalen wird dieser Tag als Beginn einer glücklichen und erfolgreichen Ehe eingehen. Was erwartet die 20jährige Ludovica beziehungsweise was erwartet die Familie Thurn und Taxis von der Ehefrau des Erbprinzen? Zunächst einmal und vor allem anderen: Kinder, die den Fortbestand der Postmeisterdynastie sichern. Auch muß sie natürlich repräsentieren und geistreich plaudern können, sich zu kleiden wissen, ihrem Mann zur Seite stehen, und die Pflichten einer Frau des Adels übernehmen. Gelernt hat Maria Ludovica das alles zu Hause auf Schloß Raudnitz, sie ist vorbereitet auf das Leben, die Ehe und die damit verbundenen Anforderungen. Wenige Monate nach der Hochzeit bringen zwei vierspännige Kutschen und ein fünfspänniger Bagagewagen Aussteuer und Hausrat der jungen Erbprinzessin von Thurn und Taxis nach Frankfurt. Das Barockschloß ihrer Eltern mit den Kunstschätzen und der großen Bibliothek hinter sich lassend, muß sie in Frankfurt mit einer wesentlich unspektakuläreren, aber dennoch geräumigen und modernen Unterkunft vorlieb nehmen. Johann Matthäus Merian, ein Neffe der zu dieser Zeit schon berühmten Naturforscherin und Blumenmalerin Ma-

14

ria Sibylla Merian, hat der Familie ihres Mannes am Frankfurter Paradeplatz das Haus „Zu den drei Königen" vermietet, wo sie nach dem Verlust ihrer Brüsseler Residenz leben und ihre weitverzweigten Geschäfte führen. Ein Jahrzehnt verbringt die junge Familie in Frankfurt, der wichtigsten Poststation des Reiches. Hier wird nach dem ersten Sohn Alexander Ferdinand (1704) 1706 auch ihre Tochter Maria Augusta geboren und erlebt schon als kleines Mädchen das Aufblühen der Stadt und ihre kosmopolitische Atmosphäre. Zu den etwa 24 000 Einwohnern Frankfurts gehören zu Beginn des 18. Jahrhunderts schon so bekannte Namen wie Brentano, von Günderode, Bethmann und Goethe. Französische Hugenottenfamilien, Elsässer, Schweizer, Holländer, Belgier und Juden handeln mit Tabak, Seife, Früchten, Juwelen, Büchern, Kunstgegenständen und Wein. Die neue Heimatstadt der Maria Ludovica von Thurn und Taxis wird *„ein Centralplatz, ein conclusum commerciorum, ein Zusammenfluß aller Handelsschaft vieler Länder, die nur vermittels oder über Frankfurt miteinander handeln können"*. Die Stadt der Kaiserkrönungen ist ein Knotenpunkt von 26 Verkehrsstraßen, eine Metropole der zwischenstaatlichen Geschäftsbeziehungen. Die Kaufleute, die hier ihre Handlungen eröffnen, gehören zu den innovativen, risikofreudigen und klugen Männern, deren Namen mit dem Frankfurts manchmal über Jahrhunderte verbunden bleiben werden. Die Frühjahrs- und Herbstmessen bringen jedes Jahr noch einmal so viele Menschen in die Stadt, daß Frankfurt bald den Beinamen „Inbegriff der Welt" erhält. Waren auf über 5600 Verkaufsständen türmen sich dann am Römer, am Weckmarkt, am Garküchenplatz und Fahrtor: Leinwand aus Ulm, Wein aus dem Elsaß, Glas aus Maria Ludovicas Heimat Böhmen, feinste Spitzen aus Brüssel, Silber aus Sachsen, *„Seydenzeuch"* aus Frankreich, Gold und Silber aus Straßburg, aufwendig gearbeitete Hüte, Öle, Gewürze direkt aus den italienischen und spanischen Häfen, buntes Glas und *„Sammet"*. Alle Beteiligten dieses imponierenden Markttreibens kommunizieren miteinander, nehmen Bestellungen auf, schicken Mahnungen raus, verlangen Quittungen, kündigen ihr Kommen an, versenden die geordnete Ware, reisen hin und zurück, benötigen eine Eilpost und erwarten eine Poststation mit frischen Pferden, genießbarem Essen und wanzenfreien Betten. Und über das alleinige Monopol für diese organisatorisch gigantische und pekuniär höchst interessante Aufgabe verfügt im Heiligen Römischen Reich die Thurn und Taxische Post, die ihr Hauptquartier in Frankfurt hat. Das ist der geschäftliche Bereich der Familie.

Der private hat ebenso Anteil am regen Messeleben der Stadt. Gaukler, Künstler, Schausteller und Musikanten aus aller Welt kommen und geben Vorstellungen, Gelehrte und Büchernarren reisen zum Buchmarkt, und Sammler besuchen die Gemäldehändler. Das Nebeneinander von Fremdem und Altbekanntem, von Adel und Bürgern, von Zugezogenen und Einheimischen bereichert das Leben der Frankfurterinnen und Frankfurter. Bedeutende Gelehrte und eindrucksvolle Persönlichkeiten lernt Maria Augusta im Haus ihrer Eltern kennen. Sie kommen alle gerne auf Einladung des Fürsten von Thurn und Taxis, geben Musikabende, Gesangsvorstellungen, zeigen ihre Gemälde und führen die neuesten Tuche vor. Die Frankfurter Sammlungen und Bibliotheken genießen Weltruf, und Literatur gehört nicht nur in den Kaffeehäusern zum immerwährenden Gesprächsstoff, es finden auch im privat-öffentlichen Rahmen der großen Kaufmannshäuser und Adelspalais Leseabende statt. Vor allem aber: Frankfurt ist die Krönungsstadt der deutschen Kaiser und beherbergt aus diesem Anlaß im 18. Jahrhundert siebenmal die Höfe aller regierenden Herrscher und Fürstenhäuser. Maria Ludovica von Thurn und Taxis erlebt zwei Kaiserkrönungen aus nächster Nähe mit, zumal in ihrem Haus am Paradeplatz sicherlich Gäste dieser Feierlichkeiten Quartier genommen haben. Im Jahr 1705 wird mit Joseph I. ein Mann gekrönt, der „*von herscherlichem, bisweilen schroffem Selbstbewußtsein*" sein soll, dazu von galanter Vitalität. Sechs Jahre später erlebt Maria Ludovicas Tochter Maria Augusta als kleines Mädchen von fünf Jahren die Krönung Karls VI. mit. Ähnlich ausstaffiert und herausgeputzt wie ihre Mutter nimmt das Kind wohl an verschiedenen Festlichkeiten teil und hat sich dabei wie eine kleine Erwachsene zu benehmen. Dazu kommt, daß sie ein Mädchen ist, und die Eltern können nie früh genug damit beginnen, den wichtigen Familien des Reiches ihre Tochter als eventuelle Ehekandidatin vorzustellen. Manches Verlöbnis liegt 17 Jahre zurück, wenn die Braut mit 18 vor den Traualter tritt. Die Kaiserkrönungen mit ihren farbenprächtigen Festen im Licht von unzähligen Kerzen, den nicht endenden Galazügen der Reichsadeligen, den üppigen Festgelagen und Tänzen bis zum anderen Morgen sind eine ideale Gelegenheit, erste Kontakte und Verbindungen zu pflegen. Eine Fülle von Eindrücken prägen die Kindheit der Maria Augusta von Thurn und Taxis, und „*entsprechend reich war die Bildung, die das junge Mädchen mitbekam*", schreibt der Historiker Hansmartin Decker-Hauff. Ihr Wesen bezeichnet er als „*bizarr*" und fügt hinzu, daß „*die Kaprice der jungen Dame*" schon früh aufgefallen ist. Wenn dem so ist, dann liegen die Wurzeln dieses Persönlichkeitsbildes auch in Frankfurt. Hinzu kommt, daß fast ganz Europa sich auf Maria Augustas Ahnentafel ein Stelldichein gibt und ihren Erbanlagen eine bunte Mischung verschiedener Sprachen, Konfessionen, Kulturen, Völker und Schichten zugrundeliegt. Ob Decker-Hauffs Wertung „*bizarr*" und voller „*Kaprice*" für dieses weibliche Leben heute allerdings noch gültig ist, ob sie nicht vielmehr vom Ballast männlicher Vorurteile befreit werden muß, wird sich im Laufe von Maria Augustas Lebensbeschreibung zeigen.

Neun Jahre ist Maria Augusta alt, als sie 1715 mit ihrer Mutter, eine „*sehr liebreiche Princeßin, welche gewiß vor eine*

Königin genugsame herrliche Eigenschaften und Verstand besitzet", und ihrem Vater, dem Erbgeneraloberstpostmeister, nach Brüssel reist, um die Familienresidenz wieder zu beziehen. Ihre beiden Brüder, Alexander Ferdinand und Christian Adam Egon, lassen Decker-Hauff von einem *„sehr anmutigen und belebten Geschwisterkreis"* sprechen, in dem die einzige Tochter des Ehepaares aufwächst. Anselm Franz und Maria Ludovica gehören selbstverständlich zu den Spitzen der Brüsseler Gesellschaft und versuchen, sich entsprechend dem Vorbild ihrer Vorfahren ein möglichst glanzvolles Ambiente zu schaffen. *„Wenn dieser Herr zu Brüssel ist"*, schreibt ein Reiseschriftsteller, *„führet er sich über die maßen kostbar und prächtig auf, sein Haus stehet allen und jeden Personen von gutem Herkommen offen."*

Das Palais des ersten Postmeisters im Heiligen Römischen Reich liegt auf dem Platz Grand Sablon (1) und bildet den Hintergrund für Maria Augustas Jugendjahre. Darüber heißt es: *„Ihre Erziehung war standesgemäß; die Grundsätze und Grundlehren der katholischen Kirche wurden ihr tief eingeprägt … Von Jugend an war aber die Prinzessin in der großen Welt. Brüssel, die reiche Hauptstadt der österreichischen Niederlande, war im 18. Jahrhundert ein Mittelpunkt des Fremdenverkehrs. Die Lust zur Prachtliebe und zum äußeren Glanz wurde daher in der jungen Fürstentochter schon frühzeitig geweckt, wie denn auch die Zeitströmungen, die Mode, … das Leben überhaupt in Pracht und Reichtum Eindruck … machten. Von Glanz und Pracht umgeben, auf der Höhe des Reichsfürstenhauses stehend, war sie bald ein entsprechendes Leben und das fast widerspruchslose Herrschen gewöhnt."* Diese Darstellung Maria Augustas als verwöhntes Luxuspüppchen mit dem Hang zum Kommandieren erzählt nur die eine Seite, für die andere arbeitet und lernt Maria Augusta in diesen Brüsseler Jahren im Unterricht bei Hauslehrern, die ihre Eltern für sie kommen lassen. Als „eine gelehrte Fürstin" wird die Tochter des Hauses Thurn und Taxis und Ehefrau des Herzogs Karl von Württemberg in die

Geschichte eingehen. In den biographischen Versuchen über ihr Leben, die fast ausschließlich aus Männerhand stammen, liest man darüber nichts. Einer kleinen Leserzuschrift von einem „P. Beck, Ravensburg" in den „Tübinger Blättern" von 1948 verdanke ich den Hinweis: *„Sie zeigte in allen ihren Verhältnissen eine große Liebe für die Wissenschaften. So mag es z. B. in den Annalen der Wissenschaften und Hochschulen selten vorkommen, daß eine Fürstin, wie sie in ihrem 40. Lebensjahre auf der Universität Tübingen am 11. Dezbr. 1746 und noch dazu am Tage ihrer Abreise aus dieser Stadt, wo sie sich 3 Wochen aufgehalten hatte, dem damaligen Rectori Magnifico, dem Dr. Professor (für Anatomie, Physiologie und Chirurgie) Burkhard David Mauchardt bei einer gehaltenen Inauguraldisputation (Doktorprüfung) eine ganze Stunde lang mit vieler Fertigkeit öffentlich opponierte."* Die Beherrschung der lateinischen Sprache ist die Voraussetzung für eine solche wissenschaftliche Diskussion, und so ist Maria Augusta in ihrer Jugend wohl noch mit etwas anderem beschäftigt gewesen als mit Kleidern, Frisuren, Schmuckstücken und Schoßhündchen.

Gerade im Hause Thurn und Taxis weiß man, von welch tragender Bedeutung Frauen für die Fortführung der Familiengeschäfte sind. Gräfin Alexandrine, eine Vorfahrin Maria Augustas, hatte die fast unlösbare Aufgabe, die Thurn und Taxische Post durch die furchtbarsten Jahre des 17. Jahrhunderts zu führen, übernehmen müssen und hatte diese Aufgabe bravourös gemeistert. Und da niemand weiß, ob die Söhne der Familie das Erwachsenenalter erreichen werden, hält es Anselm Franz von Thurn und Taxis für eine Pflicht, seine einzige Tochter auf diesen Fall vorzubereiten. Maria Augusta lernt also alles, was üblicherweise nur in den Unterrichtsstunden der Söhne vorkommt. Der gleichaltrigen, in Paris lebenden Emilie Marquise du Châtelet (1706–1749) ergeht es ebenso. Das *„Lexikon der Naturwissenschaftlerinnen und naturkundigen Frauen Europas"* stellt sie mit den folgenden Worten vor: *„Sie hatte schon als Kind un-*

gewöhnliche intellektuelle Fähigkeiten gezeigt. Mit zehn Jahren las sie Cicero und studierte Mathematik und Metaphysik. Mit zwölf beherrschte sie Englisch, Italienisch, Spanisch und Deutsch und übersetzte Texte griechischer und lateinischer Autoren wie Aristoteles und Vergil." Ihr Freund Voltaire richtet für sie ein Laboratorium ein, zusammen bauen sie eine Bibliothek von zehntausend Büchern auf. Für sie mag nach zeitgenössischem Urteil das Gleiche gelten, was Decker-Hauff über Maria Augusta sagt: *„Sie war ein bunter Paradiesvogel."* Er bezieht sich dabei auf jenen Vorfall am Bayreuther Hof, demzufolge Maria Augusta bei einem Mittagessen ihre Serviette auf den Tisch warf, weil sie die entsetzlich langweiligen Gespräche nicht mehr ertrug.

Decker-Hauff hat recht. Maria Augusta und die anderen gelehrten Frauen ihrer Zeit entsprechen nicht den gängigen Vorstellungen und werden mit Argwohn betrachtet. Vieles, was den anderen Frauen wichtig ist, langweilt Maria Augusta: Etikette, Gespräche aus aneinandergereihten Worthülsen und das Einerlei des Hoflebens, verordnetes Vergnügen und immerwährende Repräsentation des eigenen Standes – welcher Frau von ihrer Begabung und Bildung reißt da nicht der Geduldsfaden? Private Freiräume oder Rückzugsmöglichkeiten existieren so gut wie gar nicht, Maria Augusta aber wird sie sich schaffen ... Man hat sie verglichen mit Mechthild von der Pfalz (1419–1482), die entscheidenden Anteil an den Universitätsgründungen ihres Sohnes Eberhard im Bart hat und in Rottenburg einen kleinen, aber feinen Musenhof unterhielt. Ihr Leben wiederum zeigt Parallelen zu dem der berühmten Eleonore von Aquitanien (1122–1204), der Mäzenatin des größten Troubadours ihrer Zeit. Und noch etwas verbindet diese drei Frauen: die Nachfolgefrage, die sie z.T. unter großen persönlichen Opfern zugunsten ihrer Söhne zu entscheiden versuchen, ihr Abgedrängtwerden von der Macht und schließlich die erneute Ehe nach dem Tod des Mannes.

In Brüssel kann sich niemand in der Familie vorstellen, daß Maria Augusta einmal eine regierende Fürstin sein wird. Es eilt den Eltern ohnehin nicht, ihre Tochter zu verheiraten, außerdem stehen 1724 große Veränderungen an: der endgültige Umzug des Unternehmens Thurn und Taxis nach Frankfurt. Brüssel ist nicht mehr der Mittelpunkt des Postnetzes, zumal im Getümmel des Spanischen Erbfolgekrieges das niederländische Postgeneralat verlorengegangen ist. Und so löst die Aufforderung Kaiser Karls VI., die ihm *„allergnädigst zu erkennen gab, was gestalten ihre und des ganzen Reiches Dienst erfordere, daß der kaiserliche Generalerbpostmeister zu Beobachtung seines Amtes im Reich wohnhaft sei"*, schon bald rege Betriebsamkeit im Brüsseler Palais aus. Kisten und Truhen werden auf Kutschen geladen, wichtige Unterlagen gepackt, Abschiedsbesuche vorgenommen, Räume verschlossen, das Gesinde entlassen und Boten mit den Ankunftszeiten an den einzelnen Poststationen vorausgeschickt. Es geht zurück nach Frankfurt, wo Maria Augustas Vater *„eine der vornehmsten kaiserlichen Poststationen"* besitzt und sich mit seiner Rückkehr nun wieder im Zentrum des Geschehens befindet. Über einen Mittelsmann kauft er noch im gleichen Jahr ein Grundstück, kann aber erst 1729 mit dem Bau einer standesgemäßen Unterkunft für sich und seine Familie beginnen. Die Stadt Frankfurt ist nämlich überhaupt nicht begeistert, ihn in ihren Mauern zu haben. Die Angst um Privilegien und alte Zugeständnisse geht um, man mißtraut dem Chef des Hauses Thurn und Taxis und fürchtet, er könne die Rechte der Stadt schmälern oder gar nicht beachten. Der Kaiser in Wien interveniert, wird von den Stadtoberen abgeschmettert, gewinnt dieses bürokratische Gefecht aber letztendlich doch. Am 30. März 1729 kommt es endlich zur Einigung. Frankfurt zeigt sich einverstanden damit, daß *„des Herrn Anselm Franz von Thurn und Taxis kaiserl. Erb-General-Reichspostmeister Durchlaucht für sich und Ihro hochfürstlichen Leibeserben und*

*Descendenten mann und weiblichen Geschlechts (!) die auf der
großen Eschenheimergasse in Frankfurt gelegene Behausung, zum
Weidenhof genannt, erb- und eigentümlich an sich kaufen und be-
wohnen möchten".*

Für Maria Ludovicas Tochter ist der Bau eines neuen,
prachtvollen Elternhauses nur noch von marginaler Bedeutung. Seit zwei Jahren ist sie verheiratet und hält sich ab-
wechselnd in Brüssel, Belgrad, Frankfurt und Württemberg auf. Wie es dazu gekommen ist, schildert ein blumi-
ger Bericht aus dem Jahre 1907:

*„So war die Prinzessin zur Jungfrau herangewachsen, ausge-
stattet mit allen Reizen des Geistes und Körpers. Bald nahte sich
ein stattlicher Freier, der ritterliche ... Herzog Karl von Württemberg."* Einen Vorteil hat er aufzuweisen, er gehört einem
regierenden Haus an. Und sonst? Es scheint, daß Maria Augusta mit ihm nicht das große Los gezogen hat: *„Unter dem
Waffenhandwerk aufgewachsen, war er ein gar martialischer
Herr geworden, der sich in allem soldatisch gebärdete. Er war sehr
jähzornig und gewalttätig. Wenn er auf die goldene Dose schlug,
die er beständig in der Hand trug, war ein Donnerwetter im Anzug; man fürchtete allgemein diese Dosenmanöver. In Ungarn hatte er den Ungarwein schätzen und lieben gelernt, in Belgrad ihm
fleißig zugesprochen; er war sehr der Leidenschaft des Trunkes ergeben"* und ist außerdem 22 Jahre älter als seine zukünftige
Frau. Maria Augustas Eltern geben ihm die Hand ihrer
Tochter, und ihr Schicksal nimmt seinen Lauf.

Karl Alexander hat einen guten *„Fang"* gemacht: Die
junge Thurn und Taxis gilt nach zeitgenössischer Meinung
als eine der schönsten Frauen ihrer Zeit. *„Sie hatte eine maje-
stätisch graziöse Gestalt, ein feines Gesicht und dunkle blitzende
Augen, eine zierliche Nase und einen schönen Mund."* Außerdem
kommt sie aus einem der reichsten Häuser, das sich zwar alles kaufen kann, nur eben nicht die Ebenbürtigkeit mit
dem alten Reichsadel. Und um das „Geschmäckle" von
neureichen Aufsteigern loszuwerden, müssen Töchter und

Söhne möglichst gut, d. h. in die höchsten Adelskreise, verheiratet werden.

Am 1. Mai 1727 findet in Frankfurt die Trauung statt. Die Familiengeschichte berichtet: *„Zur Vermählungsfeier waren das taxissche Mietshaus in der Reichsstadt, das sogenannte „Rote Haus", und der dazwischenliegende Garten mit tausenden von Lampen illuminiert worden."*

Maria Augusta muß sich jetzt trennen von ihren Eltern, wird aber zeitlebens engen Kontakt mit ihnen, ganz besonders mit der Mutter, pflegen. So treffen sie 1735 zur gemeinsamen Trink- und Badekur in Wildbad (Schwarzwald) ein, reisen später zusammen nach Heilbronn und von dort nach Frankfurt, wo sich das prunkvolle Palais ihrer Eltern seit vier Jahren im Bau befindet. Doch zurück zur Hochzeit in Frankfurt: Von dort reist das junge Ehepaar an den fürstlich thurn und taxisschen Hof nach Brüssel. Hier wird zehn Monate darauf der spätere Herzog Karl Eugen von Württemberg (1728–1793) geboren, unter dessen Regentschaft alle hier im Buch porträtierten Frauen leben.

In den nun folgenden Jahren ist Maria Augusta von Württemberg viel unterwegs. Eine der ersten Stationen ist das von Prinz Eugen eroberte Belgrad, wo ihr Mann, nachdem er sich in der Schlacht um diese Stadt vielfach ausgezeichnet hat, das Amt des Gouverneurs bekleidet. Seine Ernennung zum obersten Chef im Königreich Serbien wird im September 1720 vollzogen. (2)

Acht Jahre ist das jetzt her, und mittlerweile hat Maria Augustas Ehemann sich nicht nur durch sein Amt, sondern auch mit Hilfe ihrer reichgefüllten Schatulle sanieren können. Ungefähr zwei Jahre lebt das Ehepaar zusammen im ehemals türkischen Belgrad, in dem *„die kleinen türkischen Häuser in regellosen Gruppen, gleich Schwalbennestern umherlagen und die engen und kotreichen Straßen die Passage unmöglich machten, während sich an den belebtesten Stellen Moschee an Moschee und Minarett an Minarett reihten".* Unter den neuen Landesherren wird aus Belgrad in kurzer Zeit *„eine stark befestigte, von regelmäßigen und schönen Straßen durchzogene Stadt, deren malerische Lage an den Ufern zweier mächtiger Flüsse ..., deren öffentliche Bauten, Kirchen und Klöster sowie das Leben und Treiben auf den Gassen und Plätzen lebhaft an Wien erinnerte"*.

Als Frau des Statthalters kann Maria Augusta hier also ein angenehmes Leben führen, sich den gesellschaftlichen Pflichten und Freuden widmen und den Status ihres Mannes gebührend repräsentieren. Was sie dazu benötigt, läßt sie entweder aus Frankfurt kommen oder es wird bei den Kaufleuten am Ort besorgt. Die deutschen Händler preisen Waren aus Wien an, die serbischen Händler legen vor allem türkische aus.

Maria Augustas Mann beweist als Präsident der serbischen Administration keine glückliche Hand, Anklagen wegen Eigenmächtigkeiten und Mißbrauch der Amtsgewalt häufen sich, und er wird *„für diese ebenso traurigen als beschämenden Zustände"* verantwortlich gemacht. Seine *„Charakterschwäche"* und ein *„mitunter maßloser Eigendünkel"* prägen das Bild dieses Mannes, dessen *„Hang nach übertriebener Repräsentations- und Verschwendungssucht"* schnell deutlich wird. *„Seine unstillbare Gier nach Geld, sowie ... die Leidenschaft zum Schuldenmachen"* werden ihm nicht nur in Belgrad viele Unannehmlichkeiten bereiten, der Fall „Jud Süß Oppenheimer" wird für immer mit seiner Regierungszeit als württembergischer Herzog verbunden sein.

Die Lage in Serbien entgleitet immer mehr seinen Händen; Beamte, Offiziere und ein großer Teil der Bevölkerung sind öffentlich gegen den Württemberger, der in maßloser Überschätzung seiner Situation auch vor Eigentumsverletzungen nicht zurückschreckt, um seine *„noblen Passionen"* zu finanzieren. Die Situation wird immer unhaltbarer. Da stirbt gerade zur rechten Zeit der württembergische Herzog Eberhard Ludwig, der als Förderer der Familie Grävenitz in die Geschichte eingegangen ist. Da er keinen Nach-

Herzog Karl Eugen von Württemberg

folger hat, ist der Fall eingetreten, von dem man im Hause Thurn und Taxis nicht zu träumen wagte: Karl Alexander macht seine Frau Maria Augusta zur regierenden Herzogin. Erleichtert und ohne Bedauern läßt man in Belgrad den verdienten Soldaten aber unfähigen Statthalter gen Westen ziehen. Die Hofkammer in Wien ordnet kurz darauf die Reformierung der gesamten Administration an, in Württemberg erwartet man den neuen Herzog.

Zwei Jahre zuvor hat Maria Augusta die Residenzstadt Stuttgart bereits kennengelernt. Über fünf Monate hält sich der künftige Herzog 1731/32 mit seiner Frau in Stuttgart auf und sichert nebenbei auch noch den Fortbestand seiner Familie und deren Ansprüche auf den Thron: 1732 wird Friedrich Eugen geboren und macht seine Mutter zur Stammutter des königlichen Hauses Württemberg. Eine Baronin von Oberkirch schreibt über Mutter und Sohn in ihren Memoiren:

„Er hatte den Geist seiner Mutter … geerbt, deren Reize und Anmut zu seiner Zeit ganz Europa kannte. Die muntere Gemütsart dieser Prinzessin, voll von Lebhaftigkeit, ja selbst von Heftigkeit, ihre glühende Leidenschaftlichkeit beschäftigten die Chronik der deutschen Höfe. Man maß ihr viel Schwächen bei. Ich weiß nicht, ob sie Grund zu dieser Meinung gab. Was ich aber weiß, ist, daß sie die reizendste, verführerischte der Frauen war." Ihren Mann hat das allerdings nicht davon abgehalten, ein begehrliches Auge auf andere Frauen zu werfen: Eine Hofsängerin namens Theresia soll es ihm besonders angetan haben. Mit seinen 49 Jahren gilt der neue Landesherr als alter Mann, aber irgendwoher muß ja das Sprichwort *„Je oller, desto doller"* ja seine Berechtigung haben!

Am 31. Oktober 1733 stirbt Herzog Eberhard Ludwig in Ludwigsburg *„an Seitenstechen"*. Ein Historiker stellt daraufhin die Vermutung an: *„Wie mag das Herz der stolzen und ehrgeizigen Herzogin Maria Augusta froh geschlagen haben, als die Kunde nach Belgrad kam, sie sei nicht mehr die Gemahlin eines* *jüngeren, apanagierten Prinzen, sondern des Herrschers eines reichen, blühenden Landes, der über Tausende von Untertanen gebot!"*

Und wir fragen uns: Wie soll das nach den Erfahrungen in Belgrad mit Karl Alexander gut gehen? Anfang Dezember halten er und Herzogin Maria Augusta feierlich Einzug in Stuttgart, und Ende Januar 1734 wird eine Eidglocke geläutet. Unter Pauken- und Trompetenschall hat Herzog Karl Alexander seinen großen Auftritt, Magistrat und Bürgerschaft huldigen ihrem neuen Herrscher. Er soll so recht *„nach dem Herzen des württembergischen Volkes"* gewesen sein, der Kriegsheld mit den *„feurig blitzenden Augen und dem freundlichen Schmollen des Mundes, dem reichen, blonden eigenen Haar, das ihm bis über die Schultern hinwallte".* Er war der *„Liebling aller Frauen und vieler Männer".* Gefeiert wird diese Massenbegeisterung anschließend bei Hofe mit Theateraufführungen, einem luxuriösen Mahl und einem Ball. Das Äußere des neuen Herrschers imponiert, das Innere werden sie noch kennenlernen ... Eines allerdings wird schnell klar, als *„bescheiden"*, wie ihn ein mutiger Historiker bezeichnet hat, kann Karl Alexander nicht durchgehen. Seine Frau dürfte nach mittlerweile sechsjähriger Ehe nicht nur das wissen, sondern sich überhaupt darüber im klaren sein, welchen Mann sie geheiratet hat, doch über diese privaten Bereiche des Herrscherpaares existieren so gut wie keine Kenntnisse, höchstens so allgemeine und anzweifelbare wie: *„Das Familienleben des Herzogs Karl Alexander und seiner Gattin war ungetrübt."* Zu dieser Zeit zählt ohnehin nur eines: der Hof als kulturelle, gesellschaftliche und politische Institution, in deren Mittelpunkt uneingeschränkt der Fürst steht. Von seinen Untertanen verlangt er zwar nicht den Fußfall, aber Gehorsam und völlige Unterordnung. Am Hof, dem Kraftzentrum des absolutistischen Fürstenstaates, regiert, lebt und vergnügt sich der Fürst, empfängt Minister und Botschafter, leitet die Staatsgeschäfte (oder auch nicht) und macht seine eigene Bedeutung fest an der Größe und dem Glanz des Hofstaates. Seine Frau ist auch da, aber in untergeordneter Position. *„Hof wird genennet, wo sich der Fürst aufhält"*, lesen wir in einem Lexikon von 1735 und erfahren damit gleichzeitig, daß Maria Augustas Mann die Regeln aufstellt und sonst niemand. Was ihm an Privilegien zusteht, muß für die noch lange nicht gelten, ein Vergleich seines und ihres um die Hälfte reduzierten Hofstaates gibt darüber Auskunft. *„Bei einem Gemahl wie Karl Alexander trat überhaupt Maria Augusta nur im öffentlichen Leben auf, wo es sich um die Pflichten der Repräsentation bei Festlichkeiten usw. handelte"*, berichtet ein Kenner der Szene. Repräsentation ist es auch, daß der Herzog seiner Gemahlin anläßlich des Regierungsantritts ein eigenes Regiment verleiht. Wir verdanken diesem Geschenk das seltene Bild einer Frau in der Rüstung ihres Kürassierregiments. (3)

Für Maria Augusta persönlich ist das beginnende Jahr ein schweres und freudiges zugleich. Im Februar stirbt ihr fünfter Sohn, Alexander Eugen, nachdem sie 1729 schon einmal ein Kind verloren hat. Mit der Prinzessin Auguste Elisabeth wird dem Herzogenpaar im Oktober 1734 eine Tochter geboren, die noch für viel Aufregung sorgen wird. Ihrer Mutter aber stehen schwere Zeiten bevor: *„Sie hatte inzwischen kennengelernt, wie viele Falschheit sie umgab, wie wenig wahre, aufrichtige Freund sie in dem Heimatlande ihres fürstlichen Gemahls besaß. Mißtrauisch betrachteten Edle und Bürger die fremde, andersgläubige Fürstin. Jedes ihrer Worte wurde mißdeutet, hinter jeder ihrer Handlungen suchte man Schlimmes"*. Mag sein, daß sie dabei ein Opfer ihres Mannes wird, der schon bald wieder seine Belgrader Allüren zeigt und sich in selbstherrlicher Art Gelder für seine aufwendige Hofhaltung und die hinterlassenen Schulden seines Vorgängers beschafft, ohne sich um die von der Landschaft festgesetzte Höchstgrenze der Mittel zu kümmern.

Der Geheime Finanzrat Joseph Süß Oppenheimer spielt in dieser Angelegenheit eine entscheidende Rolle. Sein Tod wird dieses Kapitel der Landesgeschichte beenden. (4)

Zu diesen Eigenmächtigkeiten in Geldangelegenheiten kommt, und das beunruhigt die Württemberger ganz besonders: Der Herzog und seine Gemahlin sind katholischen Glaubens. Und obwohl Karl Alexander eindeutig bestätigt und festlegt, daß sich die Glaubensausübung seines Hauses auf den privaten Bereich beschränken wird und keine Änderung des Glaubens im Volk zu befürchten ist, hält sich hartnäckig das Gerücht, er wolle mit *„Wagenladungen von Rosenkränzen"* das Land katholisch machen. Inzwischen kennen sie in Stuttgart und im Land ihren Herzog und fürchten, er könne sich vielleicht sogar an ihren Landständen vergreifen. Recht haben sie, denn Karl Alexander kommt als absolutistischer Fürst in Reinkultur nur schwer mit der Macht der Landstände zurecht. Ihm kommt schon bald die Idee einer Verfassungsänderung, und einer seiner Vertrauten gibt öffentlich zu erkennen, daß die Möglichkeit entmachteter Landstände in nicht weiter Ferne liegt.

Mit dem 12. März 1737 aber sind all diese Pläne hinfällig, Herzog Karl Alexander stirbt überraschend, oder, wie manche andeuten, *„wird gestorben"*. Es geht noch heute das Gerücht, die Landschaft in Stuttgart habe schon von seinem Tod gewußt, als der Herzog in Ludwigsburg noch *„putzmunter"* (5) war. Ein Zeitzeuge schreibt in sein Tagebuch:

„Den 13. März 1737 bekomme ich eine Staffette von meines Bruders Secretario mit der betrübten Nachricht, daß die Durchlaucht der Herzog gestern Nacht in Ludwigsburg an einem Schlagfluß gestorben ist." Über den Ablauf der Ereignisse liest man: *„Alles war schon vorbereitet (für eine lang geplante Reise), da starb der erst dreiundfünfzigjährige Herzog plötzlich, wenige Stunden vor der festgesetzten Abreise, nachdem er noch am Abend vorher mit Süß gespielt und seine Sängerinnen bei sich gehabt hatte, mitten unter Karnevals- und Opernstaub ... Unheimliche Zeichen der Erstickung wollte man an der Leiche wahrgenommen haben, bei der Sektion fanden sich Herz, Kopf und alle Organe gesund, nur die Brust ganz von Staub, Rauch und Dampf des Kar-*

nevals voll." Und der lapidare Nachsatz eines Historikers lautet: „*Wahrscheinlich rührte den Herzog der Schlag in den Armen einer der Kurtisanen.*"

Schon bald wird erzählt, der Herzog sei vom Teufel geholt worden, und man berichtet hinter vorgehaltener Hand von blutigen Flecken an der Wand des Sterbezimmers, die eigenartigerweise durch nichts wegzubringen sein sollen. Auch die Schildwachen wollen Gespenstisches in der Nähe der herzoglichen Gruft gesehen haben ...

Was auch immer geschehen ist, das Ergebnis ist eindeutig: Maria Augusta ist Witwe. (6) Wäre sie unansehnlich, alt und klapprig – niemanden hätte es interessiert und sie hätte – wie unzählige Frauen vor ihr – den Rest ihres Lebens in irgendwelchen Zimmern des Schlosses mit mehr oder weniger sinnvoll ausgefüllten Tagen verbringen können. Maria Augusta aber ist erst 31 Jahre alt, gehört zu den schönsten Frauen ihrer Zeit, ist „*für Zerstreuungen empfänglich*", genießt gerne, hat eine „*majestätische, graziöse Gestalt, ein feines Gesicht mit dunklen, blitzenden Augen*" und „*wenn man ihre Ahnentafel durchmustert und diese vielen schönen und temperamentvollen Frauen sieht, braucht es nicht zu wundern, daß sie nun auch nicht aus Marmor gehauen war*", schreibt Decker-Hauff verständnisvoll, verschweigt aber den Fortgang der Geschichte, weil er nach seiner Meinung „*für Töchter als Geschichtsunterricht nicht unbedingt geeignet ist*".

Maria Augusta hat zunächst allerdings ganz andere Sorgen als die, sich nach einem passenden Liebhaber oder Ehemann umzusehen. Im Testament ihres Mannes steht es eindeutig, und die Tradition bestätigt seine Verfügung: Die württembergischen Herzoginnen Anna Maria (1526–1589), Barbara Sophie (1584–1636) und Magdalena Sibylle (1652–1712) gehörten zu den Vormunden ihrer Söhne. Es gilt jetzt, die Macht zu erhalten, Maria Augusta muß sich den Status der Mitvormundschaft für den erst neunjährigen Karl Eugen sichern.

Über den Fortgang dieser Angelegenheit existieren verschiedene Versionen, und die bekannteste kommt von Decker-Hauff. Er erzählt, daß Maria Augusta die Söhne weggenommen werden, damit sie in Preußen *„stockprotestantisch indoktriniert"* werden. Es geht schließlich um den Fortbestand der evangelischen Landesreligion in Württemberg, für die Preußen sozusagen zum Garanten wird. Beim genauen Studium des zeitlichen Ablaufs der Geschehnisse kommen Zweifel über diese Darstellung auf: Die Söhne werden ihr keineswegs weggenommen, es gelingt Herzogin Maria Augusta vielmehr nach zähen Verhandlungen, sich acht Monate nach dem Tod ihres Mannes den Titel *„Obervormünderin"* zu sichern. Ein Vergleich gesteht ihr zu, *„die Erziehung ihrer Kinder und unter gewissen Bedingungen die Wahl ihrer Lehrer und die Wahl der nötigen Geistlichen"* vorzunehmen und verhindert damit die Einmischung nichtkatholischer Kräfte. Im Gegenzug verpflichtet sie sich, Herzog Karl Rudolf, bzw. seinem Vetter Herzog Friedrich Karl, die alleinige Führung der Staatsgeschäfte zu überlassen und wird im Sommer 1738 vom Kaiser darin bestätigt. Über ihre Rolle als Mutter wird berichtet: *„Inmitten des Hoftrubels, der Maria Augusta umgab, war sie stets ihrer Mutterpflichten eingedenk. Sie überließ dieselben nie, wie so viele vornehme Frauen es taten und tun, bezahlten Mietlingen. Nein, sie griff selbst in die Erziehung derselben ein, sorgte für tüchtige, gewissenhafte Erzieher, entfernte ungeeignete und kümmerte sich sogar um den Lehrplan. Wie wenige fürstliche Damen mögen in jenen Zeiten so besorgt gewesen sein um ihre Kinder, wie die viel geschmähte Maria Augusta! Ihnen galt ihr Denken und Trachten. Ungerne hat sie sich später von ihnen getrennt ... (und) als die Söhne später in Berlin weilten, spricht immer aus deren Briefen deutlich die Sehnsucht nach der Mama."*

Einmal abgesehen von den durchschimmernden ideologisch gefärbten Beimischungen zur Heroisierung der Mutterrolle, klingt dieses innig-intensive Verhältnis der Fürstin zu ihren Kindern plausibel. Maria Augusta steht hier in der Reihe einer weiblichen Tradition, die die Erziehungsarbeit von Frauen als dynastisch-tragende Aufgabe formuliert, die weit über den persönlichen Bereich des Mutterseins hinausgeht.

Und auch auf anderer, bisher von den Historikern verschwiegener Ebene, gelingt der verwitweten Herzogin ein *„politischer Coup":* Ihr gemeinsames Essen mit den Vertretern der Landschaft im Stuttgarter Landschaftshaus, geht in die Geschichte ein. Diejenigen, die angeblich so viel Angst vor dem Katholizismus und in ihr bisher eine Gegnerin gesehen haben, vernehmen mit Freude ihre Zusage mit den Worten, sie wolle sich vorher gut *„zu Bette halten ..., damit sie sodann desto aufgeräumter sein könnte".* In ihrer von sechs Pferden gezogenen Staatskarosse, die von Läufern, Pagen, Lakaien und Heiducken begleitet wird, trifft Maria Augusta vor dem Haus der Landschaft ein. *„Während der Mahlzeit ließ sich eine Musik von Trompetern und Waldhornisten hören. Die Herzogin=Mutter war sehr aufgeräumt, sprach auch mit den meisten Landtagsdeputierten ... und versicherte sie alles Guten."* Nach gegenseitigen Wohlwollensbezeugungen, der Besichtigung des Landschaftshauses *„endigte der Besuch der klugen Herzogin=Mutter, die auf diese Art sich die Gunst der mächtigen Landschaft zu verschaffen trachtete".* (7)

Über die nun folgenden Jahre lesen wir: *„Es kam nun nach langen Kämpfen für Maria Augusta eine Zeit der Ruhe, des Friedens. Sie konnte nunmehr, frei von allen Sorgen, sich dem heiteren Lebensgenuß hingeben."* Sie soll in Lust und Freude gelebt und die von Herzog Karl Alexander eingeführten Maskeraden fortgesetzt haben. Ein Kommentator dazu: *Dies geschah „natürlich zum Ärgernis gewisser Kreise in der schwäbischen Hauptstadt, die bis in die neueste Zeit dem heiteren, harmlosen, frohen Maskentreiben feindselig gegenüberstehen, es als sündhaft und heidnisch verschreien und Alt und Jung, namentlich die liebe Schuljugend durch Verbote und Strafen davon ferne halten möchten."*

Auch das Mißtrauen der Landschaft ist nicht endgültig beiseite geräumt, und mancher bekommt es schon wieder mit der Angst zu tun, als Maria Augusta ihre Kinder 1740 hinter verschlossener Tür firmen läßt.

Im gleichen Jahr tritt in Preußen Friedrich der Große die Nachfolge seines Vaters, des *„Soldatenkönigs"*, an. Eine seiner ersten Amtshandlungen ist die Verleihung des Schwarzen Adlerordens, der höchsten von Preußen zu vergebende Auszeichnung, an Maria Augusta von Württemberg. Ein politischer Schachzug? Wie auch immer, die politischen Umstände im heimatlichen Württemberg bringen sie angeblich auf die Idee, dem preußischen König *„ihre Kinder mit Ausschluß der Tochter anzuvertrauen und dadurch dessen Freundschaft und Schutz gegen ihre Feinde zu erwerben"*. Nach dieser Fassung der historischen Berichte ist Maria Augusta also keineswegs eine beliebig hin- und hermanövrierbare Figur, sie entscheidet vielmehr selbst und hat die politischen Fäden durchaus in der Hand. Vielleicht liegt hier der Grund für die ungewöhnliche Schweigsamkeit der Historiker, die mit einer selbstbewußt agierenden Herzogs-Witwe ihre Schwierigkeiten hatten und haben. Eines aber ist klar: Maria Augustas Söhne reisen Ende 1741, also erst vier Jahre nach dem Tod ihres Vaters, nach Berlin an den Hof des preußischen Königs. Es kann weder vom Wegnehmen und zwangsweisem Verschicken nach Preußen die Rede sein, noch von einer daraus resultierenden Feindschaft der Herzogin zu Friedrich dem Großen. Auch irrt Decker-Hauff, wenn er schreibt, Maria Augusta *„saß nun einsam und allein da"*, ganz im Gegenteil!

Maria Augusta reist mehrfach nach Berlin. So treibt sie *„die Sehnsucht nach den Söhnen"* bereits im Jahre 1742 in die preußische Hauptstadt. Mit zahlreichem Gefolge trifft sie ein, um der angesetzten Geburtstagsfeier ihres Sohnes Karl Eugen beizuwohnen. Erst werden ihr zu Ehren einige Festlichkeiten veranstaltet, dann folgen Konzerte, Soupers und

Bälle für das Geburtstagskind. Über ihren Besuch, oder besser „*Auftritt*", in der preußischen Hauptstadt, berichtet ein Augenzeuge: „*Die Herzogin von Württemberg war mit einem zahlreichen Gefolge nach Berlin gekommen, um den König und Königin zu sehen, sich mit unserm Hofe zu befreunden und ihre drei Söhne zu besuchen. Da ich dieser Fürstin noch nicht vorgestellt war, so wagte ich es nicht, mich ihr zu nähern, allein sie bemerkte mich, fragte nach meinem Namen und ließ mir befehlen, ihr sogleich aufzuwarten. Den anderen Tag ging ich nach ihrem Palaste. Ich war um zwölf Uhr bestellt, und man führte mich zu der Herzogin. Wie sehr erstaunte ich aber, sie in einem prächtigen Nachtkleide auf dem Bette liegend zu finden. Zu ihrem Kopfe stand ein kleines goldenes Gefäß mit Weihwasser, außerdem war das Zimmer mit kostbaren Reliquien, einem Kruzifix und einem Rosenkranz von schönen Perlen geschmückt. Das Kleid, die Kissen und Decke der Herzogin waren mit den kostbarsten Spitzen reich besetzt. Sie trug ein Nachthäubchen von dentelles d'Alençon (Spitzen), das mit einem grün und goldenen Bande umschlungen war. Die Herzogin ist schön, geistreich und von den feinsten Weltmanieren, Eigenschaften, die wohl geeignet sind, den Kopf eines Menschen von sechsundzwanzig Jahren zu erhitzen.*" (8)

Das kann ja auch durchaus die Absicht gewesen sein! Schließlich ist Maria Augusta erst 36 Jahre alt. Schon bald kursieren Gerüchte, manche hinter vorgehaltener Hand, andere werden ganz offen weitererzählt. So hört man in Berlin genüßlich die Geschichte, ein Marquis habe geglaubt „*zu bemerken oder bildete sich vielmehr ein, daß die Prinzessin in ihn verliebt sei, und eines Abends hielt er seine Unschuld so sehr in Gefahr, daß er ... aus den Fenstern*" eines Gasthofes sprang. Maria Augusta lacht über diesen Klatsch und verspottet den Marquis in einem Gedicht.

Nur mit verkniffener Miene sehen manche Damen des Hofes diese junge, hübsche und selbstbewußte Herzogin aus Württemberg am preußischen Hof: „*Der rauschende Beifall, den Maria Augusta bei den Cavalieren des Berliner Hofes fand, erweckte* den Neid der Schwester ihres Gastgebers", die sie *„um die fürstlichen Herren, welche ihr in ritterlicher Weise den Hof machten, beneidet hat."* Viele Namen kursieren in ihrer Umgebung, so auch der des Herzogs von Holstein-Gottorp, auf den aber schon Prinzessin Louise Friederike von Preußen ein Auge geworfen hat.

Aus dem *„Gothaischen freiherrlichen Taschenbuch"* des Jahres 1854 ist im Hinblick auf das Liebesleben der Herzogin noch etwas viel Ungewöhnlicheres als Flirts und Romanzen zu erfahren. Danach soll Maria Augusta ihren Oberhofmeister Justus Christian von Schwartzenau (1716–1749), *„ein aufgeweckter Weltmann"*, geheiratet haben. Er soll *„in hoher Gunst"* bei ihr gestanden haben und von der Herzogin *„zur linken Hand"* geheiratet worden sein. Decker-Hauff deutet so etwas an, wenn er sagt, sie habe *„vielleicht gelegentlich in ihrer Einsamkeit, in ihrer Verlassenheit, in ihrer politischen Rückhaltlosigkeit, ihr ganzes Elend mit Menschen geteilt, die ihrer nicht ganz würdig waren"*. Von anderer Seite wird dieser Teil ihrer Biographie bestritten und mit dem Hinweis auf einen *„unzuverlässigen, klatschsüchtigen"* Autor, der dieses Gerücht in die Welt gesetzt haben soll, abgetan.

So, wie ich Maria Augusta im Laufe der Recherchen kennengelernt habe, traue ich ihr diesen ungewöhnlichen Schritt, einen elf Jahre jüngeren Mann zu heiraten, der dazu nicht einmal standesgemäß ist, durchaus zu. Diese Frau, die *„einen Platz in der Reihe der Löwinnen des achtzehnten Jahrhunderts einnimmt"*, liebt das Leben und umgibt sich gerne mit Männern. Einer von ihnen erzählt: *„Die Herzogin, welche oft scherzend behauptete, ihr Witz rege sich nicht, als bis die Kerzen angezündet würden, gibt uns allerliebst Soupers. Oft liegt sie im Bett und läßt eine Tafel vor sich stellen ... Das gute Essen und Trinken ist der Körper, die Fröhlichkeit, die Seele dieser wahrhaft zauberischen Abende. Die Herzogin hat 2 Glocken neben sich, wovon die eine das Zeichen, Champagner, die andere, Ungarwein zu bringen ist ... Kaum ist man unter sich, so hört aller Zwang auf."*

Und zur Gesellschaft der anwesenden Herren gehört auch jedesmal ihr Oberhofmeister von Schwartzenau ...

Ist dies der Grund dafür, daß Karl Eugen seine Mutter in die *„Verwahrung"* schickt? Oder ist an der Geschichte, sie habe ihn für illegitim erklären wollen, um ihrem zweiten und Lieblingssohn an die Regierung zu helfen, etwas dran? Klingt etwas abenteuerlich, aber die Menschen des 18. Jahrhunderts und vor allem eine Herzogin mit absolutistischen Maßstäben ist nach anderen Richtlinien als den heutigen zu beurteilen. Ihr Sohn will sie jedenfalls aus dem Weg haben und separiert sie erst in Heimsheim, später auf dem Schloß Göppingen. Das geschieht zwei Jahre nach seiner Heirat mit Friederike von Brandenburg-Bayreuth (1732–1780), die sich zu dieser Zeit schon eng mit Marianne Pirker, der Mutter von Rosalie Cotta, angefreundet hat und auf eine nicht ganz eindeutige Art zu deren schwerem Schicksal beiträgt.

Für Maria Augusta ist das Jahr 1750 noch in anderer Hinsicht von einschneidender Bedeutung: ihre Mutter stirbt. Nach dem plötzlichen Tod des Vaters (1739), der die Fertigstellung seines sagenhaften Frankfurter Palais nicht mehr erlebt hat, sollen sich Mutter und Tochter eng aneinandergeschlossen und immer wieder längere Zeit miteinander verbracht haben. So erzählt ein Artikel aus dem Jahre 1907 von ihren Aufenthalten in Bad Teinach, als dessen *„Gönnerin"* Maria Augusta bezeichnet wird, die *„nicht wenig zum Besuch und zur Hebung dieses Bades"* beiträgt. Sie soll dort *„unter allen Brunnengästen den Brauch eingeführt (haben), daß jeder Herr einen Badeschatz hatte. Sie stiftete gerne Heiraten und konnte es dabei nicht leiden, daß dergleichen unter ihren Leuten nicht von ihr selbst kommen sollten".* Und *„unter Benutzung handschriftlicher Aufzeichnungen eines Zeitgenossen, der die Herzogin persönlich kannte",* wird berichtet, daß Karl Eugen 1750 nach dem Aufenthalt seiner Mutter und Schwester Auguste Elisabeth (1734–1787) in Bad Teinach, letztere *„hinwegnehmen und zur besseren Erziehung nach Metz in ein*

Kloster bringen" läßt. Auch hier liegt einer der Gründe für die rohe Behandlung, die der Herzogin von ihrem ältesten Sohn widerfahren ist.

Maria Augustas vielleicht einzige wirkliche vertraute Person, Maria Ludovica von Lobkowitz, deren Leben so eng verwoben ist mit vielen berühmten Namen, die Großmutter Herzog Karl Eugens und Ur-Großmutter des württembergischen Königs, stirbt am 20. Januar 1750 und hinterläßt im Leben ihrer Tochter eine große Lücke.

Drei Jahre später heiratet Maria Augustas Tochter Auguste Elisabeth (9) ihren Cousin, den Erbprinzen Karl Anselm von Thurn und Taxis (1733–1805). Maria Augusta erscheint nicht zur Hochzeit ihrer einzigen Tochter, sie kann Karl Eugen angeblich niemals verzeihen, daß er sie nach Göppingen ins Exil geschickt und von allem höfischen Leben ausgeschlossen hat. Sechs Jahre lebt Maria Augusta noch dort unter starker militärischer Bewachung als Gefangene ihres Sohnes. Ein Fluchtversuch mißlingt: *„Schon wartete ihrer der Wagen um Mitternacht, schon war die Gartentür, aus der sie in den Wagen steigen wollte, geöffnet, als der Kommandant ihrer Ehrenwache mit den Worten zu ihr trat: ‚Ihro Durchlaucht sind wohl wie ich durch die schöne Sternennacht zu einem Spaziergang verleitet worden, allein die kühle Nachtluft könnte doch schaden; erlauben Ihre Durchlaucht, sie in das Schlafgemach zurückzubegleiten!'"*

Am Abend des 1. Februar 1756 stirbt Maria Augusta *„unvermutet an einem Schlagfluß ... Niemand hätte geglaubt, daß sie diese eingezogene Lebensart solange würde aushalten können, da sie von Jugend auf in der großen Welt gewesen war ... ein feuriges Temperament hatte."*

Ohne große Feierlichkeiten wird sie in der Fürstengruft der Ludwigsburger Schloßkapelle beigesetzt. Ihre Söhne werden nacheinander den Thron des Herzogtums Württemberg besteigen, und ihr Enkel Friedrich wird 1806 König von Württemberg.

Rosalie Cotta

Rosalie Cotta (1738–1812), geb. Pirker

Ihr Geburtsname ist verhaftet mit einem der größten Skandale in der württembergischen Geschichte. Als verheiratete Frau und Mutter trägt sie einen noch heute Respekt und Bewunderung einflößenden Namen.

Napoleon des deutschen Buchhandels, Wirtschaftspionier, schwäbisches Universalgenie, legendärer Patron der Klassiker, eine der eindrucksvollsten Persönlichkeiten des deutschen Kulturlebens – Superlative für Johann Friedrich Cotta (1764–1832). Rosalie Cotta ist seine unbekannte und bisher noch nie in einer Biographie porträtierte Mutter: Graz. Herrengasse. Hier, im sogenannten *„Geyerschen Haus"*, kommt Rosalie Pirker im Jahre 1738 zur Welt. Ihre Eltern gehören dem fahrenden Volk, wechselnden Schauspielertruppen an und sind nie lange an einem Ort. Opernhäuser, Hoftheater, fürstliche Palais, Schlösser und königliche Sommerresidenzen sind für die Stunden des Auftritts ihr Zuhause, danach geht es zurück in die manchmal gute, meistens aber eher armselige eigene Behausung. Anna Maria (1717–1782), geb. Geyereck, die als Marianne Pirker in die Geschichte eingeht, und ihr Mann Franz Joseph (1701–1786) sind seit 1736 ein Ehepaar. Seitdem halten sie sich in Graz auf; es ist ihnen gelungen, für längere Zeit ein Engagement zu bekommen. Reisetruhen, Beutel, Hutschachteln, die vielen Kisten und Kästen für die Garderobe der Künstlerin und die alte Violine des Konzertmeisters stehen in einem kleinen Verschlag unter der Treppe des Hauses mit der Nummer 15 in der Grazer Herrengasse.

Die Lage von Graz in einer *„lieblichen Gebirgsschlucht"* an beiden Ufern der Mur macht die Stadt *„zu einer der schönsten im Alpenlande"*, heißt es in einer Ortsbeschreibung von 1875. Mitten in der Stadt erhebt sich der Schloßberg, von dichter Vegetation und von prächtigen, schattenspendenden Bäumen bedeckt. Anzunehmen, daß auch die Pirkers die angenehmen Spazierwege zur Erholung von der anstrengenden Bühnenarbeit genutzt, den herrlichen Rundblick genossen und dabei Pläne für die nächste Saison geschmiedet haben.

Marianne Pirker gehört zu den Sängerinnen der *„Mingottischen Operngesellschaft"*, die zur Zeit des Karnevals und der Herbstmesse im alten Opernhaus am Tummelplatz komische und ernste Opern aufführt. Es ist nicht immer leicht, das Haus voll zu bekommen. Die Wirtschaftskrise vor einigen Jahren hat nicht nur den Manufaktur- und Fabrikarbeitern zugesetzt, auch manche der feineren Herrschaften sind seitdem gezwungen, sich etwas einzuschränken. So ging nach dem Krach des Bankhauses Weiß das Palais des Hausherrn an die Gläubiger verloren; und er ist nicht der einzige, dessen Geldbeutel nicht mehr so prall gefüllt ist. Die Grazer der höheren Stände und ihre Frauen aber sind es, die zum Publikum der Opernaufführungen gehören. Andere, wie der Handelsmann und Kaffeesieder Franz Belotti, verdienen als Heereslieferanten während des Türkenkrieges ein Vermögen und möchten zeigen, daß sie sich etwas leisten können. Der Opernbesuch in feiner Garderobe, das Vorfahren in der soeben neu angeschafften Kutsche, das *„Sehen und gesehen werden"* in den Wandelgängen des Hauses am Tummelplatz gehören dazu. Nicht jeder im Publikum kann ermessen, welch besondere Stelle die Pirkerin im Mingottischen Ensemble einnimmt, das ausschließlich mit italienischen Sängerinnen und Sängern besetzt ist. In den Textbüchern wird sie *„Tedesca"* genannt und damit hervorgehoben, denn als einziger Nicht-Italienerin ist es ihr gelungen, in der Grazer Oper, die wie alle anderen Häuser ein ur-italienisches Territorium ist, Fuß zu fassen. Mit ihren Auftritten beweist Marianne Pirker immer wieder, daß Deutsche auch singen und sich neben italienischen Kolleginnen und Kollegen behaupten können. Man ist begeistert, klatscht und jubelt ihr zu. In Graz beginnt die künstlerische Laufbahn dieser berühmten Sängerin, die in vielen Städten Europas auftreten und vor gekrönten Häuptern singen wird.

Die Namen der Grazer Gassen wurden nicht von der Obrigkeit festgelegt, sie entwickelten sich im Laufe der Zeit durch Gewohnheit und erhielten ihre Bezeichnung oft durch das dort ansässige Gewerbe. Die Schmied-Gasse, in der die erste Tochter der Pirkers, Aloysia, 1737 zur Welt kommt, gehört zu den ältesten der Stadt. Dort, im *„Fischgänglhaus"*, lebt das Künstlerehepaar, wechselt aber schon bald wieder die Wohnung und hat dann eine Unterkunft in der nicht weit entfernten Herrengasse. Auch sie liegt im ältesten Stadtquartier und gehört zu den wichtigsten Straßen, denn sie verläuft in der Richtung eines Haupthandelsweges, der Straße nach Ungarn. Die Geschichte der Häuser in der Grazer Herrengasse ist detailliert aufgeschrieben. Nach Rosalies Eltern aber suchen wir vergebens, denn es sind nur die Eigentümer vermerkt, nicht die Mieter. Der Besitzer der Nummer 15, Carl Edler von Geyern, ist mit einer Frau namens Danzer von Tanzenberg verheiratet. Zu Rosalies Paten gehört laut Taufregister eine gewisse Barbara von Tanzenberg, die aber in nicht eindeutig geklärter Weise zur Familie gehört. Wie schon beim ersten Kind, gelingt es Marianne und ihrem Mann, Angehörige von steirischen Adelsfamilien als Paten zu gewinnen. Ob es da auch verwandtschaftliche Beziehungen gibt, ist unklar. Die Familie Geyereck, aus der Marianne kommt, soll zwar zur wohlhabenden Klasse zählen, genauere Angaben über die Herkunft ihrer Eltern sind bisher allerdings nicht aufgetaucht. Auch in den Listen der Paten sind sie nicht vertreten, was sehr ungewöhnlich ist. Ob sie zu diesem Zeitpunkt mit dem Bühnenleben ihrer Tochter nicht einverstanden sind und sich von ihr losgesagt haben, ist nicht bekannt. Der Ruf einer ordentlichen, ehrbaren Frau ist dahin, wenn sie öffentlich auftritt. Nicht umsonst schreibt Karoline Schulze-Kummerfeld (1745–1815), eine Kollegin der Pirkerin, *„daß wohl kein Frauenzimmer in der Welt mehr Verdienst hat, wenn es ganz tugendhaft bleibt, wie ein Frauenzimmer auf dem Theater"*. Die Gefahren lauern überall: unseriöse Agenten, zweifelhafte Unterkünfte, dubiose Mitreisende, Kolleginnen, die ganz offen dem Ruf der Schauspielerinnen schaden, liebestolle Verehrer, plump-durchsichtige Komplimente von Theaterdirektoren und Freunde der Kunst, die eigentlich an etwas ganz anderem Freude haben möchten.

Drei Jahre alt ist die kleine Rosalie, als ihre Eltern mit der Grazer Operntruppe für ein Gastspiel nach Hamburg reisen. Von da geht es im Oktober 1740 nach Berlin; Marianne Pirker singt bei Hof und erhält glänzende Kritiken. Man ist keineswegs der Meinung von König Friedrich, der *„den Gesang einer Deutschen mit dem Wiehern eines Pferdes zu vergleichen pflegte"*. Im Gegenteil, der Gesang der Pirkerin wird als *„ausnehmend schön"* empfunden. Die italienischen Sängerinnen sollen angeblich Mühe haben, ihr gleichzukommen.

Die lange Reise in der Kutsche, Poststationen ohne den geringsten Komfort, Quartiersuche am Gastspielort, fremdes Essen, Kostümpflege, Gagenverhandlungen, Gesangsproben, Auftritte und immer dabei: die zwei kleinen Mädchen Aloysia und Rosalie. Sie sind Theaterkinder, und ihre ersten Lebensjahre verlaufen ähnlich wie die der berühmten Eleonora Duse (1859–1924). *„In einer Reisetasche schaukelte das Baby durch die Provinzen, bis es selbst laufen konnte."* Welche Frau der Bühne kann es sich schon leisten, ein

Kindermädchen zu engagieren, und so tollen und spielen die Theaterkinder irgendwo am Bühneneingang herum, werden weggescheucht, schlafen gelegt und dann vergessen. Sie haben eine dürftige Existenz ohne Sicherheit und Behagen. Aloysia und Rosalie sind nirgends richtig zu Hause, meistens im Weg, stören und müssen früher und vieles mehr lernen als andere Kinder, schneller erwachsen und selbständig werden.

Bald darauf geht es zurück in die österreichische Heimat. Marianne bringt ihre dritte Tochter zur Welt und steht wieder auf der Bühne. Diesmal in Preßburg, wo die Krönung Maria Theresias (1717–1780) zur Königin von Ungarn gefeiert wird. Nach Graz zurückgekehrt, merken die Pirkers schnell, daß ihr Engagement bei den Brüdern Mingotti nichts mehr wert ist, denn die Theaterbesucher bleiben aus. Die ehemalige Truppe zerstreut sich in alle Winde, Marianne geht mit ihrem Mann und den Kindern nach Italien. Ihre bisherigen Erfolge haben ihr Selbstvertrauen gegeben, und sie fühlt sich stark genug, auch dort, in der Heimat der Konkurrenz, aufzutreten. Sich als Deutsche mit den bedeutendsten Vertreterinnen des klassischen Kunstgesangs messen zu wollen, ist ein Wagnis. Manche ihrer Kolleginnen würden dankend abwinken. Marianne aber riskiert es und gewinnt. In Neapel und Venedig huldigt man ihrer schönen, ausdrucksstarken Stimme. Später wird über diese italienische Reise zu lesen sein:

„Als vollendete Künstlerin, die bereits europäischen Ruf genoß, kehrte Marianne aus Italien heim. Neben ihrer schönen, umfangreichen Stimme und trefflichen Schulung war es hauptsächlich ihre imponierende Persönlichkeit und ihre ... bedeutende Darstellungskunst, was ihr große Bühnenerfolge sicherte. Sie war in den Rollen der prima donna wie in denen des gewöhnlich von Kastraten gegebenen primo uommo gleichermaßen zu Hause. Daneben glänzte sie als Konzertsängerin. Sie sang deutsch, italienisch, französisch, auf Verlangen sogar englisch."

Rosalie hat eine vielbeschäftigte, erfolgreiche Mutter, die zu den Theaterfrauen dieses Jahrhunderts gehört. Das wird Rosalies Leben entscheidend prägen. Das erste Jahrzehnt ihres Lebens verbringt sie an wechselnden Orten, mit immer neuen, unbekannten Menschen. Eine Ruhephase für dieses entwurzelte Theaterkind beginnt ab 1747, nachdem sie mit ihren Eltern und Schwestern aus Italien zurückgekehrt ist. Zurückgekehrt wohin? Nach Stuttgart. Und der erste Eindruck, den die württembergische Residenzstadt auf die Reisenden macht, ist angenehm. Ein Gürtel von *„Baumgütern und Gärten"* legt sich um die Stadt; sie können es deutlich erkennen aus dem Fenster der Postkutsche, die von Tübingen über Degerloch kommend, die Weinsteige hinunter an Obstgärten und Weinbergen vorbei ins Tal fährt. Auch Ziergärten sind auszumachen, die vor allem in der *„Reichen Vorstadt"* liegen und sogar manchmal kleine Häuschen haben – eine *„Mode der Begüterten"*. Der innere Kern der Stadt liegt hinter Türmen, Mauern und Gräben eng aneinander gedrängt zwischen König- und Eberhardstraße und macht aus der Ferne fast einen düsteren Eindruck. Die Stiftskirche und das Alte Schloß sind als einzige größere Bauwerke zu erkennen, und Rosalie hofft, daß ihre Großmutter, die verwitwete Susanna Maria Geyereck, die vor kurzem in Stuttgart wieder geheiratet hat, vielleicht dort wohnt, wo es mehr Blumen und freien Himmel gibt.

Warum Marianne Pirkers Mutter erst jetzt auftaucht, wo sie vorher war, wie sie nach Stuttgart kommt, welchen Kontakt sie zu ihrer Tochter hatte, warum sie nicht unter den Taufpaten der Enkelinnen zu finden ist, ob es zeitweilige Entfremdungen oder Trennungen gegeben hat – nichts ist bekannt. Jetzt aber ist sie da und wird sich ihrer drei Enkeltöchter annehmen, während die Eltern Pirker zu neuen Gastspielen aufbrechen. Susanna Marias neuer Mann, Johann Adam Eber, ist als Rentkammersekretär bei der herzoglichen Rentkammer angestellt, doch sein Vorgesetzter

„stellte ihm weder in dienstlicher noch in persönlicher Hinsicht ein besonders vorteilhaftes Zeugnis aus". Es scheint, daß Susanna Maria Geyereck mit ihm keinen besonderen Glücksgriff getan hat. Nicht nur sie, auch die Enkelinnen haben unter dem jähzornigen und zu Grobheiten neigenden Eber zu leiden. Besonders gut kommt er in der Literatur nicht weg, dennoch bietet er den Theaterkindern ein Zuhause. Und während die Eltern in London, Kopenhagen und Hamburg auf Gastspielreise sind, lernen die Töchter in Stuttgart all das, was sie für ihre Zukunft brauchen. Die scheint nach dem Willen der Eltern in der Musik zu liegen, denn Aloysia und Rosalie üben fleißig das Klavierspiel, lernen Französisch und Italienisch. Während Aloysia über eine kräftige Stimme verfügt, sieht es bei Rosalie nicht so gut aus. Sie gilt als *„stimmlos"*, leistet aber im Zeichnen und Klavierspiel einiges. Den Kindern Pirker werden gute Lehrer, manchmal Kollegen der Eltern gegeben, damit sie *„vermöge ihrer Capazität die ersten Virtuosinnen vielleicht in Europa werden können"*. Und um sie rechtzeitig an den öffentlichen Auftritt zu gewöhnen, verschafft Marianne Pirker ihren Töchtern die eine oder andere Möglichkeit, sich zu produzieren. *„Letzthin hat die Luisa* (Aloysia) *bei Hof eine Aria recht gut gesungen, beede Kinder haben gespielt auf dem Klavier"*, heißt es in einem Brief aus dem Jahre 1749. Mit dem *„Hof"* ist das württembergische Ludwigsburg gemeint, wo die Pirkerin ein Engagement erhalten hat und damit ihrem Leidensweg schon ein bedrohliches Stück näher gerückt ist ...

Marianne Pirker ist nicht irgendeine Sängerin, die vom Herzog Karl Eugen huldvoll angehört und dann in seine Kompanie aufgenommen wird, Rosalies Mutter kann auf eine lange Reihe von Erfolgen zurückblicken. Daß sie dabei nicht zimperlich sein kann und mit energischem Schritt auf ihr Ziel zusteuern muß, ist klar, denn sie muß überleben, und viele Menschen hängen von ihrem Geld ab. Manches Mal beklagt sie, daß die Anforderungen von allen Seiten an sie gestellt werden: aus Stuttgart, wo drei ihrer Töchter leben, aus Bologna, wo sie die Jüngste, Viktoria, in einem Karmeliterinnen-Kloster zurückgelassen hat, und aus London, wo noch immer ihr Mann festsitzt. Wieder einmal haben sie ihre Gage nicht vollständig ausbezahlt bekommen, geraten mit der Miete in Rückstand, und der Hauswirt pfändet kurzerhand die Koffer und Kisten des Ehepaares. Ohne Garderobe und Schmuck muß Marianne Pirker im Herbst 1748 nach Hamburg zu ihrem nächsten Engagement reisen. Ohne Ausstattung, deren Beschaffung ganz allein die Aufgabe der Künstlerinnen und Künstler ist, kommt sie dort an und muß sich irgendwie behelfen, etwas ausleihen, um Geld im voraus bitten, Schuldscheine unterschreiben, Bittgänge machen. Endlich gelingt es ihrem Mann, das einbehaltene Eigentum zurückzubekommen. In Kopenhagen wartet Marianne ungeduldig auf ihre Ausrüstung. Sie wird vor der dänischen Königin singen, die denn auch höchst zufrieden mit der dargebotenen Leistung ist. Sie *„zeigte großes Vergnügen hierüber, akkompagnierte selbst"*, schreibt Marianne ihrem Mann. Und weiter: *„Nach einer geraumen Zeit retirierte man sich, um den Thee zu nehmen, allwo ich mitten unter den Dames saße und Thee tranke."*

Auch im Herzogtum Württemberg lebt zu dieser Zeit eine kunstinteressierte Frau: Friederike Sophie von Brandenburg-Bayreuth, die Tochter Wilhelmine von Bayreuths, der Lieblingsschwester Friedrichs des Großen. Friederike Sophie kommt von einem *„Musenhof"*, in dessen Mittelpunkt ihre Mutter steht. Geistreiche Gesellschaften, glanzvoll inszenierte Festlichkeiten und vor allem die barocke Prachtentfaltung in der Malerei, Architektur und Musik prägen ihre Zeit. Die junge Herzogin hat sich ihre Mutter zum Vorbild genommen und möchte in Stuttgart eine ständige Oper gründen, um sich unabhängig von den wechselnden Theatertruppen zu machen. Ihr Mann, Karl Eugen, zeigt sich diesem Plan aufgeschlossen. Er ist wie seine Frau mit der Freude am Theater, am Gesang aufgewachsen. Während der nur vierjährigen Regentschaft seiner Eltern, Karl Alexander und Maria Augusta, wurde der württembergische Hof zum Mittelpunkt des musikalischen Lebens im Herzogtum. Wohl auch in Erinnerung daran schreibt Franz Joseph Pirker seiner Frau aus London: *„Das Beste wäre die Anstellung in Stuttgart und dann und wann die Erlaubnis zu erhalten, anderwärts zu singen.“* Der Zufall kommt ihnen zu Hilfe: Die Sängerin Françoise Cuzzoni hat sich aus Stuttgart unter unrühmlichen Umständen verabschiedet und einen Berg Schulden hinterlassen. Damit ist die Stelle einer ersten Sängerin früher als erwartet frei und soll baldmöglichst wieder besetzt werden. Auf so eine Chance warten viele, und Marianne hat genügend Konkurrenz. Mit einer ihrer Rivalinnen wird sie in der Wintersaison 1749/50 zusammen in Kopenhagen auftreten, mit anderen wird sie nicht so freundlich umgehen: *„Oh was ist diese Peruzzi für eine elende Kreatur! wie habe ich sie zu Grunde gerichtet.“* Und Theresia Pompeati bezeichnet sie einmal als *„die dicke Sau“*.

Das Leben am Theater, das ständige Unterwegssein und der Kampf um Engagement und Applaus haben ihre eigenen Regeln. Nicht alle Frauen sind bereit, das auf sich zu nehmen, sind vielleicht auch vom Naturell dazu nicht geeignet. Rosalies Mutter aber kommt gut zurecht, lebt für längere Zeit allein an den verschiedenen Gastspielorten, weil ihr Mann in London festhängt. Sie scheint ihn auch gar nicht so sehr zu vermissen, im Gegenteil: Für Marianne ist es von Vorteil, wenn er sie von dort mit Kleidung für ihre Auftritte und den benötigten Toilettenartikeln versorgt. Stoffe, Bänder, Spitzen, Düfte, Ketten, Uhren, Döschen, Strümpfe und allerhand andere *„Galanteriewaren“* läßt sie sich aus London schicken und verkauft sie gewinnbringend an die dänische Königin. Daß Marianne sich im hohen Norden so wohl fühlt, macht ihren Mann skeptisch und eifersüchtig, tun kann er nichts. So gesehen sind nicht nur die Kinder froh, als ihre Mutter am Hofe Karl Eugens eine Stelle als Sängerin erhält und nun endlich mehr mit ihnen zusammen sein kann, auch der Ehemann und die dadurch entlasteten Großeltern. Eher freuen sich. Nach der Vertragsunterzeichnung für die nächste dänische Saison reist die Pirkerin nach Stuttgart und von dort in die Sommerresidenz des herzoglichen Paares nach Ludwigsburg.

Am 6. Juni 1749 kann sie ihrer Familie berichten, *„daß die Herrschaft närrisch über mein Singen ist"* und die *„verwitibte Herzogin (Maria Augusta), welche mich zum ersten Mal gehört, war außer sich"*. Schon wenige Tage später wird der Vertrag unterschrieben, und damit sind die Pirkers endgültig in Württemberg angekommen. Mariannes Töchter werden, soweit bekannt, einen großen Teil oder ihr ganzes Leben hier verbringen: Aloysia erhält nach ihrer Ausbildung eine Anstellung als Sopranistin bei Hof, über Ludovica existieren keine Mitteilungen, Viktoria heiratet und Rosalie wird 1757 die Ehefrau Christoph Friedrich Cottas (1724–1807).

99 Jahre vor dieser Eheschließung kommt ein junger Pfarrerssohn aus Sachsen nach Tübingen und übernimmt die Buchdruckerei von Philibert Brunn. Er ist gut ausgebildet und heißt Johann Georg Cotta. Gelernt hat er sein Handwerk in der berühmten Nürnberger Buchhandlung und -druckerei Endter. Neben Tüchtigkeit und Umsicht scheint er auch noch über ein durchaus angenehmes Äußeres zu verfügen. Sein Porträt zeigt *„ein festes, klug und klar blickendes Gesicht von kräftigem Bau, mit kühner Adlernase und energischem Mund und Kinn"*. Die Witwe Euphrosine Brunn stellt dies ebenfalls fest und heiratet ihn schon ein Jahr später, obwohl sie es nicht tun müßte. Als Universitätsbuchführers-Witwe ist sie die Eigentümerin der Firma und kann sie zusammen mit einem ihr von höchster Stelle

(Geschlechtervormund) zugeordneten Faktor (übernimmt die Aufgaben des Meisters) weiter leiten. In Augsburg leben zu jener Zeit gleich mehrere Frauen, die über eine längere Phase die selbständige Leitung einer Druckerei übernehmen und sich erst später zur Anstellung eines Faktors entschließen, z.B. die außergewöhnlichen und mutigen Frauen der Familie Labhart. Sie stellen über Jahre gar keinen Faktor ein, übernehmen die Leitung der Firma in eigenständiger Regie und müssen sich in dieser von Männern geprägten Berufswelt durchsetzen. Außerdem tragen sie das gesamte finanzielle Risiko allein. Mancher sieht so viel Frauen-Courage gar nicht gern, könnte doch auch die eigene auf solche verrückten Ideen kommen, plötzlich nach mehr Freiheit und Selbständigkeit rufen und merken, daß es auch andere Lebenskonzepte als die schnelle Wiederverheiratung gibt. Für die unbelehrbaren Frauenzimmer verfügen die *„Kollegen"* indes über ein besonders wirksames Mittel: Der gute Ruf wird ruiniert. Wenn erstmal bekannt ist, daß ein Geselle sich *„mehr bey der wittib in ihrer wohnstuben, als in ihrer druckerey aufgehalten habe"*, dann kommt sie schon zur Vernunft. Für Brunn kommt derart Wagemutiges nicht in Frage. Tübingen ist klein, Euphrosine noch nicht alt und auf das Gerede der Leute kann sie gut verzichten. Also tut sie das, was man nach angemessener Trauerzeit von ihr erwartet, sie heiratet wieder. Sie hat gut gewählt, es werden Söhne geboren, das Geschäft floriert, und schon zehn Jahre später besitzt das Ehepaar jenes stattliche Haus in der Münzgasse 15 gegenüber der Stiftskirche, das zusammen mit dem Nebenhaus zum Stammsitz der Familie Cotta wird. Euphrosine Gelb, verwitwete Brunn und verheiratete Cotta bringt nicht nur Verlag und Druckerei mit in die Firma, ihr Hochzeitstag (22.11.1659) ist das Gründungsdatum dieser Weltfirma. Euphrosine Cottas Ur-Urenkel Johann Friedrich ist *der* Cotta.

Geboren wird Johann Friedrich 1763, sieben Jahre nach der Eheschließung seiner Eltern, in deren Stuttgarter Haus in der Königstraße 42. Sein Vater, Christoph Friedrich Cotta, besitzt dort und in Ludwigsburg das Privileg als Hof- und Kanzleibuchdrucker. Die Historikerin Regina von Cotta (10) schreibt über ihn: *„Über seine Jugend ist nichts Einschneidendes bekannt. Später sei er eine Zeitlang als Reiteroffizier in fremden Kriegsdiensten gestanden, zuletzt in Ungarn. Er liess die Tübinger Buchhandlung durch Faktoren verwalten und behielt seinen Wohnsitz in Stuttgart, um seine Tätigkeit hauptsächlich der Buchdruckerei zu widmen."*

23 Jahre alt ist Christoph Friedrich, als er die 19jährige Rosalie Pirker heiratet, deren Eltern seit zwei Jahren die *„geheimen Arrestanten"* des Herzogs auf der Festung Hohenasperg sind. Achtmal 365 Tage müssen sie dort ohne Anklage, ohne Gerichtsverfahren und ohne Urteil verbringen. Ein jäher Fall aus den höchsten Höhen.

Mit der Vertragsunterzeichnung 1749 beginnen die sechs Jahre der Stuttgarter Oper, die zu der *„glanzvollsten Zeit dieses Instituts"* gehören. 1750, am Geburtstag der Herzogin, singt Marianne Pirker im neu hergerichteten Lusthaus, ab 1753 übernimmt Rosalies Mutter alle Sopranpartien des bekannten italienischen Komponisten Nicolo Jomelli, der die Leitung des Hauses innehat. Das Ehepaar Pirker nimmt Einfluß auf die Einstellung von weiteren Sängerinnen und Sängern, wobei ihnen ihre Erfahrungen und Verbindungen aus der Zeit der wechselnden Engagements sehr zustatten kommen. Von überragender Bedeutung für die Familie Pirker aber ist die Freundschaft der Herzogin Friederike mit Marianne Pirker, die schon am ersten Tag großen Eindruck auf sie gemacht hat. Eine Szene, die sich so im herzoglichen Schloß abgespielt haben könnte: *„Im Boudoir sitzt Friederike ... auf dem seidengepolsterten Schminkstühlchen vor dem Spiegel, einem riesigen, gold-*

50

gerahmten blitzenden Widerspiel, in dem das ganze Kabinett eingefangen ist ... Sie hat Spiegel gern, sinnt in sich hinein, sieht sich in allerlei Gestalten darin, denn sie hat Phantasie: als Sylphe und Venus, als Apotheose königlicher Anmut. ... Friederike ruckte plötzlich jäh mit dem Kopf. ‚Ist das meine Pirkerin?‘ Draußen klang eine sanfte Koloratur, ein sanfter Sopran, wie eine Glocke, als gälte es ein Signal. ‚Laß sie herein, Jeanne!‘ rief Friederike rasch und schlüpfte dem Friseur unter den Händen weg, aufstehend streckte sie die Hände aus, als eine füllige dunkelhaarige Dame unter der Tür erschien und gleich in einen rauschenden Hofknicks sank. ... eine reife, schöne Frau, die Sicherheit und Frohsinn ausstrahlte. Die junge Herzogin zog sie aus ihrer Verbeugung zu sich herauf, nahm ihr gerötetes Gesicht unterm Kinn in einen freundlichen Griff und sah ihr in die Augen. ‚Pirkerin! Sie kommt zur rechten Stunde mit ihrem Gesang – ich bin gerade sehr betrübt.‘“ (11)

Friederike ist jung in ein fremdes Land gekommen, in das man sie verheiratet hat. Sie vermißt die Familie und findet in Marianne Pirker eine Vertraute, zumal sich die herzogliche Ehe überhaupt nicht so entwickelt wie gewünscht. Die Pirkerin weiß sehr wohl um diese ungewöhnliche Gunst der herzoglichen Freundschaft und nimmt mit Genugtuung zur Kenntnis, wie sehr sie von Friederike vermißt wird: *„Ah, nous avons perdu madame Pirker!“* (12) Die Großmutter des *„Königs unter den Verlegern“* ist eine enge Vertraute der Herzogin. Marianne Pirker ist nicht nur Mittelpunkt des Ludwigsburger und Stuttgarter Hoflebens, Herzog Karl Eugen bezeichnet sich auch als ihr *„guter Freund“* und unterschreibt so die Billets an sie. Wesentlich stärker als die Cottas genießen die Vorfahren der mütterlichen Linie also Gunst und Förderung des fürstlichen Herrscherhauses von Württemberg. Neid und Mißgunst sind die Folge, und das Ergebnis dieser ungewöhnlichen Freundschaft zwischen einer Herzogin und einer *„Operistin“* wird zur bitteren Lebenserfahrung.

Über den weiteren Verlauf des Ereignisse heißt es: *„Im einzelnen ist der genaue Anlaß nie bekannt geworden, weil Herzog Carl alle Personen, die mit der Gefangennahme und später mit der Freilassung zu tun hatten, zu strengstem Stillschweigen verpflichten und Dokumente, die sich auf den Vorfall bezogen, vernichten ließ."* (13)

Karl Eugen tobt, fühlt sich angegriffen, hintergangen und reagiert auf das Schärfste. Worauf? Das ist bis heute nicht geklärt. Manche behaupten, die Pirkerin habe der Herzogin vom Verhältnis ihres Mannes Karl Eugen mit einer Tänzerin erzählt, andere meinen, Marianne habe der unglücklichen jungen Ehefrau zur Flucht aus Württemberg verholfen. Wie auch immer, Karl Eugen läßt das Ehepaar Pirker einkerkern. Marianne und ihr Mann verschwinden für Jahre hinter den dicken Mauern der Festungen Hohentwiel und Hohenasperg. Die ständischen Grundgesetze des Herzogtums garantieren zwar den Schutz einer Person gegen willkürlichen Freiheitsentzug, das aber interessiert Karl Eugen nicht. Johann Jakob Moser (1701–1785) und Christian Daniel Friedrich Schubart (1739–1791) machen die gleiche Erfahrung …

Die Familie ist geschockt, ratlos und voller Angst, ob der Herzog nicht auch noch sie als *„Mitverschwörer"* abholen läßt. Aber schon wie bei Schillers und Schubarts verzichtet er auf *„Sippenhaft"* und läßt die Angehörigen der Gefangenen in Ruhe. Aloysia bleibt weiter als Kammervirtuosin bei Hofe angestellt, und die Pirker-Kinder bekommen sogar den noch nicht ausgezahlten Verdienst ihrer Eltern. Rosalie und ihre Schwestern haben das ihrem Großvater Eber zu verdanken, der sich schon im Dezember 1756 mit der Eingabe um Ausbezahlung des Besoldungsrückstandes der Pirkerschen Eheleute zur *„Konsolation und äußersten Bedurfnus der durch ihre Eltern verunglückten Pirkerschen drei Kinder"* an den Hof wendet.

Irgendwann um diese Zeit lernt Rosalie ihren Christoph Friedrich kennen. Über das Wie und Wo liegt der Mantel der Geschichte, und es bleibt uns überlassen, nach Gemeinsamkeiten und eventuellen Berührungspunkten zu suchen. Sie ist die Tochter einer ehemaligen herzoglichen Freundin und nun eingekerkerten *„Staatsfeindin"*, er kommt aus einer schon bekannten und geachteten Familie, die dem Herzog mit ihrer *„Hof- und Kanzleibuchdruckerei"* durchaus Ehre macht. Sie verfügt kaum über das Nötigste zum Leben, von einer Mitgift ganz zu schweigen, und er lebt in gesicherter Wohlhabenheit. Er ist ein erfolgreicher Mann, sie möchte sich am liebsten verkriechen. Viele Gegensätze, die zunächst nur einen gemeinsamen Berührungspunkt haben: Ludwigsburg. Dort, wo Cotta seine Hof- und Kanzleibuchdruckerei betreibt, ist Rosalie ihren Eltern am nächsten, auch wenn Karl Eugen für seine *„Privathäftlinge"* Pirker derart strenge Maßnahmen angeordnet hat, daß ein Kontakt der Pirkers zu ihrer Familie als unwahrscheinlich gelten kann. Vor allem das Schreiben ist ihnen verboten, denn niemand darf etwas erfahren von der *„Sache"*. Wie deutlich der Herzog mit seinem Verhalten zeigt, daß er im Unrecht ist und die Einmischung Außenstehender deshalb umso mehr fürchtet, wird allen Beteiligten bald bewußt. In einem absolutistischen Staat aber gibt es kein Veto-Recht. Chancen des Kontakts bieten sich vielleicht über den Leibmedikus Breyer und seinen Schwiegersohn, den Stadtphysikus Mörike (Großvater des Dichters), die die Gefangenen alle paar Wochen besuchen. Wie es auch abgelaufen sein mag, in Ludwigsburg jedenfalls ist Rosalie ihren Eltern näher, kann zur Festung hinaufblicken, eine baldige Einsicht des Herzogs herbeiwünschen und vom Wiedersehen mit ihren Eltern träumen. So könnten sich Rosalie und Christoph Friedrich begegnet sein, es kann aber auch alles ganz anders gewesen sein ...

Bei aller Vorsicht, mit der man die männlichen Biographen und Geschichtsschreiber des letzten Jahrhunderts lesen muß – besonders, wenn sie über Frauen schreiben –, ist demjenigen wohl zuzustimmen, der von Christoph Friedrich Cotta sagt, er habe Rosalie Pirker *„nur aus reiner Neigung heimgeführt"*. Für uns heute ist dies die Grundvoraussetzung einer ehelichen Verbindung, und die Formulierung klingt fremd, ja abwertend. Mitte des 18. Jahrhunderts ist es üblich, daß nicht zwei sich liebende Menschen heiraten, es wird mit der Ehe vielmehr ein Hausstand, eine Lebens- und Arbeitsgemeinschaft gegründet, die sich mit möglichst vielen Nachkommen fest in der Geschichte des Landes verankern soll. Daß es dabei nicht unwichtig ist, welchen finanziellen Anteil, welche Verbindungen und Reputationen die zukünftige Ehefrau mitbringt, wird in vielen Ehekontrakten deutlich. Rosalie kann in allen diesen Punkten nicht mithalten, aber eines wird sich im Laufe der Ehe herausstellen: Mit dem Kinderkriegen hat sie keine Probleme, fünfzehn werden es nach fünfundzwanzig Jahren sein. Sie sind alle im Stuttgarter Familienregister nacheinander eingetragen und bestätigen damit gleichzeitig, daß Rosalie Cotta seit ihrer Heirat am 28. 4. 1757 in Stuttgart lebt und dort, abgesehen von eventuellen Aufenthalten auswärts, ihr Leben verbringt.

Mit dem Tag ihrer Hochzeit verändert sich ihr Leben, denn sie ist jetzt nicht nur eine Haus- und Ehefrau, sie hat auch in einen Betrieb, in die Ludwigsburger Druckerei ihres Mannes, eingeheiratet. Einige Jahre wird Christoph Friedrich sie dort noch führen, dann aber nach Stuttgart umziehen. In die Ludwigsburger Wohnung zieht Hauptmann Caspar Schiller mit Frau und Kindern. Die Söhne der Familien Cotta und Schiller werden Verlagsgeschichte schreiben ...

Das Privileg für eine Hof- und Kanzleibuchdruckerei und -buchhandlung kann Christoph Friedrich Cotta 1760 für die Familie sichern und schützt sie damit auf Jahrzehnte gegen alle Übergriffe und gegen Konkurrenten. Mit Unternehmungsgeist und Schwung geht Rosalies Mann an die Arbeit, baut sein Verlagsprogramm aus, gründet seine Stuttgarter Druckerei und errichtet die erste Schriftgießerei der Stadt. Seine Frau ist derweil damit beschäftigt, sich an ihren neuen Status und die damit verbundenen Aufgaben zu gewöhnen. Ihre Großmutter ist 1758, also ein Jahr nach der Hochzeit, gestorben, und ihre Mutter wird auf dem Hohenasperg gefangengehalten. Mütterliche Ratschläge, die sie jetzt so gut gebrauchen könnte, zumal sie wohl im Klavierspiel und Singen besser bewandert ist als im Kochen und Wirtschaften, bleiben aus. Eine junge Frau in ähnlicher Situation schreibt in ihren Erinnerungen: *„Denn leider hatte ich von Kochen und Wirtschaften noch nichts begriffen und dachte: es würde schon gehen. ... In der Folge war ich so glücklich erfahrne wohldenkende Frauen zu finden die ich um Rath fragen durfte und die mich zurecht wiesen doch hab ich Lebenslang empfunden welch ein Unglück es für ein Mädchen ist wenn sie ohne Leitung einer Mutter – gleichsam in die Wirtschaft hineinstolpert und grade in den Augenblicken wo Zurechtweisung noth thut diselbe entfernt erst aufsuchen muß."*

Rosalies Großvater Eber hat schon bald nach dem Tod seiner ersten Frau wieder geheiratet, und die junge Cotta wird in dessen zweiter Frau, Christiana Charlotte, Unterstützung bekommen haben. Der Kontakt zu dieser *„Restfamilie"* reißt auch die nächsten Jahre nicht ab. Die Ebers werden als Paten der ersten drei Cotta-Kinder geführt. Die Suche nach Christiana Charlotte Eber (geb. 1725) bringt Erstaunliches zu Tage. Sie ist die Tochter des Leibmedicus Johann Friedrich Engel, der die verwitwete Herzogin Maria Augusta auf ihrem Witwensitz in Göppingen betreut und nach deren Tod zum Hofmedikus ihres Sohnes Karl Eugen ernannt wird. Die Familien Pirker, Eber und Cotta verfügen also nach wie vor über Beziehungen zum württembergischen Hof, so unterschiedlich sie sich auch gestalten mögen: Herzogin Maria Augusta, die vom Vater der *„Stief-*

großmutter" der Pirker-Kinder ärztlich betreut wird, hat eine Schwiegertochter, die wahrscheinlich der Grund ist, daß Marianne Pirker, deren *„Tochtermann"* Cotta derweil zum Hof- und Kanzleibuchdrucker des herzoglichen Übeltäters avanciert, auf dem Hohenasperg einsitzt. Was über diese bekannten Verbindungen, Kontakte und Berührungspunkte hinaus noch an *„geheimen Drähten"*, erpresserischen Rückversicherungen, Gefälligkeiten und offener Protektion existiert hat, bleibt ein Geheimnis. Eines aber ist sicher, in einem absolutistischen Staat ist der gute Kontakt zum Hof alles … Zurück zu Christiana Charlotte Eber: Wenn sie dem jungen Cotta auch die eine oder andere nützliche Bekanntschaft vermitteln kann, so ist sie für seine Frau noch in anderer Hinsicht von Bedeutung. Rosalie muß nicht nur auf mütterlichen Rat, sondern auch auf mütterlichen Beistand während ihrer Schwangerschaften verzichten. Die zweite Frau Eber aber kommt aus einem Arzthaushalt und wird in vielem, was den menschlichen Körper anbelangt, bewanderter und kenntnisreicher sein als andere Frauen ihrer Zeit. Die Kaiserin von Österreich, Maria Theresia, gehört zu den Unwissenden: *„Wie gerne würde ich Euch helfen, aber ich kann Euch nicht einmal einen ernsthaften Rat geben, denn trotz meiner sechzehn Kinder weiß ich nichts, rein gar nichts"*, schreibt sie 1773 an ihre Schwiegertochter Marie Beatrix. Dafür treibt der *„Weiber=Aberglauben vor der Geburt"* umso größere Blüten. Eine lange Liste davon wird den Leserinnen und Lesern des *„Oekonomie=Wochenblatts"* präsentiert und *„zur Beruhigung der Schwangeren"* hinzugefügt, *„daß nicht nur die tägliche Erfahrung diese in mancher Ruksicht hochschädlichen Vorurtheile offenbar widerlege, sondern auch die gesunde Vernunft"*. Aber was kann es schon schaden, wird sich manche Frau in der Schwangerschaft sagen, wenn sie doch lieber nicht essend vor dem *„Brodschranke"* stehen bleibt, um dem Ungeborenen Mitesser und Pickel zu ersparen. Und auch das ist zu beachten: *„Eine Sechswöchnerin* *darf binnen solcher Zeit nicht spinnen, sonst kommt ihr Kind an den Galgen.*" Der Kommentar des *„Oekonomie=Wochenblatts"* (oder Rosalie Cottas?) lautet dazu: *„Welch ein rasender Einfall!"*

Im Hause Cotta kommt 1758 das erste Kind und damit gleich der Stammhalter zur Welt. Ob jemand im Haus daran gedacht hat, daß Rosalie *„alle Wochen ihren rechten Schuh mit dem linken verwechseln"* muß, *„um ihre Leibesfrucht munter und frisch zu erhalten"*? Die Großeltern in Tübingen, der Buchhändler und Postmeister Johann Georg und seine Frau Anna Elisabeth, jedenfalls sind hocherfreut, und wenn sie das Zimmer der *„Kindbetterin"* betreten, denken sie vielleicht daran, sich hinzusetzen vor dem Hinausgehen, denn sonst nehmen sie *„der Kindbetterin oder dem Kinde die Ruhe mit"*. Wenn alles gut geht, das Kind die ersten schwierigen Jahre überlebt und ihn keine Epidemie oder sonstige Menschheitsgeißeln wie Unwetter, Feuer und Krieg dahinraffen, dann halten sie den Erben des Hauses Cotta im Arm. Und sie haben recht: Christoph Friedrich Cotta d. J. (1758–1838) wird schon als 17jähriger zum thurn und taxischen Reichspostverwalter in Tübingen ernannt. Eine wesentliche Rolle in der Sicherung der Postmeisterstelle für die Familie Cotta hat Jahre vorher die damalige Herzogin von Württemberg, Maria Augusta, gespielt. Die nur ein Jahr später geborene Cotta-Tochter Rosalie (1759–1830) wird sich ebenfalls dieser Seite des Familiengeschäfts widmen und den Oberpostmeister von Tübingen, Karl Wölffing, heiraten.

Ihr Bruder Johann Georg ist erst wenige Monate alt, als der Hirschgassenbrand im August 1761 ein ganzes Stuttgarter Viertel in Schutt und Asche legt. Christoph Friedrich Cotta verliert seine erst vor einem Jahr neu eingerichtete Druckerei und damit einen beträchtlichen Teil seines Vermögens. Als Ersatz kauft er noch im gleichen Jahr das als *„Cottahaus"* berühmt gewordene Gebäude in der Königstraße 42. Der älteste Eintrag in die Akten des Hauses gibt Auskunft über *„ein zweistöckiges ... Eckhaus mit gewölbtem Keller"* (14), und in einem Verkaufsbuch findet sich zu Beginn des 18. Jahrhunderts folgende Beschreibung: *„Eine ohnefern dem Zughof mit zwei steinernen Stöcken erbaute Behausung hat sechs Stuben, aparte* (außerhalb) *ist eine Stallung und großes Gutschenhaus, auch Hofraithe, Wassergerechtigkeit (Brunnen) und großen Keller."* Das Anwesen der Familie Cotta gehört zu den Häusern, an denen noch viele Generationen von Stuttgarterinnen und Stuttgartern vorübergehen werden, *„ohne sich Gedanken zu machen, welchen Anteil sie an der Entwicklung Stuttgarts genommen haben und welche Fülle von Erinnerungen an Ereignisse und Persönlichkeiten sie in ihren Mauern einschließen"*. Die Druckerei und Schriftgießerei wird im Hinterhaus untergebracht, aber schon bald muß Cotta *„zu seiner höchsten Notdurft und aus Mangel anderwärtiger Gelegenheit einen Teil der unteren Etage des Goldarbeiter Heugelinschen Hauses pachten, da er mehr Raum zur Aufbewahrung seiner gängbarsten Schriften und zu seinem Gewerbe braucht"*. Dreißig Jahre später wird der Platz wieder knapp. Baupläne werden vorgelegt, aber erst 1798 ist es soweit. Der Besitzer benötigt seine Räume nun wieder selbst, und Cotta muß *„bis Jacobi Platz machen"*. Die hinter dem Wohnhaus stehenden Gebäude werden deshalb teilweise abgerissen *„und der Platz an der Ecke der Linden- und Kronprinzstraße unter Verwendung des alten Baumaterials in enger Verbindung mit dem Hauptgebäude nahezu ganz überbaut"*. Im *„Oekonomie= Wochenblatt"* erscheint in diesen Jahren *„Eine Bemerkung für die, welche Häuser bauen oder bauen lassen"*: *„So gut und nothwendig Fensterlöcher an den Häusern sind, so ist es doch ein großer Fehler bei Aufbauung der gemeinen Häuser, besonders wo mehrere dicht aneinander gebaut werden, Fensterlöcher an der Seite des Hauses anzubringen, die an das Haus des Nachbars anstößt. Die Zierlichkeit des Baus oder des Hauses mag zwar etwas dadurch verlieren, wenn man es unter-*

läßt, aber man muß bedenken, daß die Feuergefahr auch ungleich vermindert wird, wenn keine solche Fensteröffnungen da sind." Dem Bauherrn ist diese Gefahr wohl bewußt, gehört er doch zu den Opfern des großen Feuers in der Hirschgasse. Das Haus in der Königstraße ist ein Eckhaus, steht dadurch freier und nicht so eingezwängt wie viele andere und für genügend Licht und Luft in den Stuben sind viele *„Fensterlöcher"* angebracht.

Vorne zur Straße hin im zweiten Stock lebt die Familie. Darüber heißt es in einer alten Darstellung: *„Im Hause herrschte ein behaglicher Wohlstand."* Trotzdem geht es in der Familie des Hof- und Kanzleibuchdruckers schwäbischsparsam zu. Die Tochter von Justinus Kerner erzählt über einen Abend in Baden-Baden, wo Rosalies Sohn das Hotel *„Badischer Hof"* gehört: *„Der alte Herr von Cotta, mit welchem Vater schon längst befreundet war, erzählte uns sehr unterhaltend, wie hart er es in seiner Jugend gehabt habe, wie einfach es in seinem elterlichen Hause zugegangen, wie bescheiden er in seiner Kleidung gekommen. Ein großer, grauleinerner Regenschirm, unter dem aber bequem drei Personen Platz gehabt, habe zum Gebrauch für die ganze Familie gedient."*

„Im ersten Stock, wo wir uns die Privatwohnung denken müssen, hatte der kunstsinnige Hausherr ein Zimmer mit Wandgemälden reich ausschmücken lassen, die heute (1925) noch wohlerhalten dort zu sehen sind", erzählt der Berichterstatter aus der Geschichte Stuttgarts. Der Hausherr hat Geschmack und will schöne Dinge um sich haben. Und so bittet er den *„Premier Peintre"* des Herzogs, Nicolas Guibal, um die Verschönerung der Decken des Hauses. Wahrscheinlich zusammen mit einem Schüler widmet sich der Meister dieser Aufgabe zur Zufriedenheit des Auftraggebers, der fortan ein Deckengemälde, das die *„Verherrlichung der Druckerei"* darstellt, in Ruhe und Muße betrachten kann. Die Guibalsche Malweise in ihrer *„frischen, großzügigen Komposition und in der glücklichen Behandlung der Atmosphäre"* soll besonders gut zur

Geltung gekommen sein. In der Zeit vor dem zweiten Weltkrieg erinnerte *„im Innern des Hauses noch manches an die frühere Zeit, vor allem das riesige Kellergewölbe und einige typische Bogen= und Säulenstellungen auf Gängen und Vorplätzen dann der Alkoven mit dem halbrund breiten Türbogen im ersten Stockwerk und der daneben in die Ecke gebaute offene Kamin."*

Wir können uns gut vorstellen, daß das neue Haus der Cottas mit einer Einladung an Bekannte und Geschäftsfreunde gefeiert wird. Die Fenster sind hell erleuchtet, vor der von zwei Seiten ansteigenden Freitreppe mit eisernem Geländer halten nacheinander die Kutschen der Gäste, in der Küche werden noch letzte Vorbereitungen getroffen, die Kinder schlafen ruhig in der Obhut des Mädchens, und Rosalie Cotta ist damit beschäftigt, ihre für diesen Tag bestellte und am Morgen gelieferte Garderobe anzulegen. Hilfe bekommt sie nicht wie üblich von der Magd, sondern von ihrer Schwester, die zu diesem denkwürdigen Anlaß einen Gesangsbeitrag versprochen hat. Aber wie schon bei der Hochzeit vor vier Jahren kommen ihnen auch an diesem Familienfest wehmütige Gedanken, die schnell zu Tränen werden können. Noch immer befinden sich die Eltern Pirker auf dem Hohenasperg, und das Wenige, was die Töchter von der Mutter hören, ist in höchstem Maße beunruhigend. In einem Rückblick auf diese Jahre der Gefangenschaft steht: Während Pirkers Gesundheitszustand *„normal blieb, lauteten die vom Kommandanten regelmäßig erstatteten Berichte über Marianne zusehends ungünstiger. Schon aus Berichten des Jahres 1758 geht hervor, daß sie erkrankt und in ärztlicher Behandlung war. Sie mag anfangs gehofft haben, es werde sich nur um eine kurze Gefangenhaltung handeln. Bald aber mußte sie sich überzeugen, daß der Fürst einen unversöhnlichen Haß auf sie geworfen hatte und daß auch Herzogin Friederike außerstande war, etwas zu ihrer Rettung zu tun. ... Die Hoffnungslosigkeit ihrer Lage umnachtete allmählich ihren Geist; im Winter 1759/1760 erreichte ihre Geistesstörung offenbar den Höhepunkt und entlud* *sich in Tobsuchtsanfällen. In dieser Zeit scheint sie auch ihre herrliche Stimme eingebüßt zu haben … Eine durchaus glaubwürdige Überlieferung sagt, sie habe in ihrem Jammer so geschrieen, daß eine Stimmbrechung eingetreten und ihr wunderbarer Sopran in Baß umgeschlagen sei. Allmählich scheint sich die Macht der Krankheit gebrochen zu haben, die Sängerin lebte in dumpfer Resignation dahin. Es wird berichtet, daß sie aus Halmen, die sie aus dem Strohsack ihrer Lagerstätte zog und mit ihren eigenen Haaren zusammenband, Blumen gefertigt und allmählich eine so hohe Geschicklichkeit in dieser Kunst erreicht habe, daß sie die verschiedenen Arten von Blumen nachzubilden und zu ganzen Sträußen zusammenzustellen verstand. Der Kommandant, so heißt es, habe ihr zur Erleichterung der Arbeit Faden und Draht zugesteckt.“* Erst 1764 wird *„die Frauensperson, … deren schwarzsamtener ‚Salope‘ in währenden acht Jahren völlig zerrissen und gänzlich zerfetzt gewesen“*, aus der Haft entlassen. *„Für den ihr unbekannten Enkel Friedrich (Christoph) muß ihr Geschick ein Urerlebnis elementarer Ungesichertheit und fürstlicher Willkür mitten in der ruhigen Welt seines bürgerlichen Elternhauses gewesen sein.“*

Johann Friedrich, der berühmteste Sohn des Hauses Cotta ist bei der Freilassung seiner Großeltern ein halbes Jahr alt, und wie schon die vorangegangenen Schwangerschaften stand auch diese wieder unter dem bedrückenden, nur schwer zu tragenden Schicksal der herzoglichen Willkür, die die Eltern Pirker so lange in unrechtmäßiger Gefangenschaft hielt. *„Es ist leicht vorstellbar, unter welcher seelischer Belastung der jungen Mutter die frühe Kindheit“* des Cotta-Nachwuchses gestanden haben muß, schreibt eine Historikerin. Nach seiner Schwester Charlotte, die jetzt gerade laufen und vielleicht schon über den Wiegenrand auf das neue Familienmitglied schauen kann, ist Johann Friedrich das zweite Kind der Cottas, das in der Königstraße 42 geboren wird. Als Paten geben seine Eltern die Großeltern Cotta in Tübingen und eine gewisse „Frostin“ an. Ihre Familien-

und Herkunftsgeschichte ist ein beeindruckendes Beispiel für die Verknüpfungen innerhalb der württembergischen Gesellschaft: Ihrem Vater, dem erfolgreichen Handelsmann Jakob Bayling, gehörte einst das Cotta-Haus in der Königstraße. Zusammen mit ihrem Mann, dem Kanzlei- und Hofgerichtsadvokaten Maximilian Frost erbt Marie Katharina, geb. Bayling, das große Haus in der Königstraße. Schon 1761 stirbt Frost, und für Cotta, der nach dem Hirschgassenbrand einen neuen Firmen- und Familiensitz sucht, ist das eine günstige Gelegenheit. Über den Kauf des Hauses klärt sich der enge Bezug, den die „Frostin" zu den Cottas hat, und es ist gut möglich, daß sie auch weiterhin im Haus zur Miete gewohnt hat. Maria Katharina Frost erscheint bei allen folgenden zehn Kindern des Ehepaares als Patin, und es bieten sich neben der gemeinsamen Adresse noch zwei andere Erklärungsmöglichkeiten für ihre Nähe zur Familie Cotta an: Ein geschäftlicher, ins Private ausgedehnter Kontakt ihres inzwischen verstorbenen Mannes (er war Advokat) zum Hausherrn Cotta und die Freundschaft der zwei Frauen.

Gerade hat sich Rosalie von der fünften Geburt erholt, da kommt die erlösende Nachricht. Endlich – ihre Eltern werden freigelassen. Später wird das Gerücht kursieren, daß die Kaiserin von Österreich auf verschlungenen Wegen eine der kunstvoll angefertigten Gefängnisblumen von Marianne Pirker bekommen und sich daraufhin beim Herzog für sie verwendet hat. Unterlagen, die dies bestätigen, existieren nicht, aber ich habe im Laufe der Arbeiten an diesem Buch erfahren, welche unglaublichen Beziehungsnetze es in diesen Jahrhunderten gab, und halte die Geschichte nicht für unwahrscheinlich. Wie dem auch sei, am 10. November 1764 hat Herzog Karl Eugen die Gefangenen auf freien Fuß gesetzt. Weder ins normale Leben noch nach Stuttgart gibt es eine Rückkehr. Rosalie Cotta trifft ihre

Eltern nach acht Jahren zum ersten Mal wieder auf ausländischem Boden, in Heilbronn. Sie hat zwei völlig veränderte Menschen vor sich, ihr Vater *„gebrochen und gealtert"* und ihre Mutter *„eine kranke Frau ohne eigenen Willen"*. Was kann sie tun für sie? Besuche, finanzielle Unterstützung, Zuwendung und die Eingliederung in die Familie so weit möglich. Schon ein Jahr später werden Franz Joseph Karl Pirker und seine Frau als Paten für ihre Enkelin Anna Friederika eingetragen. Und während sie in Heilbronn bei Freunden unterkommen und es ihnen im Laufe der Zeit gelingt, zu einem relativ normalen Leben zurückzukehren (15), wächst im Hause Cotta nicht nur die Kinderschar, sondern auch die Arbeit.

Rosalie Cotta lebt in der Tradition des *„ganzen Hauses"*. Wenn sie sich auf einer der abendlichen Vergnügungsgesellschaften mit den anwesenden Damen unterhält, dann verstehen sie unter *„Haushalt"* etwas völlig anderes als die Frauen des nächsten Jahrhunderts. Rosalie ist eine berufstätige Frau. Die Kosten der Druckereierweiterung, das geplante *„Oekonomie=Wochenblatt"*, die Schwierigkeiten mit den Gesellen und unzufriedenen Kunden sind ebenso ein Teil ihres Lebens wie die Kindererziehung, das tägliche Essen, die Kleidung und die Geselligkeiten. Die Frau des Hof- und Kanzleibuchdruckers ist in die Geschäfte des Hauses involviert. Eine in diesen Jahren in Augsburg entstandene Hochzeitskantate berichtet, welche Aufgaben die Frau eines Buchdruckers zu übernehmen hat:

„So führen Sie (der Bräutigam)
denn nun die Jungfer Lotterin
ins Hauß, und Druckerey, und in den Laden hin,
dasselbe klüglich zu regieren
daß Sie (Braut=Buchdruckertochter) schon lange gewohnt zu
führen

Deß ist Ihr gar nicht schwehr,
so vielen Leuten vorzustehen:
Sie stammt ja davon her,
und weiß, was täglich muß geschehen
Denn die Oeconomie
besorgte sie zu Haus mit Fleis und Müh,
so wird Sie auch das Ihrige besorgen,
so offt ein lieber Morgen
wird einen neuen Tag darbringen.
Und auch von andern Dingen,
was in dem Laden zu verkauffen,
Wie wird sie begierig lauffen
die neue Almanach,
ganz neu gebacken nach und nach,
den Buttenträgern und Schnapsacken (Ranzen)
dem Hundertnach geschwind und hurtig einzupacken."

So also sieht der Alltag einer Buchdruckersfrau im 18. Jahrhundert aus, und aufgespürte Lebenszeugnisse sprechen dafür, daß auch Rosalie Cotta zur Geschäftspartnerin ihres Mannes wird. Mit *„Geschäft"* sind dabei gleichwertig Druckerei, Laden, Auslieferung und Haushalt gemeint; sie umfassen, die *„Oekonomie"*, der sie als Frau vorsteht. Die Organisation und Kontrolle aller Arbeitsvorgänge innerhalb der Lebensgemeinschaft des *„ganzen Hauses"* ist ihre Aufgabe. Das schließt die Aufsicht des Gesindes in den verschiedenen Bereichen mit ein; Rosalie deligiert also, um sich selbst um wichtigere Dinge als das Kochen, Nähen und Kinderhüten zu kümmern. Wäschefrauen, Köchinnen und Küchenhilfen, Putzfrauen, Mägde für Feuer und grobe Reinigungsarbeiten, Näherinnen, Hebammen, die die Säuglinge versorgen und Kinderfrauen für den heranwachsenden Nachwuchs – alle kommen als Lohnarbeiterinnen in die Königstraße 42. Nicht immer haben die Hausfrauen Glück und so lautet auch eine der

Anfragen im „*Oekonomie=Wochenblatt*" der Cottas: „*Da heutiges Tages ein so großer Mangel an gutem Gesinde, besonders aber viele Klagen in den Städten gehört werden; so fragt man hiermit an: 1) welches wären die zweckmäßigsten Mittel, besonders in dieser Stadt, gutes Gesinde zu haben? 2) in welchem Lande ist die beste Gesinde=Ordnung? 3) welches sind die vorzüglichsten Schriften hierüber?*"

Es ist kein hübscher Zeitvertreib, wenn Rosalie mitarbeitet, sondern ihre eingeplante Beteiligung. Christoph Friedrich Cotta hat Rosalie einst vielleicht vor allem „*aus Neigung*" geheiratet, ihre Arbeitskraft aber gehört zu ihrer Mitgift. Wie selbstverständlich diese Form des Lebens und Arbeitens für die Menschen ist, zeigen uns die Hauseingänge des 16.–18. Jahrhunderts: Sie tragen als Erbauer den Namen des Mannes und der Frau. Und wenn das Cotta-Haus in der Königstraße noch stehen würde, vielleicht hätten Historikerinnen schon darauf aufmerksam gemacht, daß über dem Portal der Name von Christoph Friedrich und Rosalie Cotta auszumachen ist. Es hätte dem wirklichen Leben hinter der Tür des Hauses entsprochen, denn Rosalie arbeitet an dem seit 1790 bei Cotta erscheinenden „*Oekonomie=Wochenblatt*", einer „*Sammlung nützlicher und nöthiger Erfahrungen für alle Stände*" mit. In der Einleitung des ersten „*Stüks*" (Heft) schreibt Cotta: „*Dieses Volksbuch enthält vornemlich alle möglichen Vortheile für ... Hausväter und Hausmütter in Ansehung des Feld=Garten= und Weinbaus, der Pferde= und jeder Art von Viehzucht*" und bietet „*möglichst einfache und wohlfeile Hausmittel für Menschen und Vieh*", dazu „*alles, was in den Bezirk des Hauswesens gehört.*" Beim Durchblättern und Lesen der Exemplare (16) fällt schon bald die weibliche Beteiligung auf, zumal Frauen nicht nur als Adressatinnen, sondern auch als Autorinnen ausdrücklich genannt werden. „*Die Hälfte und oft zwei Drittel eines Stüks ist mit den Beiträgen der tüchtigsten Männer aus verschiedenen Ständen angefüllt, welche hier ihre Beobachtungen und Erfahrungen dem Publikum mittheilen.*" Und wer verfaßt die Aufsätze und Artikel der anderen Hälfte? Rosalie Cotta. Ihr Erfahrungsschatz als Vorsteherin des Hauses, als Mutter und Ehefrau, als Geschäftsfrau ist groß. Und hier kommt ihr auch etwas zugute, von dem bisher nur als Nachteil geschrieben wurde. Sie ist ein Theaterkind und hat früh gelernt, mit schwierigen Situationen fertig zu werden, sie kann flexibler als manche reagieren, improvisieren und ist kreativ. Ihre Mutter, als Frau der Bühne ein Profi in Sachen „Schminke", ist zwar schon vor zehn Jahren in Heilbronn gestorben, aber bei dem Tip *„Eine schöne, wohlfeile und unschädliche Schminke für das Frauenzimmer"* mag sich Rosalie an deren Rezepte erinnert haben und den Leserinnen des *„Oekonomie=Wochenblatts"* so weitergegeben haben, wie sie es auch selbst macht. Sie empfiehlt die Mischung von rotem *„Berberiß-Saft mit Citronen=Saft".* Nachdem die Flüssigkeit verdunstet ist, kann das eingetrocknete Konzentrat mit etwas Wasser wieder aufgeweicht werden, und dann *„benetzt (die Frau) damit einen baumwollenen oder leinenen Lappen, und trägt die Farbe auf, wo und wie stark man sie haben will. Oder man stößt die trokene rothe Masse zu einem Pulver, läßt es durch ein feines Haar=Sieb laufen"* und benutzt dann ebenfalls ein Läppchen zum Auftragen. Aber auch für die profaneren Dinge des Lebens bietet sie im *„Oekonomie=Wochenblatt"* Rat und Tips. *„Porcellainene Geschirre zu reinigen", „Warzen und Hühneraugen zu vertreiben", „Hüte mit Ziegenhaaren zu machen", „Essig, besonders guter, aus Honig", „Sommerregen, Erklärung des weissen Meels auf den Blättern nach denselben"* und vieles, vieles mehr findet sich im abschließenden Jahresregister aller erschienenen Hefte. Die bringen neben dem Bericht über eine *„neue erfundene Kattunklopfermaschine"* auch den über eine in London gelungene Heilung eines Krebskranken, über betrügerische Arzneihändler und außerdem *„Belehrungen und Vorschläge, wie das Lebendigbegraben verhütet werden kann".*

Die wöchentliche Zeitschrift der Cottas zum Sammeln gehört in die Sparte der sogenannten *„Hausväterliteratur"*, die sich an den männlichen – und im Untertitel auch an den weiblichen – Hausvorstand richtet. Die Zeit des *„ganzen Hauses"*, der *„Produktionsfamilie"* geht ihrem Ende entgegen. Die Hauswirtschaft verliert, die Volkswirtschaft dagegen gewinnt an Bedeutung im kommenden 19. Jahrhundert. Es gibt immer mehr Familienvorstände, die einer Tätigkeit außerhalb des eigenen Hauses nachgehen, das damit dem Wohnen, aber nicht mehr dem Arbeiten dient. Das mag auch Cotta am Absatz seines Wochenblattes bemerkt haben, dessen Erscheinen um 1799 eingestellt wird. Trotzdem ist er, sind sie mit ihren Themen im Trend der Zeit. Rückblickend schreibt ein Literaturkritiker und Zeitgeistbeobachter 1794: *„In der letzten Hälfte dieses Jahrhunderts hat unsere Literatur einen ganz eigenen Gang genommen, wozu man das Gegenstück in der Literaturgeschichte vergebens sucht. Nie blühten Wissenschaft und Künste so sehr, nie waren die Druckerpressen so sehr beschäftigt als jetzt. Die Vortheile davon sind augenscheinlich, und man muß die Bemühungen unserer wahren Gelehrten um die Verbesserung und Aufklärung der Menschen dankbar erkennen."* Und als Vermittler der neuen Erkenntnis erscheint in Stuttgart Cottas *„Oekonomisches Wochenblatt"*, das zu allen nur denkbaren Problemen und Fragen des Alltags Antworten bietet und das Lesepublikum zu Anfragen ermutigt, die auch bald zahlreich eintreffen und abgedruckt werden. Die Entdeckungen und Erfindungen der Wissenschaft werden dabei zum allgemeinen Kulturgut und Kommunikationsthema, denn was sich von den neuen Erkenntnissen für den täglichen Gebrauch praktisch umsetzen läßt, können Hausväter und Hausmütter schon bald im *„Ökonomischen Wochenblatt"* bei Cotta nachlesen.

Jeden Donnerstag wird das aktuelle *„Stük"* im *„Herzoglich Wirtenbergischen Intelligenz-Komptoir"*, aber auch in allen Post-Expeditionen und Buchhandlungen ausgegeben. Daß die Lieferung dorthin klappt, könnte ebenfalls zu Rosalie Cottas Aufgabenbereich gehört haben.

Ihre Aufgabe liegt auch im Schreiben. Auf den weiblichen Bereich des *„Oekonomischen Wochenblatts"* kann ihr Mann als Herausgeber nicht verzichten. Ihm ist bekannt, daß die *„Frauenzimmer"* einen beträchtlichen Teil des Lesepublikums ausmachen, und die Artikel seiner Frau können dem Verkauf nur förderlich sein. Und so sitzt Rosalie, nachdem sie dem Gesinde die entsprechenden Anweisungen für den Tag gegeben hat, an einem vielleicht extra für sie aufgestellten Tisch in einem ruhigen Raum des Hauses, in ihrem Arbeitszimmer, und verfaßt die für die nächste Ausgabe gewünschten Artikel und Tips. Dazu gehört die *„neue Art, das Waschzeug zu stärken"* (mit zwei Tage alter Milch) und die Anregung, Fenster stets mit Flußwasser zu waschen. Den Nesenbach kann die Cotta dabei nicht gemeint haben, denn der in ihm treibende Unrat strömt einen derartigen Geruch aus, daß Herzog Karl Eugen schon vor einigen Jahren dessen Überwölbung angeregt hat. Eine andere Unart der Menschen neben dieser praktischen Müllentsorgung ist der ungeheure Verbrauch von Puder. In Deutschland werden *„30 Millionen Pfund des schönsten feinsten Mehls jährlich verquastet und vernichtet"*, um es als Haarpuder zu verwenden. Das *„Oekonomische Wochenblatt"* kann melden, daß es jetzt endlich einen Ersatz, ein Sugorrat dafür gibt.

Und während die Frau des Hof- und Kanzleibuchdruckers Cotta im vorderen Teil des Hauses sitzt, die noch zu schreibenden und schon fertigen Artikel des neuen *„Stüks"* sortiert, Ideen notiert und sich vornimmt, im Kreis *„ihrer"* Stuttgarterinnen demnächst für das *„Oekonomie=Wochenblatt"* nach jenem Rezept für eine besonders schmackhafte Mahlzeit nachzufragen, von dem beim letzten Kartenabend die Rede war, hört sie im hinteren Haus die Maschinen der Druckerei und vor ihrem Fenster die Geräusche der Königstraße. Das Kratzen der Feder auf dem Papierbogen vor ihr auf dem Tisch verliert sich im Lärm der vorbeifahrenden Kutschen, der rufenden Händler und laut spielenden Gassenjungs. Es gibt so viele gute Köchinnen in der Residenzstadt, die ihre Rezepte mit sich im Kopf herumtragen, aufschreiben sollte ich sie, denkt Rosalie noch und hört die Schritte der Magd auf dem kleinen, spitzen Straßenpflaster vor dem Fenster. Nur in den Augenblicken des abklingenden Straßenlärms dringen diese Geräusche zu ihr, dann kann sie in der Ferne einen Hund bellen hören, nimmt eilige Schritte im Haus wahr und hört die große Tür des Hauses zuschlagen. Sie steht auf und blickt aus dem Fenster, das ihr über Gemüsegarten und Mauerresten einen freien Blick in die Altstadt bietet. Von wem hat sie gehört, daß es bei den Hartmanns letzte Woche eine wunderbare musikalische Abendunterhaltung gegeben haben soll? Der Name fällt ihr gleich wieder ein, allerdings hat die junge Frau Hartmann von so vielen Gästen erzählt, die im Haus ihres Schwiegervaters verkehren. Auch Johann Caspar Schiller soll dazu gehören, das ist doch der Vater des Dichters, von dem ihr Sohn Johann Friedrich erst vor kurzem erzählt hat. Von der Hartmann hat sie auch erfahren, daß Johann Caspars Frau über verschiedene, besonders gute Kochanleitungen verfügen soll. Ob sie dort einmal nachfragen könnte? Aber um all das soll sie sich jetzt gar nicht kümmern, denn es müssen endlich die letzten Zeilen geschrieben werden.

Trotz der nicht nur augenscheinlichen, sondern auch nachgewiesenen Mitarbeit Rosalie Cottas erscheint ihr Name an keiner Stelle der Haushaltszeitschrift. Das ist nicht weiter verwunderlich, hegt doch die Männerwelt die übelsten Vorurteile gegen die *„schreibenden Frauenzimmer"*, die sie mit noch bösartigeren Verleumdungen verfolgt als die *„Lesewut"* der Frauen. Das Schreiben stellt einen höchst suspekten Akt der Selbstautorisierung dar. Der einzige und das einzige, was der Frau in ihrem Leben eine Art von Autorität geben soll, ist der Mann und sonst niemand! Im Schreiben bewegt sich die Frau auf einem eigenen Terrain, dessen Zugang dem Mann versperrt scheint. Es droht Kontrollverlust des starken über das „schwache" Geschlecht, und das muß mit aller Macht verhindert werden. Alle Macht haben sie, und so können die Verleger, Drucker, Buchhändler, Zeitungsmacher, Kritiker, Leser und andere „geschmacksbildende" Multiplikatoren der Gesellschaft leicht dafür sorgen, daß noch hundert Jahre später August Strindberg und andere Frauenhasser schreiben können: „Es ist vollkommen überflüssig, daß die Frauen ihren Stuß niederschreiben. Dies bewirkt lediglich Unklarheit in den allerklarsten Dingen."

Neben der aktuellen Mitarbeit in Verlag und Druckerei ist es die Aufgabe der Frauen, sich im Hinblick auf die „unsichere Lebenszeit" der Menschen auf das Weiterführen des Geschäfts, der Druckerei als Witwe vorzubereiten. Oft sind die Erben noch nicht erwachsen und ausgebildet, so daß an vielen Orten die Frauen das Unternehmen weiterführen. Rosalie Cotta hat Glück, ihr Mann stirbt erst im Alter von 83 Jahren. Wenige Monate nach seinem Tod sendet ihr Sohn Johann Friedrich Cotta den elfhundertsten Abdruck einer radierten Steinplatte an Außenminister Graf von Taube und bittet ihn gleichzeitig „König Friedrich die Unfähigkeit der Buchdruckerei Mäntler zu den Hofgeschäften sowie die Eignung der Druckerei seiner Mutter hierfür vorzustellen". (17) Die Witwe Cotta führt also die Geschäfte ihres Mannes in Stuttgart als „Druckereibesitzerin" weiter.

Auf ihren Sohn Johann Friedrich kann sie stolz sein. Im Jahre 1787 hat er die „J. G. Cottaische Buchhandlung" mit den beiden Gebäuden in der Tübinger Münzgasse übernommen und den Verlag in wenigen Jahren zu einer Institution der Literatur gemacht. Dabei ist die Situation, die Rosalies Sohn vorfindet, wohl mit Recht als trostlos zu be-

Johann Friedrich Cotta

zeichnen: das Programm ist veraltet, die Buchhandlung liegt nicht nur abseits des süddeutschen Buchmarktes im ohnehin kulturell zurückgebliebenen Württemberg, sondern auch abseits der Zentren norddeutscher Aufklärung. Dazu kommt, daß die Cottas nicht zu den angesehenen Familien und zum kulturell privilegierten Bürgertum gehören, aber deshalb noch lange nicht über ein gutes finanzielles Polster verfügen. Vater Cotta scheint nicht in der Lage zu sein, seinem Sohn beim Start ins Verlagsgeschäft mit einem prall gefüllten Beutel unter die Arme zu greifen. Johann Friedrich muß sich selbst nach Geldgebern umsehen. Sein Schwager, der Postmeister Wölffing, leiht ihm ebenso Geld wie auch sein zukünftiger Schwager Christian Gottlieb Gmelin. Ein kleinerer, aber ebenso wichtiger Betrag kommt von Cottas Schwestern Charlotte und Louise. Ausreichend ist das nicht, und so wendet sich Rosalies Sohn an seinen Studienfreund Christian Jacob Zahn. Der hat zwar selbst auch kein Geld, er wird aber demnächst eine Frau mit Geld heiraten und schon „bald flossen die Gulden von Calw nach Tübingen". Cotta bietet Zahn eine Partnerschaft an und beschreibt sein künftiges Geschäft mit den folgenden Worten: „Der Buchhandel ... hat zwei Zweige: Er ist detail- und en gros Handel, wir sind Krämer und Fabrikanten, indem wir eingekaufte Bücher einzeln verkaufen, und Bücher fertigen lassen, die wir en gros mit Rabatt an andere Kaufleute unserer Art abgeben." Der „Krämer" Cotta will vor allem „Fabrikant" sein, denn der Verlagshandel ist der „einträglichste". Mit 150–200 verkauften Exemplaren pro Buch rechnet er auf der nächsten Ostermesse. Zahn ist nicht nur von seinen Worten, sondern auch von seinen Taten beeindruckt. „Dieser junge Mann, der von 4 Uhr morgens bis 9 Uhr abends schuftet", sorgt bald für Aufsehen in der Branche und 1795 gelingt Johann Friedrich der Durchbruch. Friedrich Schillers „Horen" erscheinen bei ihm, die „Europäischen Annalen" und die „Annalen der britischen Geschichte". Schon bald zeichnet sich das Bestreben von Rosalie Cottas Sohn ab: Er will nicht irgendein Winkelbuchhändler werden, er hat einen Universalverlag gegründet, der alle Wissensgebiete abdeckt. Dabei bemüht er sich um führende Autoren, zahlt gute bis großzügige Honorare und ist dem Neuen, Ungewohnten aufgeschlossen. Sein innovatives Denken, seine manchmal kühnen Pläne sind es, die den Gegensatz zu seinem Teilhaber Zahn deutlich machen. Je weiter die Zeit voranschreitet, desto weniger scheinen sie noch zusammenzupassen. Einige Jahre darauf kommt es zur Trennung. Zahns Frau wird Cotta diesen Schritt übelnehmen und sich an seiner späteren Frau dafür „rächen" ...

Zum Unternehmer Cotta gehört auch, daß er sich über die nun immer häufiger erscheinenden Journale von Frauen für Frauen, wie *„Für Hamburgs Töchter"* oder *„Wochenblatt für's schöne Geschlecht"* informiert und deren Eignung für seinen Verlag prüft. Ein guter „Riecher" für die neue Zeit und Mut, die ausgetretenen Pfade zu verlassen, zeichnen Cotta aus. Aber ist es nicht ein zu großes Risiko, die Zeitschrift *„Amaliens Erholungsstunden"* der Madame Ehrmann zu unterstützen? Andererseits versteht sie ihr Handwerk; die Ehrmann kann nicht nur schreiben, sie erregt auch erhebliches Aufsehen mit ihren Schriften und sorgt für Umsatz. Was für eine Aufregung, als sie 1784 in ihrer *„Philosophie eines Weibes"* die Männer mit *„geilen Schmetterlingen"* vergleicht, *„die nach der jungfräulichen Blume lüstet"*! Cotta entscheidet sich schließlich für Marianne Ehrmanns (1753–1795) Projekt, und der Erfolg ihrer Zeitschrift gibt ihm Recht. Wo können die Frauen des ausgehenden 18. Jahrhunderts schon solche klaren und wahren Zeilen über das Verhältnis von Mann und Frau lesen:

„Was uns zum Laster angerechnet wird, das ziert ihre Freiheit, und wenn es ihnen gleichwohl keinen Ruhm macht, so bestraft oder beschnarcht sie doch Niemand darüber; am wenigsten aber sie sich selbsten untereinander. Sie reizen uns zu Fehltritten, wir geben ih-

*nen Gehör, und wenn es alsdann fehlschlägt, so fällt die ganze last
nur auf uns. Sie nennen uns schwach, und wir sind doch in gewissen Fällen weit stärker als sie."*

Mit jeder Ausgabe steigt die Zahl der Abonnements um
60 neue Bestellungen, die *„feurige und muntere Schreibart"*
Marianne Ehrmanns kommt an. Ihr Ziel, möglichst viele
Leserinnen und Leser zu interessieren, erreicht sie mühelos.
Es gelingt ihr sogar besser, als es Cotta lieb ist, die kritisch-
emanzipatorischen Elemente werden ihm mit der Zeit zu
viel, und er versucht, mit abgedruckten (und bestellten)
Gegenstimmen das Gewicht zugunsten der konventionel-
len Vorstellungen zu verschieben. Kostprobe: *„Frauenzimmer lieben angestrengte Lesereien nicht"*, denn *„ein schöner Mund
ist tausendmal schöner, wenn er eine unwissende Frage naiv vor-
bringt, als wenn er professormäßig belehrt."*

Bringt Johann Friedrich seiner Mutter eines dieser
berühmten Exemplare mit, ist sie vielleicht sogar Abon-
nentin? Wie das noch herausfinden nach zweihundert Jahren! Aber stellen wir uns einfach vor, sie hat sie gelesen, die
kritischen Artikel der Ehrmann über das weibliche Erzie-
hungswesen, über Aberglaube und Unvernunft und hat vor
allem ihre Opposition gegen den männlichen Überlegen-
heitsanspruch genau registriert. Und mit großem Interesse
nimmt die sechzigjährige Rosalie die Ansichten der Ehrmann über das Alter auf: *„Ein bejahrtes Weib, die ihre Tage
der Jugend, der Gatten- und Mutterliebe, der Duldung und
Sanftmuth gewiedmet hat; ist gewiß eine eben so ehrwürdige Erscheinung als ein alter Mann."* In einem der bequemen Fau-
teuils ihres großen Hauses sitzend fragt sie sich, ob ihre
Töchter auch in dieser Gedankenwelt zu Hause sind. Zehn
hat sie; die Älteste wird im Dezember 39 Jahre alt, die
Jüngste, das 15. Kind, Henriette, ist sechzehn. Und genauso viele Jahre ist es her, daß Rosalie ihre Schwester wieder-
gesehen hat. Aloysia trägt jetzt den Künstlernamen *„Fasset-
ti"* und ist damals extra aus Venedig gekommen, um bei

der Taufe ihrer kleinen Nichte dabeizusein. Die ist inzwischen schon im heiratsfähigen Alter und erst vor kurzem, an Rosalies Geburtstag, stand sie mit ihren Schwestern und der Schwägerin Wilhelmine zusammen und unterhielt sich mit ihnen über die Frau, die vor einigen Jahren in Frankreich hingerichtet wurde. Sie soll die *„Rechte der Frau und Bürgerin"* aufgeschrieben haben, heiße Olympe de Gouges (1748–1793) und im ersten Artikel ihrer Erklärung der Frauenrechte steht: *„Die Frau ist frei geboren und bleibt dem Manne ebenbürtig in allen Rechten."*

Was für eine Idee! In ihrer Ehe war es immer klar, wer welche Aufgaben zu übernehmen hatte, und Christoph Friedrich hat ihr viele Entscheidungen überlassen, sie als Mensch und Person anerkannt, aber über solche Gedanken hat er nur den Kopf geschüttelt. Naja, er ist ein Mann, und wenn sie den Worten der Ehrmann glaubt, dann ist das ein beklagenswerter Zustand, der der Menschheit bisher nicht viel Glück gebracht hat.

Das Geschäft mit der *„Frauenliteratur"* läuft gut. Zu den *„Longsellern"* bei Cotta gehört sein *„Damenkalender"*, der bereits im Spätsommer erscheint, um als Kalender und Notizbüchlein für das kommende Jahr dienen zu können. Cotta engagiert die populärsten Dichterinnen und Dichter und bleibt so auf diesem Gebiet, das auch andere Verleger schon entdeckt haben, konkurrenzfähig.

Aber nicht nur als Konsumentinnen und Leserinnen schätzt der Chef des Hauses Cotta die Frauen. Seine Mutter erlebt nicht mehr, daß ihr Sohn 1816 eine Redakteur*in* für sein täglich erscheinendes literarisches *„Morgenblatt für gebildete Stände"* einstellt. Es ist Therese Huber (1764–1829), diese *„sehr unfügsame Person"*. Man erzählt sich von ihr, sie sei schon als Kind ganz verrückt nach Büchern gewesen und habe das Verbot des Vaters, die häusliche Bibliothek zu benutzen, grob mißachtet. Sie selbst hat es erzählt: *„Ich drückte die Leinwand an der zweiten Flügeltür ein, zog den Rie-*

gel auf und las, was ich wollte." Johann Friedrich Cotta hat
keine Probleme mit einer Frau, die über die Grenzen des
„weiblich Schicklichen" hinausgeht: Seine Mutter hat jahrelang am *„Oekonomischen Wochenblatt"* mitgearbeitet, also
wird auch Madame Huber dazu in der Lage sein, wenn sie
es sagt. Außerdem ist sie eine erfahrene Frau, hat viel erlebt
und einiges veröffentlicht. Acht Jahre wird Therese Huber
die Redaktion des *„Morgenblatts"* leiten; zu ihren Mitarbei-
tern gehört in dieser Zeit auch Friederike Schwabs Sohn
Gustav.

Am 11. Januar 1794 heiratet Rosalies dritter und berühm-
tester Sohn Johann Friedrich Cotta Wilhelmine Haas, deren Schwester mit Cottas Finanzier Christian Gottlieb
Gmelin verheiratet ist und in dessen Haus sich die beiden
kennenlernen. Ihr Porträt hängt heute in der Württembergischen Staatsgalerie.

„Eine Schönheit war sie nicht", heißt es über sie in einem
Zeitungsartikel. *„Frau Cotta ... muß eine recht robuste Erschei-
nung gewesen sein mit molligen Armen, festen Schultern, mit stol-
zem Nacken und langer kräftiger, an der Spitze etwas knolliger
Nase, die einen sinnlichen, energischen Mund beschattete. Ihr
Blick aus dunklen Augen unter herrisch geschwungenen, dichten
Brauen schaute sehr interessiert, aber auch skeptisch drein: eine
Frau, die sich nicht leicht imponieren ließ."* Bei einem Ver-
gleich der Porträts von Wilhelmine Cotta und dem ihrer
Schwiegermutter Rosalie Cotta fallen Ähnlichkeiten auf.
Nicht umsonst sagt der Volksmund, daß sich Söhne beim
Heiraten an dem Vorbild der Mutter orientieren.

Über Christoph Friedrich Cottas Lebensabriß setzte eine
Autorin die Zeile: *„Es ist ein dunkle Stelle – im Lebensbaum des
grossen Geschlechts"*, und wenn wir die Familiengeschichte
der Cottas Revue passieren lassen, dann wird schnell deutlich, daß erst das *„Theaterkind"* Rosalie Pirker diejenigen

Eigenschaften mitgebracht und an ihren Sohn weitergegeben hat, die ihn und den Namen „*Cotta*" weltberühmt gemacht haben.

Die Stammutter dieses Literaturunternehmens stirbt 74jährig am 1. April 1812 in Stuttgart.

Silhouette von Maria Magdalena Hegel

Maria Magdalena Hegel (1741–1783), geb. Fromm

Sie stirbt schon im Alter von 42 Jahren und hat nie erfahren, welch berühmten Sohn sie hat.

Maria Magdalena Fromms Geburt in Stuttgart fällt in die erste Hälfte des 18. Jahrhunderts; sie ist nur wenig jünger als die Mutter des *„Königs unter den Verlegern"* und gehört zusammen mit Rosalie Cotta zur älteren Generation der hier vorgestellten Frauen. Während ihre Zeitgenossinnen wie Elisabeth Dorothea Schiller, Louisa-Suzanne Necker, Friedrike Wilhelmine Arndt, Johanna Christiane Hölderlin, Lätitia Bonaparte und Maria Anna Mozart in mehr oder weniger ausführlichen Biographien aufgearbeitet sind, fehlt eine solche von der Mutter des Philosophen Friedrich Hegel (1770–1831) bis heute. Ihr Geburtshaus in der Eberhardstraße ist weltbekannt, es gehört für viele Touristen zum Besichtigungsprogramm der Stadt unbedingt dazu. Aber sie kommen nicht ihretwegen, wissen wahrscheinlich nicht einmal etwas von Maria Magdalena Fromm und suchen auch vergebens nach genauen Hinweisen über die Mutter des *„großen Sohnes der Stadt".* Ihr Sohn Friedrich Hegel, ebenfalls in der Eberhardstraße geboren, wird hier in seinem restaurierten Elternhaus in der Stuttgarter Innenstadt, das auch über ein kleines, feines Museum mit Exponaten und Texten zu seinem Leben und Arbeiten verfügt, geehrt. Die Farbgestaltung der Ausstellung bezieht sich bewußt auf Hegel, der mit Goethe über dessen Farbenlehre korrespondierte. Und im Gewölbekeller des Hauses, wo die Familie Hegel einst ihre Vorräte lagerte und heute Historikerinnen und Historiker Vorträge zur Stadtgeschichte halten, überbrückt das phantasievolle Auge im Schummerlicht die Jahrhunderte und sieht Weinfässer, Säcke, Eier auf Stellagen, Krüge, das gepökelte und gesalzene Fleisch, Obst und die von der Decke hängenden geräucherten Schinken, sieht die Magd der Hegels mit einer Kerze in der Hand die Steintreppe hinuntergehen, um sich von der Qualität der gelagerten Äpfel zu überzeugen.

Maria Magdalena Fromms Vater Ludwig Albrecht Fromm heiratet im Jahre 1724 eine Frau mit dem Namen Floriane Blandine Spar. Drei Dinge sind über sie bekannt: Ihr Vater ist Kanzlist, sie hat keine Kinder mit ihrem Ludwig Albrecht und stirbt nach 16jähriger Ehe. Das Geburtshaus von Maria Magdalena Hegel und ihrem berühmten Sohn gehört der Familie Spar. Welche Rolle die Eberhardstraße 53 einmal spielen wird, kann natürlich zu diesem Zeitpunkt niemand ahnen, zumal es nach dem Tod von Floriane Blandine Fromm durchaus möglich ist, daß der 44jährige Witwer sich in seinem fortgeschrittenen Alter nicht noch eine neue Frau suchen will. Andererseits hat er bisher vergeblich auf Nachwuchs gehofft und eine Frau, die seinem Haushalt vorsteht, braucht er auch. Er findet sie in der ebenfalls nicht mehr jungen Regine Dorothee Schnepf, für die es nach dem Tod ihres ersten Mannes, dem Rentkammerrat Hoffmann, ebenfalls die zweite Ehe ist. Sie heiraten im Januar 1741, und obwohl die zweite Frau Fromm die *„Zeit des Mutterseins"* (30. bis 35. Lebensjahr) schon lange überschritten hat, wird am Ende des Jahres eine Tochter geboren: Maria Magdalena.

Das Stuttgart, in dem Maria Magdalena Fromm aufwächst, wird seit 1744 von Herzog Karl Eugen regiert. Für die wachsende Bevölkerung werden einfach höhere Häuser gebaut, und aus Feuerschutzgründen müssen die Fachwerkhäuser nun auch verputzt werden, dennoch kann dadurch der große Hirschgassenbrand von 1761 nicht verhindert werden. Der alte Stadtkern ist eng und winklig, die Straßen sind unregelmäßig breit und enden nicht selten in Sackgassen. Der Hafnermarkt, der Holzmarkt, die alten Gasthöfe mit so bekannten Namen wie *„Becher"*, *„Adler"* und *„Bär"*, Krämerbuden, das erste *„Caffé"* der Stadt, der Paradeplatz und der *„Thier Garten"* prägen das Bild, gehören zum Leben der Stuttgarterinnen und Stuttgarter um die Mitte des Jahrhunderts. Attraktionen sind die Stuttgarter Jahrmärkte, auf denen nicht nur einheimische Händler, sondern auch die der benachbarten Reichsstädte und sogar Italiener, Franzosen, Sachsen und Bayern ihre Waren anbieten: Gewürze, Eier, Stoffe und Spitzen, Pastillen und Wässerchen, Schüsseln, Krüge, Federvieh, buntes Spielzeug für die Kinder, hübsche Schnallen für die Schuhe und geflochtene Körbe. Aber auch diverse Dienstleistungen werden lautstark angeboten. Pfannenflicker, Bürstenbinder, Barbiere und Wahrsager hoffen auf ein gutes Geschäft. Mit den Fremden kommen auch Bettler, die es irgendwie geschafft haben, durch die Stadttore zu gelangen, wo doch eigentlich nur *„Personen von Distinktion"* durchgelassen werden dürfen. Die Stuttgarter retten sich mit einer ungewohnten Maßnahme vor dem *„Gesindel"* – die Haustür wird vor dem Zubettgehen abgeschlossen.

Maria Magdalena verliert ihre Mutter schon im Alter von vier Jahren. Regine Dorothee Schnepf findet wahrscheinlich auf dem Hospitalfriedhof, auf dem die *„ältesten und meritiertesten Familien"* Stuttgarts ihre Angehörigen begraben, die letzte Ruhestätte. Der Witwer hat jetzt drei kleine Kinder, die niemand versorgt, und er muß möglichst schnell eine neue Frau finden. Noch im Todesjahr seiner zweiten Frau heiratet er wieder. Maria Magdalena und ihre Geschwister bekommen die erste Stiefmutter, Margarethe Elisabeth, die Tochter des Waiblinger Stadtpfarrers Speidel. Bereits zwei Jahre später stirbt sie und läßt einen Witwer mit nun vier Kindern zurück. Wieder ein Jahr danach stellt Ludwig Albrecht Fromm seiner ältesten Tochter, die jetzt sieben Jahre alt ist, die zweite Stiefmutter vor: Charlotte Wilhelmine von Hermersdorf. Mit der 27jährigen heiratet der fast doppelt so alte Ludwig Albrecht eine Frau, die nicht ganz seinem Stand entspricht. Nach den Töchtern der Advokaten, Pfarrer und Kanzlisten verbessert er sich gesellschaftlich mit seiner vierten Frau, die aus dem niederen Adel kommt. Ihr Vater, Eberhard Ludwig Hermes von Hermersdorf, ist Hauptmann des Schwäbischen Kreises und hat damit eine durchaus achtbare Position. Charlotte Wilhelmines Mutter ist eine geborene Carlin von Somaripa, ihr Vater war Generalmajor.

Viel mehr erzählen die einschlägigen Bücher und familienhistorischen Nachschlagewerke nicht, in denen ich sonst fündig wurde. Maria Magdalenas zweite Stiefmutter entgleitet immer wieder, es scheint unmöglich, ein biographisches Netz um sie herum aufzubauen. Je weiter es in die zurückliegende Zeit geht, desto lückenhafter werden die Angaben, die Namen sind unvollständig, Lebensdaten fehlen und die Menschen scheinen sich im diffusen Bereich der Vergangenheit aufzulösen. Lang vergessene Aktenbündel, seit Jahrhunderten nicht mehr gelesene Briefe und verstaubte Folianten mit unverhofften Entdeckungen habe ich vergeblich gesucht. Als Eindruck bleibt die gehobene Stellung der Familie von Hermersdorf, in der die Männer über Generationen hinweg dem Land Württemberg als Vögte dienten und damit über eine herausragende und wichtige Stellung verfügten. Vor diesem Hintergrund hat Charlotte Wilhelmines Familie für ihre Tochter sich wohl eine bessere Partie als den Stuttgarter Advokaten Fromm erhofft. Auch sie hat ihre Rolle entsprechend ihrem Stand auszufüllen, als Mensch und Individuum gilt sie wenig, zumal sie ein weibliches Familienmitglied ist. Der Fortbestand der Familie, der Dynastie, steht im Vordergrund. Diese Aufgabe übernehmen zwar die Söhne, aber es ist keineswegs ohne Belang, wen Charlotte Wilhelmine heiratet. Aus heute unbekannten Gründen mag sich die eine oder andere Gelegenheit für sie zerschlagen haben, und nun ist sie fast dreißig Jahre alt, ist noch immer ohne Mann und damit unversorgt. Die männlichen, nicht erbberechtigten Familienmitglieder haben die Möglichkeit, in den Kirchen-, Militär- und Staatsdienst zu treten. Als Frau aber bleibt ihr nur die Hoffnung auf eine großzügige Apanage oder der Eintritt in eines der weltlichen Klöster, was allerdings auch mit erheblichen finanziellen Aufwendungen verbunden ist. Und wenn die Familie sich weder Apanage noch Kloster leisten kann, dann muß sich die Tochter mit einer Heirat selbst versorgen. Ludwig Albrecht Fromm aus Stuttgart kann ihr Versorgung, Unterkunft und ein Zuhause bieten, dazu noch ein Leben in der württembergischen Residenzstadt. Ihre Gegenleistung: Sie muß bei seinen vier *„unerzogenen"* Kindern die Mutterstelle vertreten.

Für Maria Magdalena ist sie jetzt die dritte Mutter, an die sie sich gewöhnen muß. In unglaublich kurzer Zeit hat das kleine Mädchen immer wieder Abschied nehmen müssen von einer gerade erst vertraut gewordenen weiblichen Bezugsperson. Von einem Jungen in ihrem Alter mit gleichem Schicksal heißt es, *„das Schiff seines Herzens* (habe) *seinen Anker verloren und trieb auf den Wogen des weltlichen Daseins dahin"*. Die Bedingungen, unter denen sie nach dem wiederholten Verlust aufwächst, werden Maria Magdalenas Leben prägen. *„Eine Stiefmutter ist für ein Kind wie Salz in schmerzende Augen"*, sagt ein dänisches Sprichwort, und es ist allgemein bekannt, wie viele Kinder, zu denen auch Dante Alighieri und Giovanni Boccaccio gehörten, unter dieser Frau ihres Vaters litten. Verständnis, liebevolle Umsorgung und kein weiterer Schicksalsschlag gehören zu den Voraussetzungen für eine doch noch glückliche Kindheit, auch wenn sie vom Schatten der toten Mutter nie befreit sein wird. Mit der neuen Frau Fromm kommt nicht nur eine neue Mutter ins Haus, sondern auch eine Fremde, die sich nicht auskennt, sich erst im Familien- und Bekanntenkreis einleben und ihre *„neuen Kinder"* kennenlernen muß. Für die mag sie durchaus interessant sein, denn Charlotte Wilhelmine trägt ein Stück andere Welt ins Haus. Sie bringt andere Gepflogenheiten, Umgangsformen und Gewohnheiten mit, hat neue Wäsche in ihrer großen Truhe und stellt ihre Möbelstücke zu denen, die schon immer in der Stube waren, verschiebt vielleicht den Stuhl, auf dem die Mutter immer saß und benutzt nun ihren Becher. Und an ihre Herkunft denkend, mag sie eine feinere Sprache ebenso auszeichnen wie ein gewisser Grad an Bildung und das Interesse an Dingen, die über ihre Aufgaben als Hausfrau und Mutter hinausgehen. Über die Erziehung dieser neuen Stiefmutter der Fromm-Kinder ist nichts bekannt. Von der eine Generation später lebenden Elisa von der Recke (1754–1833) aber erfahren wir, daß die Beziehung der adligen Mädchen zu ihren Vätern oft mehr von Furcht als von Liebe gekennzeichnet ist. Er ist die uneingeschränkte Autorität des Hauses und hat auf die Fortsetzung der Familiendynastie zu achten. In diesem Zusammenhang ist es durchaus von Interesse, auch den Töchtern einen gewissen Grad von Bildung zukommen zu lassen. Das erhöht die Heiratschancen. Welcher Mann will sich schon mit einer Gattin abquälen, die nicht musiziert und tanzt, die dumm ist, keine Ahnung von gepflegter Konversation hat und das Gesinde nicht beaufsichtigen kann. Und so wie Elisa von der Recke ihre Bildung später für sich persönlich nutzen und umsetzen wird, indem sie einen *„Musenhof"* unterhält, wo bedeutende Dichter und Gelehrte verkehren, gibt Charlotte Wilhelmine Fromm in Stuttgart Wissen und Bildung an die nächste weibliche Generation weiter. Über zehn Jahre steht ihre älteste Stieftochter Maria Magdalena unter ihrem Einfluß, und nach jetzigem Stand der

Kenntnisse kann es nur ihr zu verdanken sein, daß man von Friedrich Hegels Mutter später sagen wird, daß sie *„für die damalige Zeit eine Frau von Bildung war"*. Die Frauen in den Familien des 18. Jahrhunderts sind dafür zuständig, die Töchter auf das Leben vorzubereiten. Manche Tochter hat dabei Glück, die andere nicht. Die Astronomin Karoline Herschel (1750–1848) erinnert sich: Mein Vater wünschte, *„mir eine feine Erziehung geben zu lassen, aber meine Mutter hatte fest beschlossen, daß ich ein roher Klotz sein und bleiben sollte, allerdings aber ein nützlicher. Dazu war, wie sie meinte, nichts weiter nöthig, als mich zwei oder drei Monate zu einer Weißnäherin zu schicken, bei welcher ich die Anfertigung von Leib- und Hauswäsche erlernen sollte."*

Von den Stuttgarter Schulen, die noch 1781 als *„herzlich schlecht"* bezeichnet werden, ist nicht viel zu erwarten, und so bleibt es den familiären Initiativen überlassen, sich nach anderen Möglichkeiten umzusehen. Auf der Suche danach kommen in Stuttgart um 1750 die Gedanken sehr schnell auf das Waisenhaus (heute: der unregelmäßige Viereckbau zwischen Charlotten- und Dorotheenstraße). Im Jahre 1710 gegründet, soll es den verlassenen *„Waisen in den Städten und Dörfern des Landes, welche aus Mangel an Unterhalt und nötiger Information an Leib und Seele jämmerlich verderben"*, dabei helfen, *„daß sie ihr Stück Brot selbst redlich erwerben können"*. Solch ein *„Waisen=, Arbeits= und Zuchthaus"* gibt es in Halle schon seit längerem. Der sich dort im Auftrag des württembergischen Herzogs informierende Waisenpfleger Haupt ist begeistert von den Franckeschen Stiftungen, gründet in Stuttgart aber trotzdem kein Mädchenbildungsinstitut, wie es dort existiert. Das Haller *„Gynäceum"*, die *„Anstalt für Herren Standes, adelicher und sonst fürnehmer Leute Töchter"* könnte auch in der württembergischen Residenzstadt von großem Nutzen sein. Schülerinnen aus dem Adel, aber auch Bürgertöchter werden in dieser neuartigen Einrichtung in Religion, Kirchengeschichte, Geographie und erbauliche Literatur eingeführt. Ein „*extraordinärer*" Unterricht in Griechisch, Hebräisch, Musik- und Klavierunterricht kann, muß aber nicht besucht werden. Daß die „*weiblichen Arbeiten*" wie Stricken und Spinnen, Sticken, Nähen, Spitzen wirken und die Einweisung in die Haushaltführung zum Pensum gehören, ist selbstverständlich. Für die Tochter des Advokaten Fromm wäre das genau die richtige Schule. Bis aber im Stuttgarter Waisenhaus eine sogenannte „*Schulprivat*" für die Mädchen der höheren Stände eingerichtet wird, vergeht noch eine lange Zeit. Den Eltern Fromm bleiben nur zwei Möglichkeiten: Sie engagieren, wie andere Familien auch, einen Privatlehrer für Maria Magdalena und ihre zwei Schwestern. Der Kantor, der Student, der Lehrer, der Pfarrer und der Professor übernehmen diese Aufgabe in einem inoffiziellen Rahmen, der sich durch das Hinzukommen anderer Mädchen aus befreundeten Häusern nicht selten zur kleinen Privatschule entwickelt. Oft finden diese Unterrichtsstunden allerdings unregelmäßig statt, fallen ganz aus oder zeigen wegen der Unfähigkeit der Lehrenden zu wenig Ergebnisse. Die Elemente des Lernens bleiben auch weiterhin die Atmosphäre des Elternhauses und die individuelle Fürsorge, die dem Kind zuteil wird. Der gesellschaftliche Umgang, Lektüre und das unterbewußt beobachtete, ja beiläufig Gesehene und Gehörte bilden hier die „*Incunabeln*" einer weiblichen Bildung. Hauptvermittlerin von Wissen und Kenntnis bleibt aber noch bis zur Mitte des 19. Jahrhunderts die Mutter. „*Als kleines Mädchen saß ich immer neben ihr und hatte die biblische Geschichte in Kupferstichen vor mir liegen, das sie mir, indem sie dabei nähete oder span, erklärte, nach meinen Begriffen faßlich machte, und mich so spielend in der Religion und Moral unterrichtete*", erzählt Ernestine Christine Reiske (1735–1798) über die Erziehung und Bildung. Und die Tochter eines Hamburger Kaufmanns schreibt in ihren Lebenserinnerungen: „*Sonst mußten wir beständig von 8 des Morgens bis 8 des Abends nähen oder lernen, und nur Sonntags hatten wir Zeit und Erlaubnis zum Spielen. Diese Gewohnheit, beständig beschäftigt zu sein, ist ... bei mir geblieben.* " Die Erfahrungen dieser Mädchengenerationen gleichen einander und zeigen praktisch keine regionalen Unterschiede, so daß wir von einer ähnlichen Bildungsatmosphäre im Hause Fromm ausgehen können.

„Ich glaube, ich wäre gelehrt geworden, wenn mich die Vorsehung nicht für den Kochtopf bestimmt hätte", schreibt eine Zeitgenossin der Hegelin und beklagt sich darüber, daß ihr die Wissenschaften verschlossen sind. Zu beachten ist in diesem Zusammenhang, daß Friedrich Hegels Mutter von den Biographen ihres Sohnes an keiner Stelle als *„gelehrt"* bezeichnet wird, wohl aber als gebildet. Sie können nicht anders, denn *„Frauenzimmergelehrtheit"* gehört nach Meinung der Männer zu den verwerflichsten Dingen, die man einem Weib nachsagen kann. Wer anständig ist, ist nicht gelehrt. Und wer es dennoch ist, muß mit den Folgen fertig werden. Krankheit als Ergebnis der *„häufigen gelehrten Arbeiten"*, ein Gesicht, dem es *„an allen Liebreizen"* mangelt und die Scham darüber, eine *„große Kennerin der Gelehrsamkeit"* zu sein, kennzeichnen diese Frauen. Das behauptet die *„Lebensbeschreibung einiger gelehrten Frauenzimmer"* aus dem Jahre 1794. Und bei dieser Meinung bleibt es: In Ministerialabteilungen und bei Universitätsprofessoren gilt es noch als unumstößliche Wahrheit, daß das Weibliche mit dem Lernen und Studieren nicht vereinbar ist, nachdem die Frauen sich den Zugang zu den Hochschulen schon erkämpft haben. Die *„glückliche und schöne Unwissenheit"* muß die Frau sich erhalten, um Wohlgefallen und Achtung des Mannes zu finden. *„Stuttgarts Frauen sind eine wahre Zierde ihrer Vaterstadt. Herrliche, schlanke Gestalten, lebendig und dabei voll weiblicher Anmut"*, notiert sich ein Besucher der Residenzstadt und spricht seinen Zeitgenossen aus dem Herzen. So möchten sie die Frauen, und

deshalb lesen wir von Maria Magdalena Fromm auch zunächst nichts anderes, erfahren aber durch ihre Tochter Christiane von ihren Lateinkenntnissen. Schon im Vorschulalter soll ihr Bruder Friedrich *„die erste Declination und die dahin gehörigen lateinischen Wörter"* gekannt haben, was er der Anleitung seiner Mutter verdankte. Bekannt ist, *„daß das Betreiben der englischen Sprache in diesem Kreise* (Familie Hegel) *üblich"* war, höchst ungewöhnlich und selten aber ist eine Frau, die im 18. Jahrhundert über Lateinkenntnisse verfügt. Denken wir allerdings an das Sprachpensum des Haller *„Gynäceums"*, das Griechisch und Hebräisch enthielt, machen uns die notwendigen Lateinkenntnisse der Chemikerinnen, Botanikerinnen und Naturkundigen des 18. Jahrhunderts (18) klar und vergegenwärtigen uns den Werdegang von Dorothea Erxleben und Dorothea Schlözer, dann ist es mit der Exklusivität der lateinischen Sprache gar nicht so weit her. Auch hier besteht eine tiefe Kluft zwischen der Lebensrealität und der männlichen Vorstellung, wie Frauen sein sollen. Die gelehrte Männerwelt beansprucht die lateinische Sprache zwar für sich, aber daß Frauen außerhalb dieser Sprachkenntnisse stehen, scheint wieder nur eines der historischen Märchen zu sein, die uns aufgetischt wurden. Nun ist es aber ausgerechnet so, daß einer der Gegner aller weiblichen Gelehrsamkeit, erste Kenntnisse seiner nicht nur gebildeten, sondern als gelehrt zu bezeichnenden Mutter zu verdanken hat. Geheuer ist Friedrich Hegel diese Art Frau nicht, im Gegenteil. *„Die Frau muß dem Mann seine Bedürfnisse reichen, und des Mannes Gemüt muß bei der Frau in der Familie erquickt werden, um, nun wieder stark, für das Allgemeine wieder aufzutreten"*, meint er und hebt sich damit auch als Denker und Philosoph kein bißchen von der gängigen Meinung seiner Zeit ab. Aber die *„Frau"* war noch nie ein Thema, das die Männerwelt zu begeisterten Sprüngen in den Fortschritt veranlaßt hätte.

Nach dem Verlust der eigenen Mutter, nach jahrelangem quälendem Wechsel zwischen den verstorbenen und neu angeheirateten Frauen des Vaters, der Furcht vor der Nachfolgerin und der Angst, sie bald wieder zu verlieren, erleben die Kinder Fromm von 1748–1758 eine Phase des ruhigen Familienlebens. „*Maria Magdalena Louysa Frommin*", des „*Hochfürstlich Hof=Gerichts= auch Canzley-Advocati ordentliche Tochter*" wird 1754 in der Stuttgarter Hospitalkirche konfirmiert.

Damit befindet sich ihr Leben an einem entscheidenden Wendepunkt. Sie gilt jetzt als erwachsen und heiratsfähig. Einem Leben als Ehefrau, Hausfrau und Mutter steht nichts mehr im Wege. So ist es bei ihren Freundinnen und Mitkonfirmandinnen, aber im Gegensatz zu den meisten von ihnen wird Maria Magdalena erst viel später heiraten, denn die Ruhephase, die Normalität des gemeinsamen Lebens mit Vater, Stiefmutter, Geschwistern und Stiefschwester dauert nur noch vier Jahre. 1758 stirbt der Vater Ludwig Albrecht Fromm, im Jahr darauf seine Frau Charlotte Wilhelmine. Maria Magdalena ist jetzt 18, ihr Bruder 16, die zwei Schwestern 15 und 11 Jahre alt. An dieser Stelle klafft in ihrer Biographie eine Lücke von zehn Jahren. Nachrichten aus anderen Familien, die in ähnliche Situationen geraten sind, erzählen vom Unterbringen der Kinder bei verschiedenen Verwandten, vom frühen selbständigen Leben der Brüder, von der Verantwortung der älteren Schwester und dem Suchen nach Halt und Liebe der Jüngeren. Die Erbangelegenheiten sind ebenso zu regeln, wie ein Vormund bestellt und über die Zukunft der Fromm-Waisen beraten werden muß. Die Frage der Mitgift für die Töchter muß entschieden und die Höhe des Betrages für die Ausbildung des Sohnes festgelegt werden. Wie das alles geschehen ist, entzieht sich unserer Kenntnis. Mag sein, daß ein Sohn von anderer Wesensart als Friedrich Hegel später einmal über diesen Lebensabschnitt seiner Mutter berichtet hätte, von ihm aber, der *„in seinen brieflich-persönlichen Mitteilungen und anderen biographischen Äußerungen immer recht karg"* war, erfahren wir dazu nichts. Auch seine Schwester erzählt kaum etwas über die Mutter, aber sie hat auch nur zehn Jahre mit ihr zusammengelebt. Als sie Interesse für das Leben ihrer Mutter entwickelte, war diese schon tot.

Hilfe und Unterstützung für die zurückgebliebenen Fromm-Kinder könnte neben der Verwandtschaft auch der Kreis der Paten geben. Irgend jemand muß helfen, denn es kann nicht sein, daß die Kinder des Advokaten und Hofkanzlisten Fromm ins Waisenhaus kommen, schließlich gehören sie den angesehensten Familien Württembergs an. In ihren Kreisen ist es selbstverständlich, daß man sich unterstützt und hilft. Der Rentkammer-Expeditionsrat Mögling, die Frau des Rektors Weyhenmeyer, die *„Hofgerichts=Assessorin und Burgermeisterin"* Hofmann, der Geheimsekretär Pistorius und der fürstliche Kirchenratsdirektor Korn sind neben der Großmutter Schnepf und dem Regierungsrat Sturm als Paten der Kinder Fromm im Kirchenregister verzeichnet, und es kann angenommen werden, daß sie es als ihre christliche Pflicht betrachten, den Fromm-Waisen zu helfen, nachdem die Eltern so kurz nacheinander verstorben sind.

Das Jahrhundert hat seine Mitte schon lange überschritten, und die Eltern Fromm sind über zehn Jahre tot, als Maria Magdalena im September 1769 in der Stuttgarter Stiftskirche Georg Ludwig Hegel (1733–1799) aus Tübingen heiratet. Der Bräutigam schreibt darüber: *„In den Stand der von Gott gestifteten Heyl. Ehe habe ich: Georg Ludwig Hegel, Rennt-Cammer Secretarius allhier in Stuttgardt mich begeben, den 29. ten Septembr. 1769 mit Maria Magdalena Luise einer gebohrnen Frommin, weyl. Herrn Ludwig Albrecht Frommen gewesenen Cantzley Advokaten allhier zurückgelassenen ehelichen led. Toch-*

ter. Die priesterl. Copulation ist geschehen in allhiesiger Stifts-Kirche durch Herrn Stadtpfarrer Mr. Schmidlin. Der Hochzeits Text war: Gedenke meiner, mein Gott im besten."

Georg Ludwig hat eine gute Partie gemacht, denn während er einen „etwas mühsamen" beruflichen Weg hinter sich hat und auch „nicht der eigentlichen privilegierten Gruppe der innerhalb der Ehrbarkeit zugehörte", kommt seine Braut in dieser Hinsicht aus allerfeinstem Hause. Seit dem frühen 17. Jahrhundert lebt Maria Magdalenas Familie schon in Stuttgart. Die Reihe ihrer Vorfahren vom Reformator Johannes Brenz, dem Astronomen Michael Mästlin und den Tübinger Professoren Varnbühler, Schnepf und Mögling macht den Begriff „Ehrbarkeit" deutlich und kann als besonders gutes Beispiel für diese württembergische Besonderheit gelten.

Die Stadt, in der das junge Ehepaar seine erste Wohnung bezieht, gilt mit Ludwigsburg als „die zwo merkwürdigsten Städte in Wirtemberg. Die erstere ist, wie man weiß, die Hauptstadt des Landes und der Regierung: die zwote ist ein Garten, der mit einigen Wohnungen besetzt ist. Die Stadt Stuttgart hat keinen Anteil an den Wohltaten der Künste genommen, während die sich im Lande aufhielten. Sie besteht aus einer Masse häßlicher Gebäude. Die Manieren und die Lebensart der Inwohner sind ungebildet. Die Stuttgarter verstehen die Regeln der Verbeugung, aber in den Regeln der Höflichkeit sind sie unwissend. Das Temperament der Inwohner ist zur Pracht und, wenn man will, selbst zur Schwelgerei geneigt. Aber da ihnen fehlt, was diese Neigung beseelt, so begünstigen sie sich mit einer Sorte spießbürgerlicher Galanterie", schreibt ein Vorfahre des Dichters Eduard Mörike, der wegen seiner kritisch-satirischen Feder bekannt ist. Für Maria Magdalena Hegel ist zu wünschen, daß sie in einem Stuttgart lebt, wie es der Vater der Dichterin Karoline von Günderode beschreibt: „Ein recht ächter Stuttgarter weiß keinen besseren Aufenthalt, als eben Stuägärt, wie sie es aussprechen; er schlägt Vorteile aus, die er auswärts erhalten könnte, um im-

merhin diese Luft zu atmen, die doch meistens viele Nebel verdicken und erschweren. ... Ein Frauenzimmer sagte, ich habe mich einige Zeit in Wien aufgehalten, bin in manchen andern großen Städten gewesen; es isch aber oinewäg nur oin Stuägärt, , *Hauptzüge des Nationalcharakters sind Offenherzigkeit, Redlichkeit und Treue, Religiösität, wenigstens im Äußern, Gastfreiheit und starker Hang zum guten Essen und Trinken, Fröhlichkeit, Neigungen zu allen Vergnügungen, Putz und Wohlleben ... Wenig Tätigkeit, bequem, sich nicht übereilend und immer im alten Gleise fortwandelnd, viel Eigenliebe nebst der daraus entstehenden Verachtung gegen Fremde, ganz eigener Witz und vermeinte Klugheit ... Das Äußere ist mit diesen Zügen sehr übereinstimmend. Gesunde, starke, lustige Brüder und Schwestern mit sehr unangenehmer Sprache."* Und Maria Magdalenas Sohn Friedrich wird zu diesem Thema bemerken: *"Ich bin neugierig, wie ein junger Niedersachse meine liebe Vaterstadt Stuttgart und deren schwäbische Einwohner ansehen wird. Er wird zuerst zweifeln, ob sie wirklich deutsch sprechen."* Dabei hat er gar keinen Grund zum Spott, ist doch bekannt, daß er sich nur schwer von seinem Dialekt lösen kann und in seinen Philosophie-Vorlesungen statt „etwas" immer *„ebbes"* sagte.

In der Eberhardstraße, in Maria Magdalenas Geburtshaus, beziehen die Hegels eine Wohnung. In der nur dünnen Baurechtsakte des Hauses haben sie bis in unsere heutige Zeit keine Spuren hinterlassen. Schon kurze Zeit nach ihrer Hochzeit merkt die junge Hegelin, daß sie in *„interessanten Umständen"* ist, und am 28. August 1770 bringt sie ihr erstes Kind zur Welt: Georg Wilhelm Friedrich Hegel.

„Es ist ... ein hohes Gefühl, Mutter eines Knaben zu seyn! ... selig ists auch, im säugenden Knaben den hohen Wert seiner Bestimmung zu empfinden und unter der heißesten Segnung das Ideal der männlichen Vollkommenheit sich träumen u. in ihm zu personifizieren", schreibt eine junge Mutter zu dieser Zeit, und es ist bekannt, daß die Hegelin mit ganz ähnlichen Ge-

fühlen und Gedanken an die Erziehung ihres Sohnes geht. Der Hegel-Biograph Karl Rosenkranz schreibt, daß Mutter Hegel ihren Sohn Friedrich *„sehr zärtlich hielt"*, ihn also mit Liebe und großer Zuwendung aufwachsen läßt. Und wenn wir den Blick etwas schweifen lassen, dann können wir sie zusammen an einem Tisch sitzen sehen und die Anstrengung spüren, die es den kleinen Hegel kostet, genauso die Buchstaben aufs Papier zu bringen, wie es ihm seine Mutter vorgemacht hat. Bei ihr wird er die Wörter kennenlernen, erste Sätze fehlerfrei schreiben und den Gebrauch der Feder üben. Der Sinn des gelesenen Wortes wird ihm aufgehen, und er wird früh vieles verstehen. In ihrem Sohn und in dem, was er von ihr lernt, kann sich Maria Magdalena fortsetzen. Ihre Aufgabe ist es, dieses und die anderen Kinder möglichst gut auf das Leben vorzubereiten. Der Mann, der das Mutter-Kind-Verhältnis zur wichtigsten Ausgangsbasis für kommende Generationen eines guten Staatslebens erklärt, ist nur wenig jünger als Maria Magdalena und wird seine Gedanken in *„Wie Gertrud ihre Kinder lehrt"* 1801 veröffentlichen. Johann Heinrich Pestalozzi prägt mit diesem Buch die Denk- und Erziehungsrichtlinien in Europa bis heute. M. M. Hegel und die anderen Mütter müssen ihn nicht kennen, sie wissen auch so, daß für ihre Kinder der Kontakt zur Mutter das beste ist, daß sie die wichtigen und entscheidenden Prägungen vornehmen können, bevor die Söhne in die Schule kommen. In vielen Frauen-Briefen des zu Ende gehenden 18. Jahrhunderts kommt dieses Thema zur Sprache, und es muß betont werden, daß die meisten Frauen mit dieser Rolle der *„Volkserzieherin"* sehr wohl einverstanden sind. Sie gibt ihnen die Chance, auf die Gesellschaftsgestaltung Einfluß zu nehmen, ohne daß ihnen zunächst klar wird, daß damit gleichzeitig die Aussperrung vom öffentlichen Leben einhergeht. Nach Ansicht vieler Zeitgenossen ist es die Aufgabe der Mütter, *„ihren Kinder nicht nur einen guten Leib, sondern auch* *eine gute Seele"* zu geben. Selbst die Kaiserin von Österreich kümmert sich persönlich und in vielen Briefen an ihre Kinder um deren Entwicklung und Erziehung. *„Ich freue mich sehr, Euch nach elf Monaten wiederzusehen, und bin recht vergnügt den mit Euren Manieren. Auch seid Ihr im Gespräch gewandter geworden, keine anmaßenden Albernheiten mehr und ohne die Neigung, zuviel und auf spöttische Weise zu erzählen, was ich ein bißchen bei Euch befürchtet hatte. Macht weiter so"*, rät Maria Theresia 1775 ihrem Sohn und Thronfolger, *„und Ihr werdet zu meiner Freude das Ziel erreichen, das ich Euch gesetzt habe."*

Bis 1779 bringt die Frau des „Secretarius" Hegel noch sechs weitere Kinder zur Welt, aber nur zwei werden überleben, die 1773 geborene Tochter Christiane und Georg Wilhelm, der drei Jahre später zur Welt kommt. Zu diesem Zeitpunkt (1776) leben die Hegels entweder noch im Haus des Bäckermeisters Konrad Dolmetsch (Rotebühlstraße) oder sie sind schon in ihr eigenes Haus in der Langen Straße gezogen. Fünf Jahre haben sie zur Miete in der Eberhardstraße gewohnt. Die Gründe für den Umzug in die Rotebühlstraße sind unbekannt, wahrscheinlich nur eine Interimslösung bis zum Bezug des eigenen Hauses. Immerhin drei Jahre wohnt Maria Magdalena mit ihrem Mann und ihren Kindern in der *„rothe bildthor Straße"*, die ein ganzes Stück des Wegs von der Eberhardstraße entfernt und sehr abseits, ja schon stadtauswärts liegt. Hier sind die Straßen gradlinig angelegt und zur Altstadt hin dichter bebaut als weiter draußen, wo es noch viele Gärten hinter den Häusern gibt. Die *„rothe bildthor Straße"*, dieser alte Reise- und Handelsweg endet mit dem *„Rotebildtor"* und damit endet auch Stuttgart. In Maria Magdalenas Jugend hat hier eine Seidenfabrik gestanden, die aber schon bald nicht mehr rentabel war und und aufgelöst werden mußte. Die Gebäude wurden zu einer Kaserne umgebaut, und auf die ehemaligen Felder der Maulbeerbäume lassen die Pferde nun ihre *„Roßbollen"* fallen.

Im Jahre 1776 bezieht die Familie Hegel ihr eigenes Haus in der *„Langen Straße"* (zu dieser Zeit noch: Kodeische Gasse). Ob Maria Magdalena zu diesem Zeitpunkt ihren jüngsten Sohn noch unter dem Herzen oder schon im Körbchen mit sich herumträgt, ist nicht eindeutig feststellbar, aber die dreijährige Christiane und der sechsjährige Friedrich werden sicher für einige Zeit bei den Verwandten untergebracht, damit der Umzug schnell und reibungslos vonstatten gehen kann. Für 8000 Gulden hat der Rentkammer-Expeditionsrat Hegel seiner Familie eine großzügige Wohnstatt gekauft, *„bestehend in 2 Wohn Etagen und einem Zwerch-Hauß, gut gewölbten Keller mit 25 Eymer in Eysen gebundene Lager-Faß, Waschhaus, Höfle, auch einem Gärthlein von 4 Ruthen"*. So wird der Haushalt, dem Maria Magdalena nun vorsteht, in einer zeitgenössischen, nicht mehr erhaltenen Aktennotiz beschrieben. Erst mit dem Verkauf des Hauses aus der *„Hegelischen Erbmasse"* im Jahre 1799 (Tod von Georg Ludwig Hegel) existieren wieder Unterlagen. Sehr modern für die Zeit ist das externe, der Wohnung ausgegliederte Waschhaus. Noch Jahrzehnte später werden die meisten Häuser nicht über so einen Luxus verfügen. So konnte ich den Baurechtsakten des Hauses Nr. 8 in der Hohen Straße entnehmen, daß sich der Besitzer erst 1833 zu dem Anbau einer Waschküche entschließt. Auch wenn eine der Wohnetagen wohl vermietet wird, hat die Hegelin mit den Räumen der Familie, dem *„Höfle"*, dem *„Gärthlein"* und dem modernen Waschhaus doch genug zu tun. Zum einen ist es da *„g'schickt"* und in diesen gutbürgerlichen Kreisen auch üblich, Mägde zur Hilfe zu haben, zum anderen ist es für sie eine Entlastung, daß ihr Sohn Friedrich nun schon in die Lateinschule geht und sie von den Pflichten seiner Bildung und Erziehung etwas entlastet ist, wenn sie auch seine Aufgaben überwachen und kontrollieren muß. Das Gymnasium, in das der kleine Hegel nun jeden Morgen

geht, liegt sozusagen um die Ecke, was auch ein Grund
für den Umzug der Familie sein mag.

Hegels wohnen jetzt in der *„Reichen Vorstadt"*, wo die
Vornehmen wohnen. Während die Altstadt mit ihren
„krummen, winkelichten Straßen" zum häßlichsten Teil der
Residenzstadt erklärt wird und in der *„Esslinger Vorstadt"*
so *„gemeine"* Leute wie Weingärtner und Handwerker ansässig sind, übt die Wohngegend der Hegels mit ihren *„in
rechten Winkeln einander durchschneidenden Straßen"* große
Anziehungskraft aus. Viele bekannte und berühmte Namen der Stuttgarter Geschichte werden mit diesem Teil
der Stadt verbunden sein, und im Haus Nr. 7 in der Langen Straße wird bis 1799 die Chronik der Familie Hegel
geschrieben. *„Die Stube liebte man mit vielen Fenstern"*, heißt
es über die Wohngewohnheiten der Stuttgarter zu dieser
Zeit, und wenn *„in einem schwäbischen Dorfe etwas rasselt, so
sieht man schon alle diese Fenster voll kleiner und großer Köpfe
mit Schlafhauben"*. In so gut situierten Häusern wie das
Hegelsche hat man auch schon Vorhänge, die im Volksmund *„Neidhämmele"* genannt werden, weil sie den Nach-
barn die neugierigen Blicke mißgönnen. Muß ja auch
nicht jeder sehen, das Porzellan auf der Kommode aus
Nußbaum, die schön verzierten Stühle, die nicht mehr so
klobig sind und sogar eine stoffbezogene Sitzfläche haben.
Auf dem blankpolierten Tisch liegt noch das Buch, aus
dem am Abend vorgelesen wurde, daneben die Kerze und
ein vergessenes Blatt aus Friedrichs Exzerptsammlung.
Gleich wird der Hegel-Sohn die Tür aufmachen, sich kurz
an das schummrige Licht in der Stube gewöhnen müssen,
die Ahnen auf den Ölgemälden an der Wand grüßen und
wieder hinausflitzen. Dabei streift sein Schülerrock das
kleine Nähtischchen, das zu den Neuerwerbungen im
Haus gehört, und ein Fingerhut der Mutter fällt zu Boden. Er rollt in die Ecke, ein Stück unter den Kachelofen.
Behaglich warm war es gestern abend, denn die Magd

Die Weltgeschichte ist der Fortschritt im Bewußtsein der Freiheit. — Hegel

Friedrich Hegel

hatte den ausdrücklichen Auftrag bekommen, stets gut nachzuheizen. Und so hörten die Gäste der Eltern Hegel mehrfach, wie vom Flur aus Holz nachgeschoben wurde und mit einem lauten Knistern zu brennen begann. Die Kanne feiner Schokolade blieb auf diese Weise auch schön warm, und aus den Porzellantassen mit Golddekor (von den anwesenden Damen genauestens begutachtet), die die Hausfrau nur bei besonderen Gelegenheiten auf den Tisch stellt, schmeckte es besonders gut. Die Unterhaltung war ausgesprochen angenehm, allerlei Neues hat man erfahren und machte sich nur ungern auf den Heimweg beim elften Schlag der Glocke. Daß sich der Rentkammer-Sekretär Hegel nämlich vor kurzem eine Uhr für die Wohnstube zugelegt hat, sorgte für neugierige Fragen, und alle wollten wissen, woher er sie bekommen und wieviel sie gekostet hat. Auch die fein gearbeiteten Schlösser der Kommode zeigen, daß hier ein wohlhabender Mann lebt, der zusammen mit seiner Frau ein angenehmes Leben führt und die Seinen so versorgen kann, wie es sich gehört. Durch Georg Ludwig Hegels *„amtliche Stellung … wurden mancherlei Verbindungen mit höher gestellten Personen herbeigeführt und auch den Kindern der Hof und die Politik frühzeitig näher gerückt.“* Und so gehören zu den Gästen, die das Ehepaar Hegel begrüßt, wohl auch ein Obrist Duttenhofer, von dem Friedrich die Grundkenntnisse der Astronomie und weitergehende in der Geometrie vermittelt bekommt. Daß er ihn zusammen mit ein paar anderen Knaben mit hinaus vor das Stadttor genommen hat, um dort einige Messungen vorzunehmen, mag zu den Gesprächsthemen gehören, wenn der *„Herr Präceptor Göriz“* vom Stuttgarter Gymnasium wieder einmal zu Besuch ist. Das geschieht recht oft, denn seine Frau ist die Schwester von Friedrichs Mutter. Viel haben die zwei sich immer zu erzählen. Und manchmal sieht Maria Magdalena Hegel dabei aus dem Augenwinkel, daß es ihrem Sohn gelungen ist, den Herrn Onkel in ein Gespräch zu verwickeln, Ihrem Sohn fehlt zwar „*alle körperliche Gewandtheit*" und ist „*beym Tanzmeister ganz linkisch*", aber sein Geist ist hellwach und springlebendig. Mutter Hegel weiß, daß er sich jetzt im Gespräch mit Göriz so richtig wohl fühlt, denn „*sein Erkenntnisdrang*" läßt ihn die Gesellschaft älterer Personen suchen, vor allem der Lehrer, die er auf Spaziergängen begleitet und die sein Elternhaus besuchen. Leider ist sein Pate Johann Friedrich Breyer (1738–1826), der Professor der Philosophie, schon seit einigen Jahren in Erlangen; wie gut hätte Friedrich ein Gespräch mit ihm gefallen, überlegt Maria Magdalena, als sie von ihrer Schwester aus den Gedanken gerissen wird, die nach Johann Georg Enßlen, dem Tübinger „*Commercienrath*" fragt. Er ist der Onkel von Vater Hegel, ein sehr angesehener Mann in Tübingen und gilt vielen dort als Vorbild für wirtschaftlichen Erfolg. Er sammelt Edelsteine, Gemälde und kunstgewerbliche Gegenstände; ein Besuch in seinem Haus ist immer ein Erlebnis. In seinem Testament wird er die Stuttgarter Hegels mit vierzehntausend Gulden bedenken.

Das Stuttgart, in dem der „*berühmte Schwabenkopf*" Friedrich Hegel aufwächst, „*liegt in einem Thale, das aber dem Blick eine weite Ausdehnung gestattet und überall, vorzüglich nach dem reizenden Kannstadt hin, die freundlichsten Spaziergänge eröffnet. Es ist frei von der abschränkenden Befangenheit, welche uns in engeren, von höheren Bergzügen umgebenen Thälern so leicht ergreift. Als Hauptstadt gewährt es uns eine Anschauung von der Totalität menschlicher Existenz und erweckt den Sinn für die Mannigfaltigkeit gesellschaftlicher Genüsse. Für Hegel ist Stuttgart als Residenz daher unzweifelhaft dadurch wichtig geworden, daß es seiner tiefen, ächt schwäbischen Innigkeit sogleich das Gegengewicht einer Richtung nach außen entgegenstellt. Dem träumerisch-genialen Insichsein, das in der lieblichen Waldeinsamkeit, in den verschwiegenen Thälern der Alp sich so gern berauscht, trat zugleich die äußerliche Breite, die bunte sociale Be-*

wegtheit der Residenz und des Hofes gegenüber. Dazu kam noch der besondere Umstand, daß Stuttgart gerade damals ... eine tiefere geistige Regsamkeit ... entwickelte."

Die macht sich bemerkbar, wenn die Hegelin an der von Ludwigsburg nach Stuttgart verlegten Herzoglichen Bibliothek vorbeigeht. Sie erinnert sich noch gut an den ersten *„Lesetag"* anläßlich der Eröffnung. Selbst dabei war sie nicht, hat aber davon gehört: *„Nachmittags um 2 h fand sich eine ansehnliche Gesellschaft von Liebhabern der Literatur von allerley Ständen in dem Bibliotheksgebäude ein, allwo sie in dem zum Lesen gnädigst ausgesetzten Zimmer nach ihrem Verlangen mit Büchern bedient wurden. Zwischen 3 und 4 Uhr geruhten seine Herzogl. Durchlaucht ganz unerwartet sich selbst in eigener höchster person in der Herzoglichen Bibliothek einzufinden und allda die Zeit mit literarischen Beschäftigungen bis gegen Abend zuzubringen."*

Berühmte Besucher wie Wilhelm von Humboldt und der Berliner Buchhändler Friedrich Nicolai werden als *„Lesegast"* in der Herzoglichen Bibliothek weilen und sie als die bedeutendste gelehrte Einrichtung Stuttgarts bezeichnen. Sie gilt als *„öffentlich"* und *„jedermänniglich"* zugänglich, über welche Zutrittsrechte oder -zeiten die Stuttgarterinnen allerdings verfügen ist unbekannt. *„Öffentlich"* heißt keineswegs, daß auch die Frauen gemeint sind, vor allem nicht, wenn das *„jedermänniglich"* wörtlich genommen wird. *„Das schöne Geschlecht lißt in Schwaben, aber in geringer Anzahl."* Auch wenn das vielleicht stimmt, sie auch nur wenige sind, so können die Stuttgarterinnen doch als Freundinnen des geschriebenen Wortes bezeichnet werden. Das bestätigt Friedrich Nicolai mit seiner Reisenotiz, in Stuttgart verbreite sich die schöngeistige Literatur und zwar *„insbesondere bei den Stuttgarter Frauen"*. Aber was lesen denn die Hegelin, die Schelling, die aus Erlangen zurückgekehrte Elsässerin, die Gräfin von Hohenheim, die Frau Rapp und die Frau Cotta? *„Allerhand Romane ..., die in dem Städtchen* *von einem Haus zum anderen umhergingen?"* Mag sein, daß auf diese Weise ein Lesezirkel der Frauen besteht, ohne festen Ort, ohne Namen und Ausleihgebühr, aber von großer Effektivität, wird doch jedes Buch mehrmals gelesen und bildet den herrlichen Gesprächsstoff beim nächsten Teenachmittag.

Heinrich Heine berichtet über seine Mutter Betty (1770–1859): *„Sie liest viel, sie liest intensiv und kritisch, und ihr Interesse umfaßt auch so unweibliche Bereiche wie Geschichte und Politik."* Das ist auch von anderen Frauen bekannt. Sie nutzen diese Möglichkeit der Bildung in ungewohntem Maße und vertrödeln nicht alle ihre Zeit mit dem Lesen von Schmachtromanen, wie die Männerwelt argwöhnt. Aber was sie lesen, ist im Grunde ganz egal, denn ihre Väter, Brüder und Söhne beginnen schon bald, gegen die *„weibliche Lesewuth"* im Ganzen zu schimpfen und zu wettern. Darin mag ein Grund zu finden sein, daß so wenige Frauen etwas über ihre Lektüre und Lesegewohnheiten aufgeschrieben haben. Auch bei Maria Magdalena Hegel müssen wir uns mit dem behelfen, was von den Lesegewohnheiten ihrer Zeitgenossinnen bekannt ist und dabei noch berücksichtigen, daß sie als eine gelehrte Frau gelten kann.

Zu den anerkannten Förderern des kulturellen Lebens in der Residenzstadt gehört Jakob Friedrich Abel, der väterliche Freund von Schiller und Hegel. Es gibt keinen Mann, *„der in gleichem Maße und mit gleichem Erfolg für Zwecke der Aufklärung und Humanität"* wirkte, wird man über ihn erzählen. Und das Schöne ist, bei diesem Mann hört die Aufklärung nicht bei der Weiblichkeit auf. Er wird Ende der 80er Jahre des 18. Jahrhunderts in Stuttgart Vorlesungen halten für Frauen und junge Mädchen, zu denen wahrscheinlich auch Maria Magdalenas Tochter Christiane gehört. Wäre die Hegelin nicht so früh gestorben, sie hätte dieses Angebot sicher auch wahrgenommen.

Über ihren Sohn müssen solche Spekulationen nicht angestellt werden, ihm stehen als männliches Mitglied der Gesellschaft alle Türen aller Bildungseinrichtungen offen. Am 1. Januar 1787 schreibt Hegel in sein Tagebuch: *„Den Nachmittag wollte ich nur einiges in Sophiens Reise lesen; ich konnte mich aber nimmer davon loßreissen bis an den Abend, wo ich in das Conzert ging.“* Hätte seine Schwester die gleichen Zeilen geschrieben, Zurechtweisungen und Ermahnungen wären die Folge gewesen. Beim Sohn des Hauses aber betrachtet es niemand als anrüchig, wenn er ganze Nachmittage und die Abende auch noch *„in der rücksichtslosen Vertiefung in alles Wissenswürdige“* verbringt und sich der *„dargebotenen Belehrung“* hingibt. Mit seinen kraftvollen Schriftzügen füllt er Blatt um Blatt und legt sich eine unglaublich umfassende Exzerptsammlung zu. Maria Magdalenas Sohn leiht sich Bücher aus der Bibliothek des Konsistorialrats Griesinger, verkehrt beim Antiquar Betulius, gehört zu den Stammlesern der Herzoglichen Bibliothek und sagt: *„Das Zeitungslesen des Morgens früh ist eine Art von realistischem Morgensegen. Man orientiert seine Haltung gegen die Welt an Gott oder an dem, was die Welt ist. Jenes gibt dieselbe Sicherheit, wie hier, daß man wisse, wie man daran sei.“* Sein Weg wird ihn zu einem Olympen des deutschen Geistes machen.

Aus Berlin schreibt Hegel seiner Schwester im Jahre 1825:
„Heute ist der Jahrestag des Todes unserer Mutter, den ich immer im Gedächtnis behalte.“
Zweiundvierzig Jahre ist es da her, daß Maria Magdalena Fromm zu den Opfern der Ruhrepidemie in Stuttgart gehört. Ihre Tochter Christiane berichtet rückblickend:
„Im Jahr 1783 herrschte Gallenruhr u. Gallenfieber in Stuttgart, welches letzte auch unsern Vater, unsere Mutter, Hegel u. mich befiel, von den 3. Ersten wußte man nicht, welches zuerst sterben würde, unsere gute Mutter wurde das Opfer.“

Für den 20. 9. 1783 ist im Stuttgarter Kirchenregister unter *„Frauen und Jungfrauen"* der Tod von *„Fr. Maria Magdalena Louisa Hegelin, Rentkammer=Secretariusin"* eingetragen.

Silhouette von Friederike Luise Kerner

Friederike Luise Kerner (1750–1817), geb. Stockmayer

Der in jungen Jahren ausbrechende Wahnsinn ihrer Mutter legt sich wie ein dunkler Schatten über das Leben von Friederike Kerner.

Justinus Kerners Großmutter, Wilhelmine Louise Herpfer, wird im Sommer des Jahres 1730 in eine der führenden Familien Württembergs hineingeboren; ihr Vater gehört zu den Männern, deren Namen noch heute in den Geschichtsbüchern stehen. Veit Philipp Herpfer (1686–1743), der *„Regierungs-Rat-Geheimer Sekretär des Schwäbischen Kreises"* kommt zu Beginn des Jahres 1718 nach Stuttgart. Sein Vater ist ein *„hochgräflicher Castell-Rüdenhausenscher Konsistorialrat"*, also ein Mann der Kirche. Viel mehr als seine Tätigkeit im Herrschaftsbereich der Grafen und Herren von Castell, die Sitz und Stimme im Fränkischen Kreis haben, ist über ihn nicht bekannt. Mag sein, daß hier eine Verbindung zu finden ist zu dem Amt seines Sohnes. Wo sich Veit Philipp Herpfer vorher aufgehalten hat, ist unbekannt. Aber wie seine Reise, jetzt zu Beginn des 18. Jahrhunderts, verlaufen sein könnte, das ist der Schilderung eines später berühmt gewordenen Zeitgenossen zu entnehmen: *„Am 7. Januar 1719 ritt ich nach Stuttgart in Begleitung des reitenden Tübinger Boten, des Stadtschreibers von Tübingen und eines Theologiestudenten. Es herrschte eine außerordentlich grimmige Kälte, und als wir das enge Tal zwischen Lustnau und Bebenhausen passierten, erstarrten wir alle (vor Kälte). … In Bebenhausen, wo der Bote immer abstieg, konnte sich keiner von uns regen oder etwas sprechen, geschweige denn absteigen. Die Leute* *merkten es endlich, zogen uns von den Pferden, schleppten uns die Treppe hinauf, machten die warme Stube auf, ließen uns aber nicht hinein, sondern nur die warme Luft aus der Stube an uns heran, damit wir nach und nach erwärmten.* " (19)

Vielleicht aus der Tübinger, vielleicht auch aus der entgegengesetzten Richtung in Stuttgart ankommend, benötigt Veit Philipp Herpfer ein Quartier. Zunächst aber muß der Reisende die Stadttore passieren. Die Wachen kontrollieren jeden Neuankömmling und notieren seinen Namen, verdächtige Personen werden abgewiesen oder gleich verhaftet. Herpfer hat nichts zu befürchten, wahrscheinlich ausgestattet mit diversen Empfehlungsschreiben und einem Passierschein, der seine Tätigkeit beim Schwäbischen Kreis bestätigt, kann er ungehindert in die Stadt hineinreiten. Vorher wird aber noch überprüft, ob Herpfer nicht vielleicht aus einem pestverdächtigen Land kommt. Die Angst ist groß, und es gibt keine Hilfe. Erst vor einem Menschenalter, im Jahre 1665, sind in England Tausende das Opfer dieser Epidemie geworden. In Stuttgart schützt man sich so gut es geht vor dieser *„Geißel der Menschheit"* und setzt Reisende, die krank sein könnten, erst mal unter Quarantäne. Seit dem Jahr 1713 befindet sich diese Isolierstation im späteren Gasthaus *„Zur goldenen Traube"* vor den Stadtmauern. Erst *„die Unbedenklichkeit ihres leiblichen Zustandes"* ermöglicht es den Reisenden, Stuttgart zu betreten und ein Quartier zu suchen.

Für die Unterkunft von Veit Philipp Herpfer ist schon gesorgt. Im Haus des *„Rentkammer-Expeditionsrats und Landschreibers"* Jakob Adolf Backmeister hat er ein Logis. Der Bruder des Hausherrn ist schon als junger Mann in die Dienste Württembergs und des Schwäbischen Kreises getreten und von Kaiser Leopold I. für seine Verdienste in den Adelsstand erhoben worden. Jakob Adolf Backmeister selbst verfügt ebenso über die beste Reputation und gehört als späterer Kriegsrat der führenden Schicht des Herzogtums an. Auf irgendeinem der verschlungenen Wege des heute kaum noch rekonstruierbaren Netzes von Beziehungen und Verflechtungen dieser kleinen Schicht der führenden Familien mag Veit Philipp Herpfer also zu seiner Unterkunft in Stuttgart gekommen sein.

Im Hause Backmeisters gibt es eine 17jährige Tochter, Johanna Katharina (1701–1737), und es scheint schon bald nach der Ankunft des Gastes zwischen ihnen zu *„funken"*, denn Veit Philipp Herpfer steht wenig später vor dem Hausherrn um *„sich ihre Persohn zu einer Ehe-Consortin auszubitten"*. Er hat *„bey einem Frauen=Zimmer auf dreyerley Qualitäten zu sehen, auf Gemüths=, Leibes= und Glücks=Qualitäten"*, womit Reichtum und vornehme Herkunft gemeint sind. Wenn alle diese Voraussetzungen erfüllt sind, *„könne* (man) *vergnügt leben"*, heißt es in den *„Kriterien für die Brautwahl"* aus dem Jahre 1724.

Ob die Liebe zwischen den Brautleuten auch eine Rolle gespielt hat, ist nicht mehr herauszufinden, denn die Verehelichung ist zu dieser Zeit kein privater, individueller Akt von zwei sich liebenden Menschen, sondern ein öffentliches und gesellschaftlich bedeutsames Ereignis. *„Diskutabel wurde die Heirat allerdings erst, wenn der Mann das notwendige Alter erreicht hatte und eine Hofstelle oder ein Betrieb frei wurde bzw. ein öffentliches Amt zur Verfügung stand, also die ökonomische Grundlage eines eigenen Hausstandes gegeben war"*, heißt es in der Geschichte über den Alltag in der Neuzeit. Veit Philipp Herpfer muß sich keine Gedanken machen, seine Reputation als Sekretär des Schwäbischen Kreises ist nicht nur einwandfrei, sie verspricht auch eine glänzende Zukunft. Er ist 32, seine Braut 17 Jahre alt. Der Altersunterschied von 15 Jahren ist weder ungewöhnlich noch unangenehm, *„denn eine junge Frau hat nothwendig gegen ihren Mann, der zehn oder mehr Jahre älter ist, mehr Respect, und glaubet, daß er klüger sey, als sie: und deßwegen unterwirffet sie sich leichtlich seinem Willen. So kann auch ein solcher Mann seine*

Frau ziehen, wie er will". Jakob Adolph Backmeister kann zufrieden sein, der Schwäbische Kreis gehört zu den aktivsten der Reichskreise, die vor allem der Wahrung des Landfriedens und dem Schutz nach außen dienen, die Reichssteuern und Abgaben einziehen, das Reichskammergericht wählen, seine Urteile ausführen und als Reichsorgan auch die Selbstverwaltung übernommen haben. Da gibt es eine Menge Arbeit und viele Posten, die besetzt werden müssen. Die Zukunft seiner Tochter Johanna Katharina scheint also gesichert zu sein.

Eine kranke, übelbeleumundete oder gar arbeitsscheue Hausfrau ist ein schweres Los für jedes Haus und schädigt den Ruf der Familie. Bleibt sie aber brav zu Hause und *„ihr Namen (wird) deßhalben durch die Stat unbekant und verfinstert werden, wird solche Namens=Finsterung dem gantzen Hauß=Wesen zum besten bekomen"*. Herpfer kann unbesorgt in die Zukunft blicken, seine Erwartungen als künftiger Hausherr und Familienvater werden sich erfüllen. Daß die Backmeister-Tochter eine gute Hausfrau wird, erfährt er jeden Tag während seines Aufenthalts in ihrem Elternhaus. Maria Magdalena Backmeister hat alles, was die *„Oeconomie"* betrifft, fest in ihrer Hand. Und so, wie sie es macht, hat sie es auch ihrer Tochter beigebracht. *„Näen und spinen flicken und butzen, kochen und reiben ist die Arbeit für die Weiber. Ackeren und öcken* (eggen), *säen und schneiden gehört für die Männer, welche das Brod in das haus sambt anderer Notdurfft verschaffen sollen ... haben slso die Weiber das Brod von Männern, die Männer Hau und Leinwand, Kost und Suppen von Weibern zuempfangen"*, schreibt ein gewisser Selhamer im Jahr von Johanna Katharina Backmeisters Geburt. Entsprechend dieser Aufteilung wird das Leben von Justinus Kerners Ur-Großmutter aller Voraussicht nach verlaufen.

Im November 1718, zwei Wochen nach ihrem 17. Geburtstag, heiratet Johanna Katharina Backmeister den Veit Philipp Herpfer. Über ihre Ehe gibt es keine genauen

Nachrichten, die Leichenpredigt der Herpferin (20) aber berichtet, daß sie „gegen *ihr Gesind und jedermann, mit dem sie umzugehen gehabt, von einer gütigen und liebreichen Bezeugung"*, also ausgeglichen war und sich nichts „*zu Gemüthe steigen"* ließ. Harmonie und ruhige Zufriedenheit in der häuslichen Gemeinschaft sprechen aus diesen Zeilen, zumal Johanna Katharina „*Ihr gantzes Oeconomie-Wesen ... auf das vernünftigste geführet"* hat.

Wahrscheinlich ist Johanna Katharina Herpfer während ihrer Ehe immer wieder für längere Zeit mit der Verantwortung für Haus, Kinder und Gesinde allein. Als Sekretär des Schwäbischen Kreises und vor allem auch als dessen Gesandter in Wien ist ihr Mann oft Wochen oder Monate abwesend. Von dort regiert Kaiser Karl VI. das Heilige Römische Reich und ist sozusagen der oberste Vorgesetzte von Veit Philipp Herpfer. Wenn wir davon ausgehen, daß seine Frau nicht mit ihm reist, dann stellt sich die interessante Frage, wie und ob sie die Zeit seiner Abwesenheit nutzt. Zu gerne würde man erfahren, ob sie sich an die Verhaltensregeln gehalten, ob sie den Wirkungskreis der Frau so selten wie möglich verlassen hat. Wenn sie es tut, dann könnte ihr Leben so ähnlich verlaufen sein: „*Weiber sollen herentgegen das Haus hüten, und sich nit vil außer Haus blicken lassen"*, sie „*soll ihrem Hauswesen embsig vorstehen, alle Haus = Winckeln in acht nehmen, auf sich und ihre Haus = Genossen ein wachtbares Aug halten."* Johanna Katharina kennt dann alle „*Schlieff Wincklen"* (Schlupfwinkel) und wird sie „*ausvisitiren"*. Dazu ist „*maistens vonnöthen, daß ein Weib fast immerdar ainsam zu Haus verbleibe, und nit vil die Gassen durchstreiche"*. Ja, so hätten es die Männer gern. Daß es Frauen gibt, die sich nicht um solche Vorstellungen kümmern, hat Johanna Katharina Herpfer vielleicht von ihrer Mutter erfahren, hat von der Naturkundigen und Malerin Maria Sibylla Merian gehört, die sich 1699 nach Südamerika einschiffte und tatsächlich als Frau eine Forschungsreise unternommen hat. Beeindruckend ist ihr „*Neues Blumenbuch*", und das Buch mit den Ergebnissen der Reise nach Südamerika soll sogar den Zaren von Rußland begeistert haben. Die wohl berühmteste „*aufmüpfige*" Frau heißt Dorothea Erxleben und ist die erste deutsche Ärztin mit Doktortitel. „Nebenher" versorgt die Doktorin Erxleben noch acht Kinder und meint über die Geschäfte des Haushalts: Sie sind „*nicht so schwer, daß derjenige, der sie leisten soll gar keine Zeit übrig behielte, die er auf die studia wenden könte*". (21)

Wie viele Kinder Johanna Katharina Herpfer in ihrer fast zwanzigjährigen Ehe zur Welt bringt, ist nicht nachvollziehbar. Sie stirbt schon im Alter von 36 Jahren, bei ihrem Tod im Jahre 1737 leben zwei Söhne und zwei Töchter. Der Grund ihres frühen Ablebens ist nicht bekannt. Wäre es das Kindbettfieber gewesen, hätte man es wahrscheinlich aus der Leichenpredigt erfahren. Anzunehmen ist, daß Johanna Katharina Herpfer an einer der vielen zu dieser Zeit weder erkennbaren, noch behandelbaren Erkrankungen stirbt. Nach unserem heutigen Maßstab ist sie zu diesem Zeitpunkt noch jung, die historische Altersforschung aber belegt, daß im 18. Jahrhundert nur 30 bis 40 % der Menschen die durchschnittliche Lebensdauer von 27/28 Jahren erreichen. Als aktivste Lebensphase gilt die vom 18. bis zum 35. Lebensjahr, und genau aus der wird Veit Philipp Herpfers „*Ehe-Consortin*" herausgerissen. Die in ihrer Leichenpredigt gedruckten Nachrufe sind zahlreich und können viel über das Leben der Verstorbenen erzählen.

Veit Philipp Herpfer bleibt als 51jähriger Witwer mit seinen noch nicht erwachsenen Kindern allein zurück. Seine Schwiegermutter Maria Magdalena Backmeister ist schon vor zehn Jahren gestorben, und eine andere Ersatzmutter aus der Familie ist für die Kinder nicht zu finden. Dem Witwer ist es „*bey seinen vielen ... Amts-Verrichtungen und Reysen*" nicht möglich, seine Kinder allein zu versorgen, mal abgesehen davon, daß er das auch gar nicht gelernt hat und seine Aufgaben zeitlebens ganz woanders liegen. Also engagiert er für sich und seine Kinder eine Haushalterin. Maria Regina Glück nimmt im Hause Herpfer schon bald nach dem Tod der Mutter ihre Stelle ein und versorgt mit ihren 61 Jahren Haus und Kinder. Vier Jahre später stirbt sie, und die Nachrichten über die Familie brechen ab, zumal auch Veit Philipp Herpfer zwei Jahre später tot ist.

Justinus Kerners Großmutter Wilhelmine Louise hat im Alter von sieben Jahren ihre Mutter verloren, jetzt ist sie 13 Jahre alt und hat keine Eltern mehr. Ihre Schwester Johanna Margaretha, seit 1738 verheiratet, lebt mit ihrem Mann in Stuttgart. Es könnte sein, daß Wilhelmine Louise zu ihr zieht und im Umkreis ihres Schwagers, dem Regierungsrat Steinheil, auch ihren späteren Mann kennenlernt. Andererseits könnte sie vielleicht auch Hilfe und Unterkunft finden im Haus eines ihrer Paten, die sich nicht nur bereit erklärt haben, die Mitverantwortung für ihre christliche Erziehung zu übernehmen, sondern im Notfall auch bereit sind zu helfen. An erster Stelle dieser illustren Liste taucht ein heute noch in Württemberg bekannter Name auf: von Grävenitz.

Nach grundlegenden, neuen Forschungsergebnissen wird die Stellung der Mätressen heute völlig anders bewertet. Von der *„Landverderberin"* und skandalösen Kokotte im Seidenkleid von Herzogs Gnaden ist nicht mehr viel geblieben. Wilhelmine von Grävenitz verfügt schon bald nach ihrem Erscheinen am württembergischen Hof über Macht und Einfluß. Es beginnt *„nicht nur die bemerkenswerte Karriere einer adligen Frau im 18. Jahrhundert"*, es beginnt auch *„eine staatserschütternde Liebesgeschichte, die ganz Europa fast ein Vierteljahrhundert lang in Atem hält"*. Über zwanzig Jahre verfügt Wilhelmine von Grävenitz, aus verarmtem mecklenburgischem Adel stammend, über großen Einfluß, nicht nur auf den willensschwachen Herzog Eberhard Ludwig, der seinen Höhepunkt erreicht mit ihrer Aufnahme ins „*Geheime Kabinett*". Bald munkelt man von Günstlingswirtschaft und dreister Bereicherung, verlangt, daß Eberhard Ludwig die Grävenitz endlich wegschickt.

Ein Jahr bevor das tatsächlich geschieht, ist Wilhelmine
Louise Herpfer (1730–1788) zur Welt gekommen. Die
mächtige Stellung der Familie Grävenitz im Herzogtum
Württemberg wird deutlich, wenn Veit Philipp Herpfer
einen Neffen der Grävenitz zum Paten seiner Tochter
macht. Damit entsteht nicht nur eine vorteilhafte Beziehung zu dieser mächtigen Frau, Herpfer bekennt sich auch
eindeutig zum Herzog. Gleichzeitig macht diese Patenschaft die gesellschaftliche Stellung der Familie Herpfer
deutlich. Wer kann sich schon rühmen, so enge Kontakte
zu Victor von Grävenitz, dem Neffen der herzoglichen
Mätresse, zu haben. Auch Wilhelm Friedrich Lentilius,
Professor am Gymnasium, steht als Pate für die Nähe zum
herzoglichen Haus. Aus seiner Familie kommt der „*herzoglich württembergische Leibmedicus*" Rosinus Lentilius, der den
Erbprinzen auf seinen Reisen nach Italien, Spanien, Frankreich und in die Niederlande begleitet hat.

Wichtige und einflußreiche Männer hat Veit Philipp
Herpfer seiner Wilhelmine Louise zu Paten gegeben, ob sie
ihr allerdings jetzt nach seinem Tod helfen können, ist
mehr als fraglich. Herzog Eberhard Ludwig ist 1733 gestorben, sein Nachfolger Karl Alexander im März 1737 auf
eigenartige und bisher nicht geklärte Weise zu Tode gekommen. Jetzt regiert Herzog Karl Eugen bzw. sein Administrator, denn er selbst ist gerade mal neun Jahre alt. Die
Zeiten haben sich geändert, über das patenschaftliche Arrangement ihres Vaters ist die Geschichte hinweggerollt.
So erscheint es am wahrscheinlichsten, daß Kerners
Großmutter erst einmal Unterschlupf bei ihrer älteren
Schwester findet.

Aus den Modezentren des 18. Jahrhunderts kommt zu
dieser Zeit die Nachricht, daß eine Wespentaille und ausla-

dende Hüften nun modern sind. Reifröcke mit einem Durchmesser von vier (!) Metern sind der letzte Schrei. Wie eine Hausfrau das bewerkstelligen soll, weiß niemand, aber darum geht es ja auch gar nicht. Wichtig ist es, sich den französischen Sitten anzupassen, französischen *„Putz und Tand"* zu kaufen, Französisch zu lernen und sich in der neuen Robe möglichst vorteilhaft zu präsentieren. Mancher schimpft, es falle *„das Volk der Französelei zum Opfer"*. Eine Beschreibung, wie ehrbare Bürgermädchen sich anziehen, vermittelt eine Vorstellung davon, wie Kerners Großmutter zu dieser Zeit aussehen könnte. Sie *„trugen weiße Tuchhäubchen mit Spitzenkräuschen, welche ihre glattgestrichenen, hinten zusammengebundenen Haare bedeckten ... Ihre Halstücher waren mit Spitzen garniert, über den Schnürleibchen trugen sie Miederjäckchen mit kurzen Ärmeln. Lange Handschuhe und ein Fächer, 'Windbuchtel' genannt, kurze Röcke, eine schwarze Schürze und farbige Schuhe mit hohen Absätzen"* lassen die *„Schönen Stuttgarts nicht ganz ohne einen koketten Anstrich"* erscheinen.

Vielleicht begegnet Wilhelmine Louise Herpfer in dieser Aufmachung ihrem späteren Ehemann. Johann Friedrich Stockmayer (1724–1777), ihr Zukünftiger und seines Zeichens Kanzlei- und Hofgerichtsadvokat, bald schon Regierungsrat und dann Kammerprokurator, könnte bei der ersten Begegnung *„einen knopfreichen Rock mit breiten Schößen und großen Aufschlägen an den Ärmeln, eine lange Weste mit breiten Schößen, kurze, bis unters Knie reichende Beinkleider, weiße Strümpfe und Schuhe mit silbernen Schnallen"* getragen haben. Seinen Dreispitz trägt er bei der Begrüßung unter dem Arm, und der Stock mit dem silbernen Knopf ist durchaus beeindruckend. So etwas Ähnliches muß sich die junge Herpferin auch gesagt haben, denn im November 1747 heiratet sie im Alter von 17 Jahren Johann Friedrich Stockmayer. Daß sie eine gute Partie gemacht hat, sagt schon der Name, denn *„unter allen ehrbaren Familien Altwürttembergs (ist) das Geschlecht Stockmayer das politisch ein-*

flußreichste". Der Name kann nicht nur *„als Kennwort für diese soziale Schicht gelten"*, man kann auch sicher sein, einem Vertreter der sogenannten württembergischen Ehrbarkeit gegenüber zu stehen, wenn es irgendwo „Stockmayer" heißt. An welcher Stelle des riesigen Familiengeflechts Johann Friedrich Stockmayer einzuordnen ist, konnte auch nach ausführlichen Recherchen in den Stuttgarter Familienregistern, Kirchenbüchern und den Ahnentafeln der berühmten schwäbischen Familien nicht festgestellt werden. Justinus Kerner meint in seinen Erinnerungen: *„ … die anderen in Württemberg lebenden Stockmayer müssen in keiner näheren Verwandtschaft mit ihm gestanden sein"*, doch er neigt dazu, Tatsachen nebulös darzustellen oder zu vertauschen, aus der Erinnerung manches falsch zu erzählen, Gehörtes als eigenes Erleben auszugeben und manches zu übertreiben.

Wo und wie seine Großmutter seinen Großvater kennengelernt hat, darüber erzählt Kerner nichts. Mag sein, daß es Absicht ist, das Leben der Stockmayerin im Dunkeln zu lassen. Ihr Enkel Justinus berichtet, daß sie jahrelang krank ist. Und angeblich beginnt alles schon in den ersten Jahren der Ehe …

„Die Wiege meiner Mutter war die schöne, vom Bande des Neckars umschlungene Felseninsel Laufen", berichtet Kerner. Dort im Oberamteigebäude, das sich an den alten Turm der Neckarinsel lehnt und gegenüber der Kirche mit der alten Kapelle steht, soll seinem Bericht nach *„Friderika Luisa"* Stockmayer am 23. Februar 1750 zur Welt gekommen sein. Eindeutig ist, daß sich die junge Familie Stockmayer ab 1751 in Lauffen aufhält, wo Johann Friedrich die Stelle des Oberamtmannes versieht. Er soll *„einige Blätter eines von ihm geschriebenen Tagebuchs"* hinterlassen haben, die aber schon zu Zeiten seines Enkels Justinus nicht mehr vollständig sind. Ein paar Berichte über die Amtstätigkeit Stock-

mayers finden sich in Kerners „*Bilderbuch aus meiner Knaben-zeit*", das private Leben aber findet kaum Erwähnung. Auch eine intensive, schon detektivische und bis ins kleinste Detail gehende Recherche bringt kaum etwas über das Leben seiner Frau Wilhelmine Louisa nach ihrer Verheiratung zu Tage. Eines allerdings hat sich dabei herausgestellt: Friederike Luise ist nicht das erste Kind ihrer Mutter. Zwei Jahre nach der Hochzeit wird 1749 eine Luise geboren. Im Kirchenregister heißt es dazu: „*Gäh getauft und bald darauf gestorben.*" Es muß so schnell gegangen sein, daß nicht einmal Paten für das kleine Mädchen genannt sind.

Es bleibt weitgehend unserer Phantasie überlassen, wie Wilhelmine Louises Tage als „*Oberamtmännin*" von Lauffen aussehen. Fünf Jahre lebt sie dort; ob sie gerne in Lauffen war, ob sie in dem Gefühl lebte, sich für den richtigen Mann entschieden zu haben – niemand weiß es. Ein Enkel berichtet, daß Großvater Stockmayer „*ein Mann von unbeschreiblich sanftem Gemüte, voll unaussprechlicher Liebe für die Seinen*" war. Im Jahre 1754 kommt Friederike Luises Schwester zur Welt. Juliane Christiane (1754–1786) wird einen „*Oberappellations- und Regierungsrat*" Elsässer und die gemeinsame Tochter Wilhelmine Hedwig einen gewissen Hauff heiraten ...

Die zwei Schwestern ziehen 1756 mit ihren Eltern nach Besigheim, wo der Vater wieder die Stelle des Oberamtmannes hat. Seit fast zehn Jahren ist Johann Friedrich Stockmayer nun mit seiner Wilhelmine Louise verheiratet, dann trifft ihn ein schwerer Schlag. „*Eheliches Glück kann er nur kurz genossen haben: denn noch während der Kindheit ihrer Töchter verfiel die Mutter in Wahnsinn, und blieb es bis zum Tode*", schreibt Justinus Kerner über seine Großmutter.

Stimmt das, was er da (als einziger) berichtet? Schließlich führt das Taufregister Ludwigsburg die „*verwittibte Frau Regierungsräthin Stokmajer*" als Patin des 1786 geborenen Täuflings Justinus Kerner auf. Eine Nachfrage läßt Kerners

Aussage nicht unwahrscheinlich erscheinen, bringt aber letztlich auch keine Klarheit: *„Natürlich ist es rein kirchenrechtlich gesehen nicht möglich, daß eine wahnsinnige Person Patin wird,* ... (es) *scheint praktisch trotzdem alles möglich zu sein, denn erstens hat man es in der evangelischen Kirche mit dem Kirchenrecht nie so genau genommen wie in der katholischen Kirche. Zweitens hat man eine solche Krankheit in den entsprechenden Kreisen möglichst zu verheimlichen gesucht und drittens konnte man ja immer auf ein Heilungswunder hoffen."* (22)

Als wohl bekannteste Frau der Geschichte, deren Leben und Name mit dem Stigma des Wahnsinns behaftet ist, kann Johanna die Wahnsinnige gelten. Über ein halbes Jahrhundert lebt sie als Gefangene, zeigt höchst eigenartige Verhaltensweisen, einen Beweis ihrer Geisteskrankheit aber gibt es nicht. Erbbiologen, Historiker und Mediziner sehen dabei nur den psychiatrischen Fall, doch Wahnsinn kann auch ein gesellschaftliches Problem sein. (23) *„Das Patriarchat hat zureichend wissenschaftliche und Alltagstheorien bereitgestellt, um sich gegenüber weiblichem Protest oder Machtanspruch zu immunisieren"*, schreibt eine Psychologin und macht deutlich: Wären sie Männer gewesen, die Frauen wären nicht wahnsinnig geworden. Weiblicher Wahnsinn bedeutet danach Protest gegenüber der Rolle, die Frauen spielen müssen, gegenüber den Einschränkungen ihrer Talente, ihres Wissens und ihrer Fähigkeiten. Für die zunehmenden Fälle von Hysterie im 19. Jahrhundert bieten Wissenschaftlerinnen eine Erklärung: *„Demnach reduziert die Polarisierung der Geschlechter die bürgerliche Frau auf den Mutterkult. Vor dem Hintergrund dieser beschränkten Verhaltensspielräume* ... (kann) *Krankheit und besonders Hysterie oder Nervenerkrankungen als die einzige zugestandene Möglichkeit und auch Ausdrucksform"* angesehen werden, um seelische Konflikte auszudrücken und darzustellen.

Es ist bekannt, daß ein Freund der Familie Kerner später Wilhelmine Louises Tochter Friederike Luise Kerner mit dem „Genialischen" in Verbindung bringen und in ihr die Ursache der großen Begabungen ihrer Söhne sehen wird. Und Justinus Kerner betont: „*Das Gefühlsleben herrschte bei meiner Mutter vor, aber nie erlitt sie eine Störung des Geistes.*"

Ist es zu gewagt, Wilhelmine Louise Stockmayer einen gesellschaftlichen Wahnsinn zu unterstellen? Hat sie an ihrer Rolle gelitten? Gibt es vielleicht schon bei ihr die Begabungen, die in der nächsten Generation bemerkt und in der darauffolgenden (männlichen) auch ausgelebt werden? Es muß bei der Vermutung bleiben; Andeutungen, Hinweise oder gar Beweise fehlen völlig. Ihr Leben hat niemand erzählt, und sie selbst hat nach jetziger Erkenntnis nichts hinterlassen, was uns weiterhelfen könnte. Es gibt nur einige feststehende Lebensdaten, die Leichenpredigt ihrer Mutter, den Satz ihres Enkels Justinus Kerner und einen Brief ihrer ältesten Tochter.

Daß Wilhelmine Louise schon während der Kinderzeit ihrer Töchter krank ist, das aber ist bewiesen. Im Deutschen Literaturarchiv in Marbach befindet sich ein Brief der neunjährigen Friederike Luise Stockmayer: „*Hertz aller Liebster Baba. Ich und die Christiana küßen dem Lieben Baba die Hende wir wollen alles beobachten was uns der liebe Baba geschrieben hat der Liebe Gott erhalte mir den lieben Baba gesund wir wollen fleißig betten daß der liebe Gott der lieben Mama auch wieder gesundheit schickt mir und der Christiana geht es wohl.*" (24)

Auf schiefen, mit dem Bleistift vorgezogenen Linien sitzt Friederika Luises akurate, saubere Kinderschrift. Das kleine, beidseitig beschriebene Blatt zeigt große, mit schwarzer Tinte sorgfältig geschriebene Worte, die den abwesenden Vater grüßen und wohl auch beruhigen sollen. Die Krankheit der Mutter ist der Grund dafür, die zwei kleinen Mädchen irgendwo anders unterzubringen. Leider enthält dieser Brief vom September 1759 keine Ortsangabe, und es kann aus den erwähnten Namen nur rückgeschlossen wer-

117

den, wo sich die Töchter von Johann Friedrich und Wilhelmine Louise Stockmayer zu diesem Zeitpunkt wahrscheinlich aufhalten. Der Vater und wohl auch die Mutter – es sei denn, sie befindet sich in besonderer Obhut – leben noch in Besigheim. Johanna Margaretha Steinheil, die Schwester von Wilhelmine Louise Stockmayer ist gestorben und so scheint es nur die Möglichkeit zu geben, die Töchter bei Verwandten in Stuttgart unterzubringen. Der Witwer Steinheil hat wieder geheiratet, aber es scheint noch Kontakte zu ihm zu geben, wenn Friederike Luise in ihrem Brief schreibt: *„Wir seyn auch in des Herrn Steinheilen Haus gewesen.“*

Untergebracht allerdings ist die kleine Friederike Luise zusammen mit ihrer Schwester wohl bei der *„Lieben Frau Groß Mama“*, bei der es sich nur um ihre Ur-Großmutter väterlicherseits, Anna Margaretha Meurer, *„verwitibte Expeditions-Räthin Frommännin“* handeln kann. Für das kleine Mädchen kommt die 74jährige Frau aus einer anderen Zeit. Die alte Frommännin weiß viel zu erzählen in diesen Herbsttagen des Jahres 1759, wenn die Lichter schon früh brennen und für die feinen Handarbeiten nicht mehr hell genug sind. Etwas älter als ihre Ur-Enkelin Friederike Luise war sie, als in Stuttgart eine Frau vom Stadtknecht um den Brunnen auf dem Marktplatz *„mit klingenden Becken“* herumgeführt und anschließend aus der Stadt gejagt wurde. Die Köchin Anna Barbara Rößnerin hatte diese Strafe bekommen, weil sie angeblich *„der Hurerei stark ergeben“* war.

Viel hat man in dieser Zeit von der *„gelehrten Prinzessin Antonia“* (25) erzählt, die etwas ganz Besonderes gewesen sein muß. Auch Anna Margaretha Meurer hatte als Tochter des Prälaten von Herrenalb das Glück, einiges lernen zu dürfen, und kennt den Wert einer guten Bildung. Und wenn ihre Urenkelin auch nur kurze Zeit bis zur hoffentlich baldigen Genesung ihrer Mutter in Stuttgart ist, so darf das Lernen doch nicht vernachlässigt werden. Die Frau des

Kantors hat sich bereit erklärt, hier auszuhelfen, und so kann Friederike Luise ihrem Vater schreiben, sie habe „*schon ein Stücklein … gelernt auf dem Clavir*". In Württemberg gibt es seit hundert Jahren (1648) die Schulpflicht für alle Kinder. Ob die kleine Friederike Luise allerdings mit den anderen Kindern zusammen lernt oder von einem Privatlehrer unterrichtet wird, ist nicht bekannt. Ihr Leben wird sie zeigen als ein Mensch mit Bildung und Begabung, was sie für Zeitgenossen zu einer „*interessanten Frau*" macht. Als Tochter, Enkelin und Ur-Enkelin aus einer angesehenen, gebildeten und wohlsituierten (darauf deutet das „*Clavir*" hin) Familie stehen Friederike Luise so manche Wege offen, von denen die Töchter der Tagelöhner, Wäscherinnen und Marktfrauen nicht einmal wissen, daß es sie gibt. Während sie darauf angewiesen sind, so früh wie möglich mit ihrer Arbeitskraft der Familie zu helfen, gibt es für die Töchter der höheren Stände schon so etwas Ähnliches wie eine Kindheit und Jugend. Sie kennen Stunden der Muße, in denen sie sich mit einem Buch zurückziehen und auf diese Weise teilnehmen können an der Welt „*draußen*", die ihnen weitgehend verschlossen ist.

Die Zeit der höheren Töchterschulen in Deutschland ist noch nicht angebrochen, Friederike Luise Stockmayers Jugend und Bildung muß sich also in den Vorstellungen an dem orientieren, was von den Mädchen und Frauen aus dieser Zeit bekannt ist. Die „*Erziehung zur Mütterlichkeit*" wird ihr Leben und ihren Aktionsradius bestimmen.

Um 1763 scheint sich die Lage in der Familie Stockmayer normalisiert zu haben, denn nach fast zehn Jahren kommt der Sohn Friedrich Christoph Gottfried zur Welt. Wie und ob es mit ihm weitergeht, kann hier nicht berichtet werden; bis jetzt sind keine Nachrichten über sein Leben aufgetaucht. Stockmayers Stammhalter wird in Stuttgart getauft, und es deutet viel darauf hin, daß seine Eltern zu dieser Zeit bereits das Haus in der *„Kanzlei Gass"* bezogen haben. Die Kanzleistraße (heute: Willi-Bleicher-Straße) trägt ihren Namen nach dem Kanzleigebäude des Abgeordneten- oder Landschaftshauses und wird zu dieser Zeit gerne von den Beamten des Hofes und der Landschaft bewohnt. Besuchern der Stockmayers wird gesagt, sie möchten von der Stiftskirche Richtung Seegasse (später: Friedrichstraße) laufen und dann, nach deren Abzweigung rechter Hand, an der Tür des zweiten Hauses in der Kanzleigasse klopfen. Dort in der ersten Etage des dreistöckigen Hauses, das über einen gewölbten Keller verfügt, verbringt Friederike Luise sehr wahrscheinlich die nächsten Jahre. Zum Haus gehört auch ein geräumiger Hof, der *„bis an die Straße gehet und gegen derselben mit einer Mauer geschlossen ist."* Eine hübsche Vorstellung, daß dieses Plätzchen zum Verweilen einlädt und wir uns eine ähnliche Idylle vorstellen können, wie sie Carl Spitzweg in *„Der Hausgarten"* darstellt. Daß Johann Friedrich Stockmayer einen Sinn für die Natur und die Bewegung unter freiem Himmel hat, zeigt sein Engagement als Stadtamtmann in Sachen *„Grünanlagen"*: *„Da die öffentlichen Spaziergänge und Gärten in Stuttgart meistens eingegangen, so war ich darauf bedacht, wie diese in möglichster Kürze der Residenz verschafft werden möchten. Ich erwählte hiezu nach meinem eigenen Einfall den Platz vor dem Büchsentore, der vorher alleinig für die Schweine und den großen Kutter* (Abfall) *destiniert und ein wüster und unebener Platz war. Die Stadt ließ solchen planieren. Serenissimus geruhten auf meinen Bericht ein Stück von den herrschaftlichen Seegassen-Wiesen hiezu verabfolgen zu lassen. Die hiesigen Honoratioren stifteten auf meine Requisition hiezu die meisten wilden Kastanien- und Lindenbäume, und solcher Gestalt wurde aus einem wüsten Platze eine Allee von Linden- und Kastanienbäumen angelegt, die bisher wohl resüssiert hat."* Die von Stockmayer initiierte Anlage befindet sich sozusagen hinter seinem Haus und ist das Ziel vieler Spaziergänge und kleiner Ausflüge in den nächsten Jahren.

Vermerkt ist Johann Friedrich Stockmayer auf dem blauen Deckel der Baurechtsakte *„Kanzleistraße Nr. 6"* als Eigentümer nicht, dafür findet sich aber die kleine, hingekritzelte Bemerkung, es handle sich bei diesem Haus um die *„uralt Nummer 454"*. Und die wiederum ist im ersten Stuttgarter Stadtplan von 1794 identisch mit dem Haus des Johann Gottfried Griesinger, der nachweislich das Haus später von Stockmayer kauft. So kann es also als sicher gelten, daß die Stockmayers dort bis 1777 leben. Friederike Luises Mutter steht einem Haushalt von fünf großen Zimmern, einer *„Kochküche"* und einem Nebenzimmer vor. Die Räume, deren Fenster fast alle zur Kanzleigasse hinausgehen, erhalten ihre Wärme durch die Öfen, die vom geräumigen Vorraum/Flur aus geheizt werden. Der Hausherr hat für solche Arbeiten, aber auch für die Küche und die Wäsche, einige Bediente eingestellt. Seiner Frau, von der wir nicht wissen, wie es ihr in diesen Jahren gesundheitlich geht, gibt das die Möglichkeit, sich zurückzuziehen, auszuruhen. Einer der Enkel erinnert sich an den Großvater und die Atmosphäre des Hauses Stockmayer: *„Sein Haus, sein Garten, die Freuden, die ich da genoß, prägen sich meiner kindlichen Seele tief ein. Aus dem Ziehbrunnen im Hofe, sagte man mir, werden die Kinder geholt. Auf der Hausflur waren Hirschgeweihe, die mich sehr ergözten. Vornen prangte das Haus mit einem Erker, der mir es schon von weitem bemerklich machte, hinter dem Hause war ein schöner, großer Garten, wo in den Buchsbaumhecken mich mehrmals die Ostereier von Glas und Zuckerwerk, mit neuen Kreuzern gefüllt, erfreuten."*

Friederike Luise wächst in einem Haus auf, das Lebensart und Kultur hat. Die *„vielseitigen Geschäftskreise"* und *„diplomatischen Sendungen"*, für die der Herzog ihren Vater benötigt, machen Stockmayer zu einem bekannten Mann, bringen seiner Familie Ansehen und Wohlhabenheit. Sehr wahrscheinlich, daß Stockmayers zu den Kunden des Tuchhauses Rapp gehören und daß Johann Friedrich manchmal mit anderen wichtigen Männern im *„Adler"* sitzt. Friederikes Mutter pflegt Bekanntschaften mit Frauen, die zu den führenden Familien der Stadt gehören. Maria Magdalena Luise Fromm, seit 1769 verheiratet mit dem „Secrat mviuʒ" Hegel, lebt zu dieser Zeit in der Residenzstadt, ebenso Rosalie Cotta.

Mitte der sechziger Jahre des 18. Jahrhunderts gilt die Tochter des Stadtamtmannes und Kammerprokurators Stockmayer als gute Partie, die so mancher junge Mann von seinen Eltern zur näheren Begutachtung ans Herz gelegt bekommt. *„Meine Mutter war von kleiner Gestalt, zarter Natur und in ihrer Jugend von nicht gewöhnlicher Schönheit"*, erzählt Justinus Kerner. Ein ernsthafter Bewerber (wie viele es vorher gegeben hat, ist unbekannt) um ihre Hand kommt aus Ludwigsburg. Christoph Ludwig Kerner (1744–1799) hat schon mit 22 Jahren das Amt seines Vaters als Regierungsrat und Oberamtmann von Ludwigsburg übernommen, und jetzt braucht er eine Frau, die die Hauswirtschaft der Oberamtei führen kann und ihm möglichst einen Stammhalter gebärt. Er kann einer Frau schon gefallen, wie er so dasteht: voll Kraft und Leben, *„sein schwarzes Auge voll Feuer, seine Gesichtsausbildung die eines Römers"*. Dazu gilt er als sehr guter Verwaltungsbeamter, ist vielseitig interessiert, durchaus humorvoll, aber auch streng und energisch. Vater Stockmayer gefällt dieser junge Mann, der sich für seine ältere Tochter interessiert, und so wird es ihm auch erlaubt, ihr zu schreiben. Von den vielen, meist mehrseitigen Briefen, die in den nächsten Monaten bei der *„Mademoisselle Stoccmajerin"* ankommen, sind 23 erhalten geblieben. Zerrissen und fleckig liegen die Seiten von braunem Papier heute im Deutschen Literaturarchiv in Marbach. Irgendjemand hat die Bräutigambriefe von Christoph Ludwig Kerner einmal zu einem kleinen Büchlein zusammengeheftet. Und wer darin blättert, liest so hübsche Zeilen wie: *„Ach welch eine lange Zeit ist es noch … bis ich das Glück und*

Vergnügen haben werde Mu très Chère allhier zu sehen." Nicht immer klappt es mit dem angekündigten Besuch. Amtsgeschäfte, schlechtes Wetter, das Pferd lahmt – viel kann dazwischenkommen, und Friederike Luise liest die entschuldigenden Zeilen: Da *„ich heute nicht das Vergnügen haben kann, Ihnen ma chère wie ich mir vorgenommen meine Aufwartung zu machen"*, nehme ich *„mir die Freiheit dieselbe schriftliche zu fragen, ob …"*. Was er auch gefragt haben mag, Kerners *„Herzallerliebste Jungfer Braut"* ist ihrem Zukünftigen sehr zugetan. Das scheint sich im Laufe ihrer Ehe nicht zu ändern, und deshab hat sie wohl diese Briefe ihr Leben lang aufgehoben. Aus dem Besitz ihres Sohnes gelangen sie später nach Marbach. Ihre Briefe an den Bräutigam allerdings sucht man vergebens.

Am 28. April 1767 heiratet Friederike Luise den Oberamtmann Kerner, wie Großmutter Herpfer und Mutter Stockmayer im Alter von 17 Jahren. Es ist ihre *„Bestimmung"*, Ehefrau, Hausfrau und Mutter zu sein, aber trotzdem ist es mit bangen Gefühlen verbunden, das Elternhaus zu verlassen, nun einer eigenen Wirtschaft vorstehen zu müssen. Dazu kommt der fremde Mann an ihrer Seite, mit dem sie bis zur Hochzeit nur selten, wenn überhaupt, allein sein durfte. Eine Zeitgenossin Friederike Luises schreibt über ihre ersten und unglücklichen Ehetage: Er *„legte sich sogleich zu Bette, ich kleidete mich so langsam als möglich aus – und war froh, als ich ihn schnarchen hörte. Da blieb ich noch eine volle Stunde im offenen Fenster liegen … Da ich glaubte daß …* (er) *schon ganz fest eingeschlafen sei, legte ich mich ganz sanft zu Bette, und Gottlob! er wurde auch nicht wach! Ich wurde wach, als er heute früh aufstand, aber ich that, als sei ich recht fest eingeschlafen. Er kam erst zu Tisch nach Hause, aber er sprach garnicht, und ich hatte auch nit den Muth, ein Wort hervorzubringen."*

Wie sieht es bei den jungen Kerners in den ersten Monaten der Ehe aus? Von der Liebe mal abgesehen, weil es darüber nichts zu berichten gibt, sicher sehr *„umtriebig"* (geschäftig, arbeitsreich). Die Dienstwohnung des Oberamtsgebäudes in Ludwigsburg hat nun eine Hausfrau, und die muß sich und alles andere erst einmal einrichten. Friederike Luise wohnt mit ihrem Mann direkt am Marktplatz, der ein Schauplatz vieler Feste, venezianischer Messen und anderer Belustigungen des *„weltlustigen"* Herzogs Karl Eugen ist. Von den Fenstern der Oberamtswohnung kann man den Marktplatz sehr gut überblicken, und es kommt öfters vor, daß Karl Eugen diesen Platz mit seiner Franziska als Aussichtspunkt auf das bunte Treiben wählt. *„Meine Eltern mußten da jedesmal Raum schaffen, ja, auch die unteren Gelasse des Hauses, wo die Schreibstuben waren, mußten geleert werden"*, erinnert sich Justinus Kerner. Es ist ein interessantes Leben, das die Kerners in Ludwigsburg, dieser *„Schöpfung barocker Fürstenlaune"*, führen. Viele heute noch bekannte Hausgäste, aber auch Emigranten aus dem revolutionsgeschüttelten Frankreich und solche *„Originale"* wie der Rathausdiener Michel, der Kapellmeister Poli, ein alter Fechtmeister und ein *„eigentümlicher Italiener, namens Minoni"* mit seinem Spezereiladen und dem Hühnerstall unter den Arkaden gehören zum Leben in Ludwigsburg.

Die Frau des Oberamtmanns Kerner steht von Anfang an einem Haushalt vor, der vielen Aufgaben gerecht werden muß: Eine Magd, ein Kutscher, zwei Pferde und Kühe gehören dazu, die Schreiber der Oberamtei werden im Haus mitverköstigt, die Stellung des Hausherrn erfordert es, immer wieder kleine Feste zu geben, der Garten ist groß und die Kinderzahl wächst. *„Ich habe kein üppigeres Obst mehr gesehen, als ich damals sah, Pfirsiche, Kirschen, Birnen und Äpfel waren in den seltensten und größten Arten vorhanden"*, heißt es in *„Bilderbuch aus meiner Knabenzeit"*. Diese üppige Ausstattung mit Obst ist vor allem Vater Kerner zu verdanken, denn seine Obstbaumzucht ist bekannt. Aus diesem Grund kommt auch immer wieder ein anderer berühmter Pomologe zu Besuch, Johann Caspar Schiller. Für Friederike Luise bedeutet dieser Garten neben dem Gemüsegarten viel Arbeit. Das Obst muß geerntet, sortiert, aufbewahrt, gewartet und zubereitet werden. Von den seltenen Kirschen aus dem Garten des Oberamtmanns werden oft welche in befreundete Häuser verschenkt: *„Man pflegte Kirsche um Kirsche mit etwas abgeschnittenem Stiele, der nach innen gekehrt sein mußte, in einem großen blechernen Trichter zu legen, den man, war er bis zum Rande gfüllt, auf einen mit Weinlaub bedeckten Teller umstürzte, worauf auf dem Teller eine Pyramide von Kirschen stand.“*

Zu den Freunden, die das Haus immer wieder besuchen, gehört der Dichter Schubart, der über Friederikes Ankunft als Braut in Ludwigsburg schrieb:
„Dir winken schon die schlanken Linden
im neuen grünen Frühlingskleid;
Du wirst die Anmut doppelt finden,
die jede Linde von sich streut.
Dir wehet der Geruch entgegen,
die Nachtigall singt froh dazu,
und wirbelt unter grünen Bögen:
Wie schön bist Du! Wie schön bist Du!“

Schubart kommt vor allem zur Abendzeit zu Kerners, setzt sich ans Klavier, spielt und singt. Der Hausherr unterhält sich gerne mit ihm und liebt ihn *„wegen seines Genies“*. Friederike Luise wird dabei sitzen, vielleicht mit einer Handarbeit auf dem Schoß, manchmal kurz einnicken nach dem langen Tag und an die erste Zeit als junge Ehefrau denken.
„Unser Herz kann sich binden, muß sich binden an Einen, so nicht das Herz der Männer, ihr Loos ist Freiheit, das wissen sie, und das lassen sie sich nicht rauben, besonders wenn wir uns merken lassen, daß wir sie binden wollen. Daher sind die ersten Jahre der Ehe, sobald der erste Rausch vorbei ist, durchaus nicht die glücklichsten. Bringt also ja keine hohen Erwartungen mit hin-

ein", warnt Margarethe Milow, die mit *„Ich will aber nicht murren"* eine der wenigen Biographien von Nichtadligen im 18. Jahrhundert hinterlassen hat, ihre Töchter. Gut möglich, daß die fast gleichaltrige Kernerin in Ludwigsburg ähnliche Erfahrungen während ihrer Ehe macht. *„Oft wurden im Hause kleine Feste gegeben"* und Tarok gespielt an kleinen Spieltischen. Bei dieser Gelegenheit kann eine kleine Plauderei zum Flirt, die unbeabsichtigte Berührung als sehr angenehm empfunden und heimlich ein zweiter Blick riskiert werden. *„Auch bei der Unterhaltung meines Vaters mit jüngeren Frauen kam in das gute ihm ganz ergebene Herz meiner Mutter nie das Gefühl der Eifersucht; sie erschwerte ihm keinen Besuch, keine Einladung"*, meint Kerner zu wissen. Und ein anderer *„Kenner"* der weiblichen Seele behauptet von Friederike Luise: *„Ihr ganzes Trachten ging dahin, alles Unangenehme von ihrem Mann fernzuhalten."*

In ihrer Beziehung zu den Eltern, Geschwistern, zum Ehemann, den Kindern und Freunden des Hauses werden Frauen dargestellt. Aber was erfahren wir über sie selbst? Die wenigen biographischen Notizen, die über Friederike Luise Kerner existieren, stellen sie als braves Weib mit den gewünschten Tugenden der Unterordnung und Schweigsamkeit dar. Es wird vielleicht über sie gesprochen, aber sie spricht nicht selbst. Die Position der Biographen ist damit klar, uns aber interessiert das tatsächliche weibliche Leben jenseits der Schablonen. Ein bemerkenswerter Hinweis kommt von Friederike Luises jüngstem Sohn Justinus, der viele Jahre enger mit ihr zusammenlebt als seine Geschwister. Er schreibt: Es *„erzeugte sich in ihr, wenn man mich so nennen will, ein Poete, und so war es auch bei Wilhelm Hauffs Mutter"*. Dessen Großmutter ist die jüngere Schwester von Friederike Luise, und beide haben angeblich eine Mutter, die wahnsinnig ist. Oder ist damit nur die Hilflosigkeit ihrer Umwelt gegenüber Frauen gekennzeichnet, die *„anders"* sind? Und worin besteht dieses Anderssein? Vielleicht in

Justinus Kerner

ihrer poetischen Natur, im Hang zum Fabulieren, Geschichtenschreiben und in der Kraft, Bilder zu sehen, die andere nicht wahrnehmen?

Eines ist belegt: Die *„wahnsinnige"* Wilhelmine Louise Stockmayer gibt über ihre zwei Töchter etwas weiter, das später in deren (männlichen) Nachkommen Wilhelm Hauff und Justinus Kerner zum Tragen kommt, vielleicht weil es hier endlich ausgelebt werden darf. Kerner selbst erwähnt die psychischen Zustände einzelner Familienmitglieder, um die Nähe von Wahnsinn, Somnambulismus und Dichtkunst zu dokumentieren. *„Was an Euch Kernerischen Mannsbildern Genialisches ist, kommt von Eurer guten Mutter, dieser interessanten Frau"*, schreibt im Jahre 1812 Joseph von Theobald, ein Freund der Familie, an Justinus Kerner. Friederike Luise Kerner wird ähnlich wie die Tochter ihrer Schwester *„von seltener Begabung, zumal nach Seite der Phantasie"* sein.

Männer haben selten Probleme, wenn es darum geht, der inneren Stimme, der Berufung, zu folgen. Auch größte Widerstände der Familie, bittere Armut und drohende Erfolglosigkeit halten sie nicht davon ab, ihren Weg als Mann und vor allem als Mensch zu gehen. Bewunderung und Beifall der Mitmenschen sind ihnen dabei meist sicher. Völlig anders liegt der Fall allerdings, wenn eine Frau sich ihrer selbst bewußt wird und einen anderen Weg gehen will, als es die Gesellschaft ihr zubilligt. So gesehen ist die Frau kein Mensch, sondern ein Wesen mit einer festgelegten Bestimmung. Wer daran rüttelt, ist wohl wahnsinnig geworden!

Über schreibende Frauen etwas herauszufinden, ist nicht einfach. Über Frauen, die wahrscheinlich über die Begabung zum Schreiben verfügten und es gerne getan hätten, ist es so gut wie aussichtslos. *„Wohlmeinende"* Erben haben ohne großes Zögern eventuelle Schreibversuche weiblicher

Familienmitglieder immer wieder vernichtet, um diese beschämende und unschickliche Angelegenheit vor der Nachwelt zu verbergen. Auch die Frauen selbst haben sich oft geschämt wegen ihres *unwiderstehlichen Drangs zum Schreiben* und schon frühzeitig die verräterischen Papiere verschwinden lassen.

„Ich glaube, daß, wenn ebenso viel Frauen Schriftstellerinnen wären, als Männer es sind, und wir nicht durch so tausend Kleinigkeiten in unserer Haushaltung herabgestimmt würden, man vielleicht auch einige gute darunter finden würde, denn wie wenige gute gibt es nicht unter den Autoren ohne Zahl", schreibt Charlotte von Stein an Charlotte Schiller, deren umfangreicher literarischer Nachlaß erst jetzt langsam aufgearbeitet wird. Sie schreibt und arbeitet nicht, um, Mußestunden zu füllen, sondern weil sie Schriftstellerin ist. Das erkennt auch ihr Friedrich an. Gegenüber Goethe meint er: *„Ich muß mich doch wirklich darüber wundern, wie unsere Weiber jetzt, auf bloß dilettantischem Wege, eine gewisse Schreibgeschicklichkeit sich zu verschaffen wissen, die der Kunst nahe kommt."* Die im gleichen Jahr wie seine Frau geborene Johanna Schopenhauer schreibt: *„Ich arbeite jede Zeile, die ich für den Druck bestimme, drei- bis viermal durch."* Von ihrer Kollegin Sophie von La Roche heißt es sogar, sie besitze einen eigenen Schreibtisch wie sonst nur die Männer und verbringe jeden Tag viele Stunden dort mit dem Schreiben von Briefen und Notizen für ihre Bücher. Vier Jahre nachdem Friederike Luise geheiratet hat, erscheint Sophie von La Roches Buch *„Die Geschichte des Fräuleins von Sternheim"*, das ein Bestseller wird und sogar Gnade findet vor den kritischen Augen und gespitzten Kritikerfedern einiger männlicher Kollegen.

Die Suche nach einem poetischen Produkt, nach einer Erzählung oder zumindest nach einem Hinweis darauf, daß es eine Schriftstellerin Friederike Luise Kerner gegeben hat, bleibt ergebnislos. Und trotzdem muß es etwas geben, das den zitierten Joseph von Theobald zu dieser Bemerkung veranlaßt. Hätte ihr Talent nur vor sich hingeschlummert, er könnte nicht von dem *„Genialischen"* in ihr sprechen. Indem eine Person außerhalb des engen Familienkreises davon spricht, muß Friederike Luise Begabung bekannter und öffentlicher sein, als wir es heute nachvollziehen können. Ihre Erzähl- und Lesestunden, vielleicht sogar literarische Momentaufnahmen ihres Könnens während einer Gesellschaft im Haus oder bei Freunden, Ambitionen, sich mit Feder und Tinte zu äußern – vielleicht spricht man darüber in Ludwigsburg. Bestimmt sagen läßt es sich heute nicht mehr. Literarische Traditionen einer Familie laufen selten über Frauen, hier aber gibt es eine, an deren Beginn wahrscheinlich die *„wahnsinnige"* Wilhelmine Louise Stockmayer steht.

Im Jahre 1777 kommt es zu Veränderungen in der Familie. In der Stuttgarter Kanzleigasse stirbt Johann Friedrich Stockmayer im Alter von 52 Jahren. Seine *„treffliche Konstitution … erlag unter seinen Geschäften, er wurde den seinigen durch einen Schlaganfall entrissen"*. Seine jüngere Tochter ist ebenfalls seit einigen Jahren verheiratet, von dem 1763 geborenen Sohn wissen wir nichts, und so bleibt seine Witwe wohl allein zurück. Das Haus wird an den Regierungsrat Griesinger verkauft.

Die *„wahnsinnige"* Wilhelmine Louise zieht zu ihrer Tochter nach Ludwigsburg in die Oberamtei. Die Frage, ob ihre Familie sie hier vielleicht zeitweise im Tollhaus unterbringt, kann mehr mit *„nein"* als mit *„ja"* beantwortet werden. Dort werden nur schwer geisteskranke Personen eingewiesen, die in der Familie nicht betreut werden können und eine Gefahr für sich und die anderen darstellen. Die Kriterien zur Einweisung ins Tollhaus werden um so schneller erreicht, je schlechter die soziale Stellung der Patienten ist. Ein engagierter Kritiker der Auswüchse und

Mißstände auf dem Gebiet der Irrenfürsorge schreibt im 18. Jahrhundert: *„Wir sperren diese unglücklichen Geschöpfe gleich Verbrechern in Tollkoben, ausgestorbene Gefängnisse, neben den Schlupflöchern der Eulen in öde Klüfte über den Stadttoren, oder in die feuchten Kellergeschosse der Zuchthäuser ein, wohin nie ein mitleidiger Blick des Menschenfreundes dringt, und lassen sie daselbst, angeschmiedet an Ketten, in ihrem eigenen Unrath verfaulen."*

Wilhelmine Louise ist als Witwe des Kammerprokurators sowohl von der gesellschaftlichen Stellung her abgesichert als auch finanziell gut gestellt. Von daher droht ihr keine Gefahr. Im Haus ihrer Tochter findet sie Aufnahme, und es ist in diesen Zeiten auch nicht ungewöhnlich, daß geistig kranke Menschen in ihren Familien leben. Und außerdem, die Pension, die Wilhelmine Louise Stockmayer erhält, kommt sehr gelegen, denn das Einkommen des Hausherrn ist gering. *„Der Oberamtmann mußte, wie es damals üblich war, für das Ludwigsburger Amt 6500 Gulden an die Kasse des Herzogs abliefern. Er bezog also kein festes Gehalt; ihm standen nur die Gebühren zu, von denen er die ganzen Verwaltungskosten und die Gehälter für seine Schreiber bestreiten mußte"*, heißt es dazu. Eine eventuelle Unterbringung der Stockmayerin im Tollhaus müßte die Familie bezahlen, da ist es schon angebrachter, daß sich Friederike Luise um ihre *„wahnsinnige"* Mutter kümmert und diese Aufgabe der Frauen ebenfalls übernimmt. Es kommt einiges auf Friederike Luise zu in diesen Jahren, fünf Kinder hat sie schon zur Welt gebracht. Nach dem Tod der ersten zwei Töchter, kommt 1769 das Siebenmonatskind Georg zur Welt, der angeblich zunächst Puppenkleider trägt, weil er so klein ist. Als Arzt und Geburtshelfer wird er im Jahre 1812 in Hamburg an Typhus sterben; der *„Hamburger Correspondent"* bringt einen Nachruf und rühmt Friederike Luises Sohn, dessen Name *„unter den ausgezeichnetsten dieser Stadt"* genannt wird. Als die Schwiegermutter Stockmayer des Oberamtmanns Kerner 1777 einzieht, tummeln sich noch zwei weitere kleine Jungen in der Wohnung: Louis (1773–1837), der spätere Garnisonsprediger, und Karl (1775–1840), der wegen seiner Verdienste um den Straßenbau, das Hütten- und Bergwerkswesen zu den berühmten Söhnen Ludwigsburgs gehören wird. Friederike Luise Kerner ist die Mutter von **drei** berühmten Schwabenköpfen und ihre Tochter Wilhelmine (1782–1864), verheiratete Steinbeis, wird sie auch noch zur Großmutter eines berühmten Schwabenkopfes machen. Der bis in heutige Tage aber bekannteste von allen ist zweifellos das *„Nesthäkchen"* Justinus.

Als alter Mann schreibt er: *„Der Tag, an welchem ich geboren wurde, war der 18. September 1786 ... Am Tage meiner Taufe war mein Vater verlegen um den Namen eines vierten Sohnes. In seiner Unschlüssigkeit betrachtete er die Familienbilder, die im kleinen Bildersaale in großen Ölgemälden, von seinem Vater an bis zur Reformationszeit hinauf, an den Wänden hingen. Sein Blick fiel zuerst auf das Bild eines Mannes in geistlichem Gewande mit einem langen Bart ... Dieser Mann führte den Namen Justinus Andreas."* Später wird auf Veranlassung seiner Mutter noch der christliche Name *„Christian"* hinzugefügt, mit dem der Kleine zukünftig in der Familie gerufen wird. Auch beunruhigt die Mutter, daß dem Täufling vom Vater die Lippen mit *„Champagnerwein"* benetzt werden. Justinus-Christian ist sein Liebling, und er soll *„von großer Milde"* ihm gegenüber sein. Friederike Luise umfaßt ihren Jüngsten *„mit grenzenloser Liebe, die von dem Buben leidenschaftlich erwidert"* wird. Dem Kleinen geht es gut. Die älteren Brüder (Louis ist bei seiner Geburt schon 17 Jahre alt) sind aus dem Haus und kommen nur in den Ferien, seine zwei Schwestern passen ebenso auf ihn auf und verwöhnen ihn wie die zwei Großmütter. Vor einiger Zeit ist die alte Kernerin auch noch in die Oberamtei gezogen, nachdem sie vorher in einem anderen Haus der Stadt wohnte. *„Das Alter vermochte nicht in ihren Zügen das Bild* *weiblicher Hoheit zu tilgen. Sie wurde blind und unterwarf sich einer Operation ohne Erfolg.*"

Justinus Kerner erlebt sie nur kurz; im Frühjahr 1788 stirbt Ludovike Marie Kerner mit 76. Nur wenige Monate später steht Friederike Luise wieder an einem Grab, diesmal ist es das ihrer Mutter. Das Ludwigsburger Bestattungsregister gibt als Todesursache der 58jährigen Wilhelmine Louise Stockmayer *„Nachlaß der Natur"* an. Damit fehlt auch ein letzter noch möglicher Hinweis auf den Wahnsinn oder was es auch immer war. Eine Leichenpredigt, wie sie in diesen Kreisen üblich ist, konnte bisher nicht gefunden werden. Der meistens darin enthaltene Lebenslauf der Verstorbenen könnte ein Stück Frauengeschichte erzählen, über das wir gerne mehr wüßten.

Interessant ist, daß derjenige, vom dem die Behauptung, seine Großmutter sei wahnsinnig gewesen, kommt, sich zeitlebens nicht nur mit geistigen Abnormitäten und Fixierungen, Gespenstern, Schlafwandlern, Hellseherei, verworrenem Gemütsleben und Melancholie befaßt, sondern auch selbst seit seiner Jugend an Schwermut und Depressionen leidet und sich immer wieder über seelische Leere und Lebensekel (26) beklagt. Ein im Jahre 1968 erschienener Aufsatz stellt die Frage nach der psychischen Entwicklung von Friederike Luise Kerners jüngstem Sohn und kommt zu dem Schluß, es sei *„zu bezweifeln, ob seine literarische Produktion unabhängig von diesen Dingen betrachtet werden kann, wie das bisher üblich gewesen ist"*. (27) Geradezu unglaublich die Zahl der Geisteserkrankungen, die dieser Mann in seiner Familie zu finden glaubt. Dabei trifft es fast ausnahmslos die Frauen! Großmütter, Tanten, Cousinen und Großcousinen erwischt es gleich reihenweise, selbst eine Schwester seiner Mutter soll im Zustand des Wahnsinns in seinem Elternhaus gelebt haben. Daß es noch eine Tochter im Hause Stockmayer gegeben hat, existierte lange nur als Behauptung von Justinus Kerner. Im Laufe der Nachforschungen über die Familien Kerner und Hauff konnte dann der Beweis gefunden werden, wen Kerner mit der jüngsten Schwester seiner Mutter, die auch wahnsinnig wurde, gemeint hat. Johanna Dorothea Stockmayer, deren Lebensdaten unbekannt sind, taucht als Tochter des Kammerprokurators Stockmayer und Tante von Hedwig Wilhelmine Elsässer, verheiratete Hauff, in der Reihe ihrer Taufpatinnen auf. Später begegnete mir die Jungfer Johanna Dorothea noch einmal, damit enden die Spuren.

Die Krankheit, von der die männlichen Mitglieder der Familie eigenartigerweise gänzlich verschont bleiben, äußert sich als weiblicher Wahnsinn bei Großmutter Kerner in der Art, daß sie *„eine Frau von ungewöhnlichem Geiste"* war, deren *„äußerst geschärftes Ahnungsvermögen"* sie dazu befähigte, *„Zukünftiges in Träumen"* zu erkennen. Eine Tochter von ihr *„war eine intelligente, aber mit ganz sonderbaren Eigenschaften und abergläubischen Vorstellungen begabte Frau"*, eine andere *„starb an Melancholie"*. Die in Tübingen verheiratete Schwester seiner Mutter stirbt ebenfalls angeblich an Melancholie, und ihre Tochter ist eine Nachtwandlerin. Von deren Sohn, dem Dichter Wilhelm Hauff, ist natürlich keine irgendwie sich zeigende Form des Wahnsinns bekannt. Er ist ja auch ein Mann!

Ein Ort, der von größtem Interesse für Friederike Luises Jüngsten ist, wo es ihn immer wieder geradezu magisch hinzieht, ist das Ludwigsburger Tollhaus. Dieses 1736 gegründete Zucht- und Arbeitshaus nimmt alles auf, was wir heute als *„soziale Randgruppe"* bezeichnen, auch Geisteskranke. Im ersten Stock des hinteren Gebäudeteils sind die *„furiosi"*, die unruhigen Kranken, und im Erdgeschoß, wo auch der Tollmeister wohnt, die *„melancholici"*, die ruhigen Gefangenen untergebracht. Das Tollhaus *„war meinem Schlafgemach so nahe, daß ich oft vor dem Singen, Lachen, Flu-*

chen und Toben seiner armen Bewohner nicht in Schlaf kommen konnte. Ganze Nächte hindurch hörte ich da oft den Gesang einer wahnsinnigen Frau ... wobei sie ohne Aussetzen mit dem Fuße auf den Boden stampfte. ... Ein anderer Wahnsinniger schrie die ganze Nacht fort die Worte: ‚Totenköpfe und Krautsalat‘ und rasselte dazu mit den Ketten", erinnert sich Justinus. Am Ende seines Lebens bedauert er, daß er seine *„Beobachtungen an vielen dieser Unglücklichen damals nicht niederschrieb"* und fügt hinzu: *„Meine Neigung und einiges Geschick, mit Geisteskranken umzugehen ... war mir wohl von der Natur von Geburt aus zugeteilt."* Faszinierenden, eigenartigen und unheimlichen Menschen begegnet der junge Kerner, wenn die Tollknechte die Türen zu ihren Zellen für Justinus öffnen. So jenem an Vergiftungsideen leidenden Mann, der nur dann Nahrung zu sich nimmt, wenn Justinus sie mit ihm Löffel um Löffel teilt, und seine Gebeine später einem Fürsten vermacht, damit der daraus Stockknöpfe und Billardkugeln fertige.

Im Jahre 1795 verläßt der Oberamtmann Kerner mit seiner Familie Ludwigsburg. *„Es wurde nun von Ludwigsburg Abschied genommen. ... Es wurden von meinen Eltern in einem Stadtwagen, in welchen auch ich einsteigen durfte, von Haus zu Haus Abschiedsbesuche gemacht"*, und während Friederike Luises neunjähriger Sohn Justinus sich über den Umzugstrubel freut, hat seine Mutter alle Hände voll zu tun. Ein Zug von *„mehreren Wagen"* kommt schließlich in Maulbronn an, nachdem Kerner und seine Familie vom Magistrat und vielen Bürgern im zuerst erreichten Ort des Oberamtsbezirks mit Blumen und hübschen Versen empfangen worden sind.

Vom modernen und hellen Ludwigsburg kommt Friederike Luise in einen Ort, der seit dem 12. Jahrhundert von einem Kloster mit schwarzgrauen Kreuzgängen beherrscht wird. Die hohen Mauern, die Zugbrücke und eine Kirche, die die Phantasie ihres jüngsten Sohnes anregt und ihm

„*große Rätsel darbot*", zumal der Turm auch noch beim Läuten der Glocken hin- und herschwankt. Seit 1795 ist Ludwigsburg verödet, deshalb hat Vater Kerner die gutdotierte Stelle in Maulbronn angenommen, das außer diesem Vorteil aber auch keinen zu haben scheint. Aber immerhin existiert seit Jahren eine Zunft der Bäcker und Metzger, so daß die Hausfrau nicht ganz allein auf sich gestellt ist. Hilfe hat sie auch von ihren beiden Töchtern Ludovike und Wilhelmine, die sie in den vergangenen Jahren in die Haushaltsführung eingewiesen hat. Justinus schreibt, daß seine „*einfache, stille, sorgliche*" Mutter sich mit Ludovike, die oft zu „*exzentrisch*" war, nicht verstand. Während der Maulbronner Jahre heiratet Friederike Luises älteste Tochter und verläßt das Elternhaus. In engerer Beziehung steht sie zu ihrer Tochter Wilhelmine, die von „*ruhigem gesetztem Wesen*" ist und „*den Verstand ... des Vaters geerbt*" hat. Sie hilft dem Oberamtmann oft als Sekretärin und kommt auch ihrer Mutter „*in der großen Ökonomie sehr zu statten.*"

Wo ein Kloster den Ort zum Ort macht, die Betglocke das Geschehen des Tages bestimmt und die Klosterzöglinge in einem fort beten und lernen, kann nicht viel los sein. Die Oberamtmännin aber muß mit dem auskommen, was sich bietet. „*Die Frau Prälatin hatte ganz den Kopf und die Augen einer Eule*", und Friederike Luises Sohn sieht sie „*immer sehr begierig*" an. Des öfteren schickt der Oberamtmann seinen Sohn in das Haus des Prälaten, um der „*Eule*" ihr Lieblingsstück von der Gans zu bringen – das spitze, fette Hinterteil. Zusammen mit der Kernerin läßt sich die Prälatin manchmal zum Schlüsselblumenpflücken auf eine Wiese kutschieren. Darin und in ähnlichen Anlässen scheint sich das gesellschaftliche Leben Maulbronns zu erschöpfen. Zeit, sich ein bißchen in der Bibliothek des Herrn Gemahl mit ihren naturhistorischen und geographischen Werken, den Reisebeschreibungen und Naturbetrachtungen umzusehen, mag vorhanden sein. Und welche

Werke stehen in dem *„Bücherständer"* eines württembergischen Oberamtmanns? *„Es gab damals eine aus dem Französischen übersetzte Reisebeschreibung in mehr als 30 Bänden ... die fast die ganze Welt umfing"*, erzählt Justinus Kerner, der auf dem Heuboden, im Garten, im Wald und in den Klostergängen von Maulbronn still vergnüglich vor sich hinliest. Seine Mutter nimmt sich in einer der ruhigen Nachmittagsstunden, bevor die Dämmerung kommt und die Lichter angezündet werden, vielleicht auch eine Reisebeschreibung aus dem Bücherständer heraus. Vor mehr als zehn Jahren sind in Mannheim die *„Briefe der Lady Marie Worthley Montague"* erschienen und überall auf größtes Interesse gestoßen. Eine Frau, die zu einer Orientreise aufbricht, als Friederike Luises Großmutter 15 Jahre alt ist, unglaublich! Und dann das Vorwort dieser Mary Astell! *„Ich bin, ich bekenne es, boshaft genug, zu wünschen, daß die Welt sehen möge, wie die Damen weit besseren Nutzen aus ihren Reisen zu ziehen wissen als die Herren, daß, da die Welt mit Männerreisen bis zum Ekel überladen worden ist, die alle in dem männlichen Ton geschrieben und mit denselben Kleinigkeiten angefüllt sind, eine Dame die Fähigkeit hat, sich eine neue Bahn zu eröffnen"*, schreibt sie. (28) Es sind unbekannte Gedanken und Welten, die da vor Friederike Luises Augen beim Durchblättern entstehen. Manches kann sie sich gar nicht vorstellen, denn sie hat noch nie den Ruf eines Kamels vernommen, in die unendlichen Weiten der Wüste geblickt oder die Kuppel einer Moschee in der Sonne glitzern sehen. Und während sie nachdenklich den Blick hebt und nur noch mit einem kurzen Gedanken die erwartete Rückkehr ihres Sohnes streift, der mit seinem Freund Gottfried durch die Gegend *„stromert"*, wünscht sie sich, ihre Füße auch auf eines dieser wunderbaren Seidenkissen, die es im Orient in so prachtvoller Fülle und sagenhaften Farben geben soll, legen zu können. Welch ein Genuß müßte es sein, dabei auch noch eines der weiten, fließenden Gewänder der Frauen im Orient zu tragen. Und wenn Friederike Luise an die stets schneeweiß gekleidete, eng korsettierte und immer bleich und aufgedunsene Mutter von Gottfried denkt und sich selbst eingesteht, wie oft sie sich unpäßlich fühlt, dann versteht sie die englische Lady, die sich gerne nach Sitte des Landes angezogen hat.

Mit Schrecken erinnert sich die Kernerin während dieser ruhigen Stunde in der Stube an jenen Tag bald nach der Ankunft in Maulbronn. *„Wer bin ich? Wo bin ich? Was bin ich?"* hat ihr Justinus immer und immer wieder gerufen, nachdem er vom sehr hohen Kelterbaum gestürzt und leblos auf dem Erdboden liegengeblieben war. Ein Arbeiter trug ihn *„für tot"* nach Hause, wo es mit kalten Umschlägen gelang, ihn langsam wieder ins Bewußtsein zurückzuholen. Aber, um Gottes willen! Er wußte nicht mehr, wer er war! Über eine Woche dauerte dieser entsetzliche Zustand, und ihr neunjähriger Sohn mußte *„der Kraft der Natur bis zur völligen Genesung überlassen"* werden, denn *„damals waren Ärzte nicht so in der Mode, und der Klosterarzt hatte seinen Sitz mehrere Stunden vom Orte"* weg.

Nur ungern läßt Mutter Kerner ihren Jüngsten einige Zeit später nach Knittlingen ziehen, wo ihm ein besserer Unterricht und *„mehr Gewinn für mein Wissen und meine Erziehung erwachsen würde"*. Sie verspricht Justinus, *„was sie auch treulich hielt"*, so oft wie möglich Schachteln voll Obst zu schicken. Und wenn am Samstag der Kutscher Matthias mit dem Rappen erscheint, um Justinus nach Hause zu holen, dann denkt der an ein kleines Mädchen in dem alten Knittlinger Steinhaus. Noch gibt es von ihr nicht viel zu erzählen, im Alter aber weiß Kerner, daß sie *„eine der größten weiblichen Schönheiten wurde"*. In zweiter Ehe wird sie den Bruder von Rahel Varnhagen heiraten und in dem Salon ihrer Schwägerin gesellschaftliche Triumphe feiern. Friederike Robert ist als *„die schöne Friederike"* in die Geschichte des Biedermeier eingegangen. (29)

Bei einem seiner Besuche in Maulbronn findet Friederike Luises ältester Sohn seinen Vater sehr verändert vor. *„Die so kräftig gewesene Gestalt schien ihm mehr zusammengefallen, das feurige schwarze Auge mehr erloschen."* Christoph Ludwig Kerner leidet an Magenkrebs, und seine Frau ist *„unermüdet in der Pflege ihres Gatten".* Wenige Tage vor seinem Tod diktiert er einem seiner Schreiber einen Abschiedsbrief an Friederike Luise:

„Liebste Ehefrau! Du hast mir in Deinem Leben viel Liebe erwiesen, auch an dem Rand des Grabes danke ich Dir. Ich bitte Dich, so sehr ich Dich bitten kann, betrübe Dich über meinen Tod nicht zu sehr, betrage Dich als eine vernünftige Christin und denke, daß Du der Vorsehung nicht widerstreben kannst. Es muß so sein, und Gott nur weiß warum – und es wird gut sein.

Ich wünsche, daß Du nach meinem Tode wieder nach Ludwigsburg ziehest. Verwandte, Freunde und Bekannte werden Dir dort Deine Einsamkeit erträglicher machen."

Sein Sohn Justinus berichtet: *„Noch kurz vor der Stunde seines Todes empfing er in Gemeinschaft mit meiner Mutter das heilige Abendmahl. Er nahm die heilige Hostie, vermochte sie aber nicht mehr zu genießen; da nahm meine Mutter sie von seinem Munde und genoß sie für ihn unter Gebet und Tränen."* Nach dem Begräbnis – er ist in dem blauen Schlafrock, den seine Frau ihm kurz vorher schenkte, beerdigt worden – *„herrschte Totenstille im Haus".* Die Trauer seiner Mutter macht Justinus noch trauriger, und er *„vermied sie".*

Wie von ihrem Ehemann in seiner letzten Verfügung gewünscht, kehrt Friederike Luise Kerner mit Sohn und Tochter Wilhelmine nach dem Verkauf allen überflüssigen Hausrats nach Ludwigsburg zurück. Die Ölgemälde sind verkauft, es gibt keinen Garten, keine Pferde und keine Hunde mehr. *„Schmerzliche Erinnerungen und Entbehrungen"* treffen Friederike Luise, wenn sie aus dem Fenster ihrer kleinen Wohnung gegenüber der Oberamtei, in der sie so viele Jahre glücklich lebte, blickt. Ihre Mittel sind knapp bemessen. Eine Pension, wie von Christoph Ludwig in seinem Abschiedsbrief erhofft, gewährt der Herzog nicht, und auch die Witwenkasse *„fallierte bald nachher"*.

Justinus besucht jetzt die Lateinschule. Zu seinen Lehrern gehört der Dichter Karl Philipp Conz; die ersten Verse seines Schülers Kerner stoßen bei ihm auf wenig Begeisterung und er sieht keine Veranlassung, Justinus zum Weitermachen aufzufordern. Ihn begeistert vor allem die Volkspoesie und deshalb versteckt er seine Verse lieber vor Conz. Dazu kommt, daß der junge Kerner gerade die Dichter nicht mag, die von anderen gelobt werden, und das macht ihn *„dann oft an mir selbst irre"*.

Einen Gleichklang der Seelen findet er bei seiner Schwester, die sich noch im hohen Alter schreibend und dichtend betätigen wird, und ihren Bruder *„hierin allein verstand"*. Freunde des Hauses rühmen die besonderen Anlagen der Mutter, ihr Sohn nennt sie als Trägerin und Vermittlerin seiner poetischen Veranlagung und wird viele Jahre später an seine Freundin Sophie Schwab schreiben: *„Von den Müttern kommt alles Gute, das ist durchaus eine in der Natur gegründete Wahrheit. Das Schlechte erbt nie ein Sohn von der Mutter ... aber vom Vater kann er das Schlechte erben. Ist aber die Mutter gut – erbt er immer von der Mutter das Gute, der Vater kann nur verderben. Dem denke nach, es ist wahr!"* Welche Erfahrungen veranlassen ihn in der Mitte seines Lebens zu solchen Zeilen? Das Leben seiner Brüder hatte der Vater noch sehr stark bestimmt und den mit Kühle und Abwehr bestraft, der nicht den vorgesehenen Weg gehen wollte. Was hätte er wohl dazu gesagt, daß sein Jüngster sich mehr und mehr zur Dichtkunst hingezogen fühlt, auch wenn er ihm in seinem letzten Brief schreibt *„wähle Dir einen Beruf, zu dem Du einmal Lust hast"*. Justinus ist der einzige Sohn der Kerners, der in den entscheidenden Jahren von Bildung und Ausbildung ohne eine väterlich-patriarchale Familienwelt aufwachst. Im engen Kontakt mit der *„genialischen"* Mutter, unter der Befreiung von den ungesunden und widernatürlichen Bedingungen einer auf das Männliche zentrierten Familienstruktur kann in Justinus etwas Fuß fassen, das bei seinen anderen Geschwistern möglicherweise zugeschüttet wurde: Phantasie, Freude an Versen, am Erzählen und die Muse zum Lesen und Schreiben. Christoph Ludwig Kerner hätte seinem Sohn diese *„unmännlichen"* Vorlieben wohl ausgetrieben. So gesehen hat Justinus Kerner Glück, daß sein Vater so früh stirbt.

Im Jahre 1804 verläßt Friederike Luises letztes Kind das Haus. Nachdem ihre Tochter Wilhelmine (die Steinbeis-Mutter) geheiratet hat, geht Justinus zum Studium nach Tübingen. Friederike Luise verfügt nicht über die Mittel, ihm das zu bezahlen, aber über die Vermittlung seines Lehrers Conz erhält Justinus ein Stipendium. Und während ihr Sohn ins Leben hinausgeht und seine nun folgenden Jahre alle bestens dokumentiert, archiviert und kommentiert sind, wird es um seine Mutter still. Sie bleibt die nächsten sechs Jahre in Ludwigsburg. Nachrichten gibt es über diese Zeit nicht. Im Juli 1811 schreibt Justinus Kerner aus Enzweihingen (bei Vaihingen) einem Freund:

„Ich bin seit 8 Tagen hier, wo meine Mutter, eine Frau von 62 Jahren, an der Ruhr darniederliegt zu der sich ein Nervenfieber gesellte. Ich habe Tag und Nacht keine Ruhe: denn ich hänge mit umfaßlicher Liebe an diesem Weib und kann mich gar nicht ohne ihr Leben hier denken!!!! ... meine Mutter muß ich durchaus erhalten, oder ich schreib nie ein Recept mehr!!!"

Friederike Luise erholt sich, und schon eine Woche später kann ihr Sohn berichten, sie sei *„in völliger Besserung"*. Sie lebt im Haus ihres Sohnes Ludwig, der vor fünf Jahren geheiratet und nun zusammen mit seiner Frau einen Sohn und eine Tochter hat. *„Im Pfarrhaus zu Enzweihingen war Raum*

*und die lebhafte, umtriebige Großmutter Kerner hatte in der Für-
sorge für die Enkel eine Aufgabe"*, heißt es über diesen Abschnitt ihres Lebens. Bald nach dem Einzug ihrer Tochter
Wilhelmine in das Ilsfelder Pfarrhaus, zieht auch Friederike Luise in die geräumige Amtswohnung des Schwieger-
sohns. Der hat es nicht leicht mit seinen Ilsfeldern und muß
sich *„recht dummer Anklagen beim Oberkirchenrat erwehren ...,
weil der weltmännische Zug seines Wesens bei Ilsfelder Muckern
... Anstoß und Ärgernis erregt hatte"*. Aber nicht nur die Mitmenschen bringen Sorgen ins Pfarrhaus. Im Jahre 1812 vernichten Sturm und taubeneiergroße Hagelkörner nicht nur
die Ernte, sie zertrümmern auch die Fenster des Pfarrhau-
ses, der Kirche und des Schulhauses. Es sind harte Jahre, das
Leben ist nicht leicht, man spricht von *„Mißjahren"*. Württemberg ist zwar inzwischen ein Königreich geworden und
von Napoleons Gnaden auch ein ganzes Stück gewachsen,
aber wohlhabend ist die Bevölkerung gewiß nicht. In vielen
Familien herrscht große Not, es fehlt das Notwendigste
und mancher Ehemann kann seiner Frau, die gerade das
nächste Kind zur Welt gebracht hat, nicht einmal *„einen
Wecken in die Suppe"* kaufen. Besonders hart betroffen sind
die alleinstehenden Frauen. So wird gemeldet, daß die
*„Wittib des Daniel Scholl krank darniederliege und durchaus
nichts zu leben habe"*. Friederike Luise Kerner ist in der
glücklichen Lage, bei ihren Kindern unterzukommen. Sie
macht es sich allerdings nicht bequem auf dem Altenteil,
sie ist immer noch aktiv. Ludwig Uhland fragt in dieser
Zeit seinen Freund Kerner: *„ ... und was macht die Korbfa-
brikation Deiner Frau Mutter?"*

Das *„Weib"*, an dem Justinus Kerner mit *„umfaßlicher Liebe"* hängt, ohne das er sich ein Leben gar nicht vorstellen
kann, erlebt noch die Bildungsreise ihres Sohnes, die Veröffentlichung der daraus hervorgegangenen *„Reiseschatten"*
und seine Anstellung als praktischer Arzt in verschiedenen
Orten des Königreichs Württemberg mit. Auch ihre

Schwiegertochter Friederike Ehmann lernt sie noch kennen, verbringt längere Zeit mir ihr zusammen in Enzweihingen und kann sich 1813 über die Geburt der Enkelin Rosa Maria freuen. Daß ihr Sohn schließlich in die Nähe von Ludwigsburg zurückkehrt und sein Leben in Weinsberg verbringen wird, das durch ihn und sein berühmtes gastfreundliches Haus für immer mit dem Namen „Kerner" verbunden ist, erlebt sie allerdings nicht mehr.

Friederike Luise Kerner stirbt am 20. Juni morgens um 1 Uhr an „Schleimfieber". Über ihre Beerdigung gibt es keine Nachrichten. Der Grabstein von Justinus Kerners Mutter auf dem Friedhof von Ilsfeld, wo sie sich zuletzt bei ihrer Tochter Wilhelmine aufgehalten hatte, trägt die Zeilen: „Der mütterlichen Treue kindliche Dankbarkeit zum Andenken an Friederike Louise verehelichte Kerner geborene Stockmayer, gest. 20. Juni 1817."

Wenige Tage später schreibt Ludwig Uhland seinem Freund Kerner: „Der Tod Deiner lieben Mutter ist ein neuer Schmerz, der Dich betroffen hat. So ist das vorschreitende Leben. Während man die eine Hand dem neugeborenen Geschlechte reicht, muß man die andre von dem absterbenden schmerzlich losreißen."

Friederike Schwab

Friederike Schwab (1758–1831), geb. Rapp

Als Tuchhändlerstocher, „Frau Hofrätin" und Dichtermutter tritt Friederike Schwab in kleinen, biographischen Notizen auf. Daß sie die „Mäzenatin" eines unliebsamen Theologen war und sich mit Königin Katharina von Württemberg über die Arbeit des Wohlfahrtsvereins beraten hat, war bis jetzt unbekannt.

Sieben Jahre nach Gustav Schwabs Tod schreibt seine Witwe an ihren alten Freund, Justinus Kerner: *„Mein Schwiegersohn Klüpfel ist gegenwärtig damit beschäftigt, das Leben meines seligen Mannes zu bearbeiten."* Sophie Schwab (1795–1865) hilft ihm dabei: *„Ich lese nun den ganzen Tag alte Briefe durch."* Aber letztendlich können beide nicht ersetzen, was die Erinnerungen aus der Feder des verstorbenen Dichters geboten hätten: Die Darstellung seines Lebens aus eigener Sicht, verbunden mit den persönlichen Eindrücken von Personen und Ereignissen, mit Erlebtem und Erfahrenem.

Auch wenn er als Schwiegersohn zur Familie gehört und mit Gustav Schwab zusammengearbeitet hat, es ist ein Fremder, der im Jahre 1858 im Leipziger Verlag Brockhaus das Buch *„Gustav Schwab. Sein Leben und Wirken"* herausbringt. Und so bleibt es Karl Klüpfel überlassen, an die Person zu erinnern, der Gustav Schwab sicher wesentlich mehr Zeilen gewidmet hätte: seiner Mutter.

Friederike Schwab *„war eine Frau von lebendigem Geist und warmem Gemüth, deren Bildung über die Schranken der damals gewöhnlichen weiblichen Erziehung hinausging"*, teilt Klüpfel uns mit. Gemessen an dem Abschnitt, den er dem Leben und Wirken des Vaters von Gustav Schwab widmet, sagt dieser eine Satz so gut wie nichts aus. Der *„lebendige Geist"* und das *„warme Gemüth"* tauchen als Charakterisierung von Müttern hundertfach in Briefen, Nachrufen und Leichenpredigten auf: Standardphrasen, die ein individuelles, weibliches Leben nicht zulassen und Frauen entsprechend den männlichen Vorstellungen in eine Einheitsschablone preßten, deren Versatzstücke beliebig austauschbar sind.

Auch die Bemerkung, daß Friederike Schwabs *„Bildung über die Schranken der damals gewöhnlichen weiblichen Erziehung hinausging"*, dient nicht der Darstellung ihrer Persönlichkeit. Welche Mutter eines berühmten Mannes wird im 19./20. Jahrhundert nicht mit diesem Allerweltslob bedacht? Schließlich muß deutlich gemacht werden, daß Gustav Schwab keine dumme Mutter hatte. Beim Vater ist das sowieso klar, woher sollte sonst das Außergewöhnliche des Sohnes kommen!

Von Karl Klüpfel erfahren wir nichts über Friederike Schwab. Das ist Absicht. Die Historikerzunft des 19. Jahrhunderts sieht mit männlich beschränktem Blick in ihren Geschlechtsgenossen die *„Paradegäule"* der Geschichte. Frauen werden erwähnt, wenn sie in Bezug zu einem berühmten männlichen Leben stehen und auch dann nur mit leeren Worthülsen und sehr oft als namenlose Gestalten ohne Geburts- und Todesdatum. (30)

Es ist nicht zu übersehen: Gustav Schwab hat die Augen seiner Mutter. Auf dem berühmten Porträt des Malers Philipp Friedrich Hetsch wendet sich Friederike Schwab ganz dem betrachtenden Gegenüber zu und schaut uns mit warmherzigen, freundlichen Augen an. In den neunziger

Jahren des 18. Jahrhunderts soll das Ölbild, das sich heute im Besitz des Stuttgarter Stadtarchivs befindet, entstanden sein. Ruhe und Selbstbewußtsein strahlt Friederike Schwab aus. Sie ist seit über zehn Jahren verheiratet, hat fünf Kinder und wird 1792 einen Sohn, 1794 noch eine zweite Tochter zur Welt bringen. Friederike ist gut verheiratet, gehört zu einer der bekanntesten und wichtigsten Familien der Stadt und muß sich um die Zukunft keine Sorgen machen. Auf dem großen Graben (heute: Königstraße) wohnt sie in dem Haus mit der Nummer 809 – nur eine kurze Wegstrecke von ihrem Elternhaus in der Stiftstraße entfernt. Beide Gebäude werden in die Geschichte eingehen: das eine als Geburtshaus des Dichters Gustav Schwab (1792–1850), der Garten des anderen als Ort einer literarischen Uraufführung.

Das Haus in der Stiftsstraße markiert in der Mitte des 18. Jahrhunderts den gesellschaftlichen Aufstieg von Friederikes Vater, dem Kaufmann Philipp Heinrich Rapp (1723–1783). Als Sohn eines armen Predigers wird er auf der Feste Hohentwiel geboren. Vier Jahre später ist sein Vater tot; die Witwe bleibt mittellos mit vier Kindern zurück. Philipp Heinrich hat Glück, das Armenleben eines württembergischen Pfarrers bleibt ihm erspart. Im Handelshaus seines Onkels in Tübingen darf er eine Lehre als Kaufmann machen. Daß er etwas kann, lernen und vorwärtskommen will, wird bald deutlich, und so vermittelt der Kaufmann Schlotterbeck seinen Neffen zur Erweiterung des kaufmännischen Horizonts in die großen Handelshäuser nach Basel, Frankfurt und Nürnberg. Waren aus aller Welt kommen an, in alle Himmelsrichtungen werden sie weiterverkauft. Die Handels- und Finanzwirtschaft im internationalen Rahmen prägen diese Städte. Der junge Rapp erhält hier nicht nur seinen letzten Schliff als Kauf- und Handelsmann, er lebt auch im Zentrum neuester In-

147

formationen, interessanter Kontakte, einmaliger Chancen und Aufstiegsmöglichkeiten, die Wohlstand und Ansehen versprechen. Stuttgart kann da nicht mithalten. Der Handel gewinnt erst langsam an Bedeutung; noch am Ende seines Lebens wird Rapp viele Handelshäuser in der württembergischen Residenz kennen, die ihm im Vergleich zu Nürnberg oder Frankfurt wie kleine Kramläden vorkommen. Verbindungen über das Herzogtum hinaus aber werden immer wieder geknüpft, so auch von den Männern der Familie Spring, deren Handelskontakte bis nach Moskau reichen. Aus dieser Familie kommt Friederike Charlotte, die Frau von Philipp Heinrich Rapp.

Friederike Charlottes (1732–1794) Eltern sind der angesehene Hofkammerrat und Handelsmann Johann Conrad Spring und seine Frau Marie Margarethe, die Tochter eines wohlhabenden Stuttgarter Apothekers. Man lebt in besten Verhältnissen, nur eines beunruhigt Vater Spring: Er hat neun Töchter und leider nur zwei Söhne, die seine Nachfolge antreten können. Da ist es von Vorteil, daß seine Tochter Friederike Charlotte einen Schwiegersohn ins Haus bringt, der sich im Handelsgeschäft bestens auskennt und notfalls das Familienunternehmen weiterführen kann. Es ist ein Geschäft auf Gegenseitigkeit: Der Schwiegersohn bringt das Know-how der deutschen Handelszentren mit, der Schwiegervater ermöglicht ihm durch die Mitgift seiner Tochter eine erfolgreiche Zukunft, in der es für Philipp Heinrich Rapp nicht von Nachteil sein wird, über familiäre Kontakte zu einer hofnahen Familie wie den Springs zu verfügen. Seine vier ältesten Töchter hat der Hofkammerrat schon unter der Haube, jetzt ist Friederike Charlotte als Fünfte dran, und danach müssen nochmal vier Mädchen verheiratet werden. Die Familienchronik beweist es: Streng nach der Reihenfolge ihrer Geburtsjahre werden die Jungfern Spring *„an den Mann gebracht"*. Die vergilbten Blätter des Kirchenregisters von 1756 beurkunden es: Am 4. Mai des Jahres findet in Stuttgart die „Copulation" der „Hof-Cammer- und Commercien-Raths Tochter" Friederike Charlotte Spring mit dem „Burger und Handelsmann allhier" Philipp Heinrich Rapp statt. Noch im gleichen Jahr erwirbt der junge Ehemann das später so berühmte Haus in der Stiftsstraße. Bis auf diese Tatsache aber ändert sich für Mann und Frau nach außen hin eigentlich nichts. Er ist weiterhin ein freier Mann und Bürger; Friederike Charlotte hat die „häusliche Obrigkeit" des Vaters gegen die ihres Mannes getauscht. Ihr Stand als Ehefrau impliziert wie der als Tochter Unterordnung und Zweitrangigkeit. „Weiber, welche anders denken, und wohl gar mit der Herrschaft über ihre Männer brillieren können, wissen nicht, wie sehr sie diese und sich selbst entehren", schreibt eine Zeitgenossin. Die junge Frau Rapp kann nun einen Teil ihrer „gottgegebenen" und „natürlichen" Bestimmung erfüllen, als Ehefrau und Hausfrau. Die nötigen Kenntnisse zur Führung eines Haushalts hat sie, wie alle Frauen ihrer Generation, von der Mutter, bei der sie sozusagen in die Lehre gegangen ist. Aber wie steht es mit der Vorbereitung auf das Eheleben? Die Töchter der niederen Schichten wissen schon durch die engen Wohnverhältnisse und das Zusammenleben mit Haus- und Hoftieren, welche Erwartungen der Bräutigam ins gemeinsame Bett mitbringt. Friederike Charlotte aber gehört den höheren Ständen an, die nur zögernd an „solche Dinge" denken und erst recht nicht davon sprechen. Manche junge Frauen sind ja nicht einmal den täglichen Umgang mit Männern gewöhnt, wenn sie keine Brüder haben! Die junge Braut wird einen ähnlichen Rat bekommen haben, wie Kaiserin Maria Theresia von Österreich ihn wenige Jahre später ihrer Tochter geben wird: „Ihr wißt, daß die Frau dem Manne untertan ist, daß wir unserem Gemahl Gehorsam schulden und daß er in allem unsere Erfüllung ist, daß wir ihm dienen, helfen und in ihm unseren vä-

terlichen Freund und besten Gefährten sehen sollen." Befriedigung und Freude darüber, das Lebensziel als Frau erreicht zu haben und der Mut zu ungewöhnlichen Entdeckungen helfen der unerfahrenen Friederike Charlotte vielleicht, wenn es darum geht, zum ersten Mal mit einem Mann das Kopfkissen zu teilen.

Im Haus in der Stiftsstraße beginnt der Ehealltag. Hier *„führte und erweiterte Philipp Heinrich Rapp den angetretenen Tuchausschnitt-Handel"*, wird sein Sohn Gottlob Heinrich fast 80 Jahre später in *„einem unter seinen Papieren aufgefundenen Denkblatte"* berichten. Vom Alltag der Mutter erfahren wir nichts, können uns aber ein recht genaues Bild davon machen. Aufgewachsen in einem Handelshaus und mit den Gepflogenheiten dieses Standes vertraut, weiß die junge Rappin, was von ihr erwartet wird. Zusammen mit ihrem Mann lebt sie nach unseren heutigen Erkenntnissen in einer sogenannten vorindustriellen Familienwirtschaft, die selbstverständlich von einer ehelichen Arbeitsteilung zum gemeinsamen Nutzen ausgeht. Gerade um die Zeit, als das Ehepaar Rapp sich mit dem Tuchhandel in der Stiftsstraße niederläßt, berichtet ein Zeitzeuge, wie er das Zusammenarbeiten der Männer und Frauen des Kaufmannsstandes erlebt: *„Ich sehe zu Frankfurt in der Messe eine ansehnliche Kaufmannsfrau im Gewölbe sitzen; sie ist prächtig gekleidet, sie befiehlt ihren Leuten wie eine Fürstin; Sie weiß den Vornehmen, den Gemeinen und dem Pöbel, jedem nach seinem Stand und Würden zu begegnen: Sie liest, sie versteht ihre Sprachen, sie urtheilet vernünftig, sie weiß zu leben, sie erziehet ihre Kinder wohl. Ihr Mann sitzt indessen auf der Schreibstube, dictiret, schreibet selbst, disponiret über viele tausend, und fertiget öfters in der Stunde mehr Leute ab, als andere den ganzen Tag über zu sehen bekommen. Hier fraget einer nach Waren, der andere nach Wechsel, der dritte nach Geld."*

Die Beteiligung der Frau an Handel und Wandel ist selbstverständlich, denn noch leben die Menschen in der

Tradition des „*ganzen*" Hauses, Leben und Arbeit sind bei den Rapps genauso wenig voneinander getrennt wie bei den Cottas in der Königstraße. Das Haus der Rapps hat von entsprechendem Ausmaß zu sein, denn das Handelsgeschäft mit seinem Lager, den Versandräumen und dem Kontor ist dort ebenso untergebracht wie die Wirtschafts-, Wohn- und Schlafräume der Familie und Hausgehilfen. Ein Laden für den Kleinverkauf gehört ebenfalls dazu. Die Schaufenster sind noch nicht erfunden, aber ein Schild macht auf die Rappsche Tuchhandlung aufmerksam. „*Um halb acht … ein Krämer von Oppenweiler läutet an, ich mußte den Laden aufmachen und verkaufte ihm für Conto 5 Gulden Bandwaren inclusive 1 Pfund Naturell*", notiert ein Kollege Rapps über seinen Alltag als Tuchhändler.

Die meisten der Stuttgarter Häuser gelten zu dieser Zeit als klein und unansehnlich. Da hilft es auch nicht viel, daß manche „*recht bunt bemalten Holzhäuser, wie Ostereier rot gelb, blau und grün angeschmiert*" waren. So wie sie die Vermögensverhältnisse ihrer Besitzer zur Schau tragen, wissen Besucher auch gleich, daß die Stiftsstraße 7 einem wohlhabenden Mann gehören muß. Im ersten Stuttgarter Adressverzeichnis aus dem Jahre 1794 wird das Rappsche Haus als die Nr. 488 (später: Stiftsstraße 7) in der sogenannten „*Reichen Vorstadt*" geführt. Und da paßt es auch hin. Nach den uns heute bekannten Abbildungen lebt Friederike Charlotte Rapp mit ihrem Mann in einem zweistöckigen Haus, das für Stuttgarter Verhältnisse ebenso groß und prächtig ist wie das der Familie Goethe für Frankfurt. Dort wie hier in Stuttgart verfügt die Frau des Hauses entsprechend ihrem Stand über genügend Hilfe durch Küchenmädchen, Putzfrauen, Köchinnen und Waschfrauen. Außer ihnen stehen Schuster, Schneider, Polsterer, Ofensetzer, Schornsteinfeger, Barbiere, die Näherin und der Perruquier in festem Sold und gehen in diesen großen Häusern regelmäßig ihrer Arbeit nach. Die Verantwortung (das äußere Zeichen dafür ist der Schlüsselbund an der Schürze) für diese Wirtschafts- und Lebenseinheit des *„ganzen"* Hauses aber tragen die Hausfrauen. Ihre Aufgabe ist es, in dem *„Verbund von Woh- nen und Arbeiten, Schritt zu halten mit dem Rhythmus des Jahres- umlaufs: vorzuplanen, die Gunst der Witterung zu nutzen das mühsam Geerntete zu verarbeiten, nichts verkommen zu lassen, ein- zuteilen, und, besonders wenn die Vorräte zur Neige gingen, aus Wenigem etwas zu machen"*. Friederike Charlotte Rapp hat ei- nen eigenproduzierenden und -verarbeitenden kleinen Be- trieb zu leiten, ohne daß sie dabei selbst körperlich arbeiten muß. Wenn es ihr allerdings Freude macht, hilft sie bei der vorweihnachtlichen Bäckerei, überwacht einen Braten für besondere Gäste und inspiziert die Vorräte: *„In luftiger Kammer hängen die Netze mit Zwiebeln, die bunten Kattunsäcke mit getrockneten Erbsen und Bohnen, die Schnüre mit aufgereihten Obstschnitzeln; in kleinen Laden und Kästen werden wohlsortiert die verschiedenen Samen aufbewahrt."*

Friederike Charlotte Rapp hat nur wenig Zeit für Müßig- gang, denn ihr Arbeitsbereich geht weit über das hinaus, was wir heute unter *„Haushalt"* verstehen. Dem täglich wiederkehrenden Einerlei der banalen und ermüdenden Tätigkeiten kann sie dadurch entgehen, daß sie sich ihren Aufgaben als Kaufmannsfrau widmet. Im Gegensatz zu de- nen, die nicht im Handel tätig sind, genießen Frauen wie sie eine Fülle von Rechten. Das Abschließen von Verträgen, die Übernahme von Bürgschaften und das Ausstellen von Wechselbriefen ist ihnen nach dem Recht vieler Städte er- laubt. Noch weit entfernt von dem einschränkenden Frau- enideal des Biedermeier führt Friederike Charlotte Rapp ein Leben, von dem wir heute, über zweihundert Jahre spä- ter, gerne etwas erfahren möchten. Ihre Tochter Friederike berichtet, daß *„unsere gute Mutter sich der Handlung nach dem Wunsch unseres theuren Vaters größtentheils widmete"*. Es gibt Handels- und Kaufmannsfrauen, die Biographien hinterlassen haben, von Friederike Charlotte Rapp aber ist nicht viel mehr bekannt, als hier berichtet wird. Ein Grund mag sein, daß das Handelshaus Rapp sich nicht zu einer über Generationen bestehenden Dynastie entfaltete wie die der Fugger, Rothschilds und Cottas. So wurde das Leben des Gründerehepaares der Firma Rapp vielleicht dokumentiert, aber nicht aufbewahrt. Zu erzählen hätte es bestimmt viel gegeben, denn Friederike Charlotte ist auch die Mutter von Gottlob Heinrich und der ist für die Geschichte Stuttgarts nicht unbedeutend ...

Zuerst aber kommt ein Mädchen zur Welt. Fast auf den Tag genau zwei Jahre nach der Hochzeit wird 1758 in der Stiftsstraße 7 das erste Kind des Ehepaares Rapp geboren. Entsprechend den Vornamen ihrer Großväter (Johann) und des Vaters (Philipp) wird sie Johanna Philippina und mit drittem Namen nach ihrer Mutter Friederika genannt. Als Friederike Schwab gehört sie zu den Müttern berühmter Schwabenköpfe. Schräg gegenüber der Stiftsstraße, die zu dieser Zeit durch angebaute Kaufbuden „verunziert" ist, steht Friederikes Wiege. Das ist wörtlich zu verstehen, denn im 18. Jahrhundert schlafen Babys und Kleinkinder in der Wiege. Die Eltern meinen, daß ihre kleine Friederike so am sichersten aufgehoben ist, und um das noch zu unterstützen, wird sie in den ersten Monaten ihres Lebens vor dem Schlaf fest verschnürt. Dabei hat man das kleine Menschlein ohnehin schon in der Art einer Bandagiermethode vom Hals bis zu den Zehen fest gewickelt. Die jungen Eltern wollen nur das Beste für die Erstgeborene, schließlich sind die Glieder der Säuglinge wie junge Zweige, die geschützt werden müssen.

Alle Eltern streben danach, ihre Kinder möglichst schnell in die Welt der Erwachsenen einzugliedern. Eine „Kindheit" nach heutigem Verständnis gibt es nicht. „Daß man Kinder Kinder sein ließ, in der ihnen eigenen Welt der Phantasie, *Spiele und harmlosen Vergnügungen, dafür finden sich vor dem Ende des Jahrhunderts nur geringe Spuren"*, schreibt eine Historikerin über die Erziehung der Mädchen. *„Wie das Leben der Erwachsenen stand auch das der Kinder unter strengen Anforderungen von Pflicht und Moral. Auch wo die kleinen Mädchen noch nicht unmittelbar in den Arbeitsprozeß des Elternhauses eingebunden waren ..., ließ man ihnen für ihre kindlichen Spiele wenig Zeit."* Kinderbilder zeigen uns Erwachsene in Miniaturausgabe. In Kleidung und Gestik sind die kleinen Mädchen des Bürger- und Adelsstandes von ihrer Mutter, deren Status sie mit Fischbeinmieder, Dekolleté oder Radkragen repräsentieren, nicht zu unterscheiden. *„Oft bedurfte es einer vollen ausgeschlagenen Stunde, bis der Zopf gesteift und das Toupet und die Locken mit Wachs, Pomade, Nadeln und Puder geglättet und aufgetürmt waren. Da ward, wenn drei bis vier Jungen in der Eile fertiggemacht werden sollten, mit Wachs und Pomade draufgeschlagen, daß die hellen Tränen über die Wangen liefen. Und wenn die armen Knaben nun in die Gesellschaft traten, mußten sie bei jedermänniglich, bei Herren und Damen, mit tiefer Verbeugung die Runde machen und Hand küssen"*, erinnert sich der Pächterssohn und Dichter Ernst Moritz Arndt später an die größeren Festlichkeiten seiner Jugendzeit.

Friederikes Eltern müssen als Handelsleute dem Neuen aufgeschlossen sein und Kontakte pflegen, so gehört zu den Patinnen der kleinen Rapp-Tochter eine *„Handlungs-Vorstehers und Banquiers Eheliebstin"* aus Nürnberg. Es liegt in der Natur ihres Berufsstandes, à la mode zu sein. Friederike Charlotte hat keine Probleme, ihre Kinder ordentlich und standesgemäß anzuziehen. Der Handel floriert und wenn sie einen Stoff braucht, muß sie ihn sich reservieren, bevor die Lager abverkauft werden. *„Meine Frau zankt mit mir"*, klagt ein Stuttgarter Tuchhändler, *„daß ich den Moulton* (Baumwolle) *allen verkauft hätte ohne es ihr vorher anzuzeigen. Sie hätte selbst noch etwas gebraucht und die Sattlerin habe auch noch haben wollen."* Schon fertig genähte Kleidung, die Konfektionsware, gibt es noch nicht; und so kommen zum Rapp die Kunden, die Stoff benötigen für einen neuen Überwurf, für ein festliches Gewand, für die ersten Beinkleider des Sohnes. Wohlhabende Bürger orientieren sich bei der Kleidung an der aristokratischen Mode. Johann Wolfgang von Goethe erinnert sich: *„Der Anzug bestand ... in Schuhen von sauberem Leder, mit großen silbernen Schnallen, feinen baumwollenen Strümpfen, schwarzen Unterkleidern von Sarsche* (Wollgewebe) *und einem Rock von grünem Berkan* (Baumwollstoff) *mit goldenen Balletten. Die Weste dazu, von Goldstoff, war aus meines Vaters Bräutigamsweste geschnitten. Ich war frisiert und gepudert, die Locken standen wie Flügelchen vom Kopfe.“* Philipp Heinrich Rapp ist in der Modebranche des 18. Jahrhunderts tätig und gehört als Tuchhändler zu den allerersten, die von einer neuen Art, sich zu kleiden, erfahren. In der Stadt trägt man vor allem graues und schwarzes, schweres Tuch – Erwachsene wie Kinder. Natürlich gibt es auch gefärbte Stoffe, aber die sind teuer, und so leuchtet *„nur selten hie und da ein munteres rotes oder grünes Detail“* in den Stuttgarter Gassen auf.

Das Korrespondenznetz der Kaufleute stellt in diesen Zeiten eine Informationsquelle der ganz besonderen Art dar: *„Denn es hat der Handelsmann vielerhand Correspondenten und weiß so zu sagen mehr als ein Loch bericht zu erlangen wo sonst niemand einige Nachricht haben kann.“* Gut möglich, daß Friederikes Eltern über ihre Kontakte zu anderen Tuchhändlern, zu weitgereisten Kunden und befreundeten Handelshäusern, deren Boten Geschäftspost, aber auch persönliche Briefe nach Stuttgart bringen, ganz Ungewöhnliches zu Ohren kommt. In einigen vornehmen Familien hat man nämlich den kleinen Kindern die enge, schwere und unbequeme Erwachsenenkleidung ausgezogen. Fußlange Röcke, Korsetts und der Wams, die enge Weste und die Schuhe mit den hohen Absätzen verschwinden in den Truhen und Schränken. Es kommen Bedenken auf, ob die bisherige (Ver-)Kleidung dem Kind nicht schaden könnte. Schon der Arzt und Naturphilosoph John Locke mahnte, *„daß man die Kleider ... nie zu enge machen lasse, besonders um die Brust herum. Man lasse der Natur Freiheit den Leib zu bilden, wie sie es für gut findet."* Vielleicht gehört die kleine Friederike Rapp schon zu den befreiten Kindern, die zwanglos spielen und herumtollen, ohne auf kostbare Seidenstoffe, Rüschen und anderen Zierat achten zu müssen. Wenn es so war, dann trägt sie in ihren ersten Lebensjahren einen weiten Hemdkittel und später eine ähnlich bequeme Kleidung als äußeres Zeichen ihres Kindseins, das sich nun auch in einem unerwachsenen Verhalten äußern darf.

Zu den Verfechterinnen einer Kindheit für die Kinder gehört eine berühmte Zeitgenossin von Friederikes Mutter: Amalia Fürstin von Gallitzin. Sie erzieht nicht nur ihre Kinder selbst, sie ist auch Wegbereiterin von Rousseaus Erziehungsprinzipien. Wer der Fürstin mit ihren beiden Kindern begegnet, ist irritiert: Sie laufen in weißen, langen und formlos herabhängenden Hemdkitteln herum. Alles, was Körper und Geist ihrer Kinder einengt, hat die Fürstin abgeschafft.

Wie auch immer gekleidet Friederike ist, zwei Dinge gehören auf jeden Fall zu ihrem Kinderleben: das *„Gängelband"* und der *„Fallhut"*. In einer Umgebung, die ein Kind als Erwachsenen ansieht, gibt es keine speziellen Vorsichtsmaßnahmen zum Schutz der kleinen Menschen. Da ist das Gängelband als Haltevorrichtung nicht nur beim Laufenlernen sehr praktisch, es ermöglicht der Mutter auch, den Bewegungsradius ihres entdeckungsfreudigen Kindes einzuschränken. Und wenn doch einmal etwas passiert, dann ist Friederike geschützt durch ihren Fallhut, ein unter ihrem Kinn festgebundener, kranzartiger Wulst aus dickem Stoff oder Pelz, der manchmal wie ein Sturzhelm mit einer Kappe versehen ist. Eine lästige Angelegenheit für Friederike und ihre Zeitgenossin, die sie erst loswerden, wenn ihre Stirnen über den Gefahrenbereich der Tischkanten und Türknöpfe hinausgewachsen sind.

Das Jahr 1761 beginnt gut für die Familie Rapp: *„Als die Frucht einer sehr harten Entbindung empfingen mich alle Anwesende mit dem lauten Freudenruf: Gottlob! Gottlob! und auf der Stelle wurde daraus mein erster Vorname geschaffen; den zweiten lieh mir mein Vater, weil er schon vor meiner Ankunft seinen Erstgeborenen: Carl Heinrich, wieder verloren hatte, und so war denn für mich der Gottlob Heinrich fertig"*, schreibt Friederikes Bruder in seinen Erinnerungen. Bis 1765 werden noch drei Söhne hinzukommen, und 1773 wird Heinrike, die spätere Frau des Bildhauers Johann Georg Dannecker geboren.

Jetzt, im Februar 1761, muß die Mutter aber erst einmal sehen, daß das Neugeborene unbeschadet durch seine ersten Lebensmonate, die in die kalte Jahreszeit fallen, kommt. *„Für Kinder, die erst wenige Tage alt sind, kann das Hintragen derselben zur Taufe in die Kirche bei rauher kalter Witterung nachtheilig seyn, selbst wenn sie unterwegs zugedeckt werden"*, warnt ein *„Conversations-Lexikon für alle Stände"*. Das Zudecken hat noch einen anderen Grund: *„Wenn man das Kind zur Taufe trägt, so soll man es unterwegs niemand aufdecken oder sehen lassen, weil es sonst leicht beschrien werden kann."* Wie seine Schwester muß auch Gottlob Heinrich in der Stiftskirche getauft werden, denn sie gilt bis 1806 als alleinige Stadtkirche, die kirchliche Amtshandlungen wie Taufen vornehmen darf. Rapps wohnen gleich nebenan, dem Neugeborenen kann also nicht viel in der winterlichen Witterung passieren. Der Familienvorstand legt großen Wert darauf, das Neugeborene so bald wie möglich zu taufen. *„Da das Kind als Frucht des Geschlechtsverkehrs der Eltern in Sünde geboren und mit der Erbsünde von Adam und Eva belastet ist, muß es unmittelbar nach der Geburt von der Sünde seiner Empfängnis und der Erbsünde gereinigt werden."* Außerdem existiert eine Reihe von Anweisungen, die dem Aberglauben zwar zugerechnet, aber dann doch lieber befolgt werden: *„So lange das Kind nicht getauft ist, so muß man ihm und der Mutter Salz und Brot unter das Kopfkissen legen, daß ihm die bösen Leute nicht zu können.“*

Fünf Jahre nach der Heirat gibt es also einen Sohn und Stammhalter im Hause Rapp; der kleine Gottlob Heinrich tritt ganz in den Mittelpunkt des Interesses seiner Eltern. Seine dreijährige Schwester Friederike ist vielleicht ein hübsches, kleines Mädchen, das die Eltern hätscheln und tätscheln, für den Fortbestand von Familie und Firma ist sie aber fast ohne Bedeutung. Die Zukunft gehört dem Sohn Gottlob Heinrich. Oder hat etwa schon einmal jemand davon gehört, daß eine Tochter die Nachfolge des Vaters antritt? Kinder, Küche und Kirche sind der Weiber Aufgabe, aber nicht das *„Comptoir“*. Auch wenn die Mutter als Frau eines Handelsmannes über mehr Rechte als andere verfügt und sich auskennt, der *„Tuchausschnitt-Handlung“* steht Philipp Heinrich Rapp vor. Die Männer der Familien treffen die Entscheidungen, machen die Geschäfte, führen die Korrespondenz und verwalten die Geldschatulle. Aber es gibt Ausnahmen; denn Krankheiten, Kriege und ein sich nicht einstellender männlicher Nachwuchs erfordern manchmal den Mut zu neuen Wegen. Dem Kaufmann Johann Wilhelm Reinhardt im badischen Mannheim passiert genau das: Er hat keinen Nachfolger, aber Mut. Und so wächst seine Tochter Wilhelmine wie von selbst in die Aufgaben des Familiengeschäfts hinein. Schon in jungen Jahren ist sie die rechte Hand ihres Vaters, reist mit ihm, führt die Bücher, korrespondiert mit anderen Handelshäusern und verkauft im Laden. Mit ihr über die Qualität der Ware zu verhandeln ist Zeitverschwendung, und das wissen alle in Mannheim.

Wenige Monate nach Friederikes 3. Geburtstag geschieht etwas Fürchterliches: *„Es war dieser unglückselige und betrübte*

Augenblick um 1 Uhr in der Nacht vom 2ten bis 3ten Augusti 1761, als dieser Bösewicht, Friedrich Reuß, ... etlich und zwanzig jährigen Alters, von Profeßion ein Metzger, aus hiesiger Herzoglichen Residenz-Stadt gebürtig, nach seiner lasterhaften Gewohnheit, berauscht nach Hause gekommen und seinem Eheweib den Tod geschwohren, dieselbe auch würklich im Haus herum verfolget, und als er sie nicht finden können, durch den höllischen Verführer überwunden, in der Absicht, sein Eheweib zu verbrennen, einen in dessen Haus sich befundenen Futter-Haufen angezündet, und solches sogleich in volle Flammen gesetzet, so daß, da er nach seiner gethanen Deposition, zwar hernachmalen wiederum löschen wollen, doch solches zu thun nimmermehr im Stande gewesen, und mithin die Gewalt des Feuers je länger je mehr ausgebrochen."

Von der Hirschgasse nimmt die Feuersbrunst, eines der *„schrecklichsten Uebel in der Welt"*, sich ein Haus nach dem anderen in der winkeligen und eng bebauten Altstadt vor und greift blitzschnell um sich. In nur sechs Stunden verwandelt sich das Viertel bis zur Neuen Brücke in eine qualmende Schutt- und Aschelandschaft. Einen Tag zuvor lebten dort noch 123 Familien. 41 Gebäude sind vernichtet worden.

Zitternd vor Angst muß das Ehepaar Rapp mit ansehen, wie ein Teil der Stadt und ihrer Nachbarschaft einfach verschwindet. Dabei haben sie noch Glück, hätte der Wind gedreht – das Haus Nummer 488 in der Reichen Vorstadt wäre wohl nicht mehr zu retten gewesen.

Heute vergleichsweise harmlose Krankheiten, Unglücksfälle, schlechte Ernährung, Seuchen – die Säuglings- und Kindersterblichkeit ist im 18. Jahrhundert hoch. Während Friederikes erster Lebenshälfte suchen die Blattern (Pocken), die *„so viele Menschhen hinwegraffen, so viele zeitlebenns ungesund machen oder verunstalten"*, mindestens zwölfmal Stuttgart heim. Vorsichtsmaßnahmen, Sauberkeit des Elternhauses, vielleicht auch eine zeitweilige Ausquartierung der Kinder und vor allem Glück lassen die älteste Tochter des Handelsmannes Rapp die ersten Kinderjahre gut überstehen. Friederike und ihre Geschwister werden „christlich und in der strengen, alten Zucht" erzogen, mit anderen Worten: hart und reich an Prügel. Das ist nichts Besonderes, die Rapp-Kinder haben nach dem Verständnis der Zeit gute Eltern.

Bald aber werden die Philantropen (Menschenfreunde) den Erwachsenen klar machen, daß es so unbarmherzig, kalt und streng nicht weitergehen kann. Sie werden das Kind als Kind in den Mittelpunkt ihrer Überlegungen und Traktate stellen, doch wird es noch Jahrzehnte dauern, bis das revolutionäre Buch „Emile oder die Erziehung" von Jean-Jacques Rousseau auch in Stuttgart gelesen wird, und fast ein halbes Jahrhundert muß vergehen, bevor ein gewisser Magister Tafinger ein Töchterinstitut eröffnet, in dem er nach den Grundsätzen der Philantropen unterrichtet und erzieht.

Am Ende des 18. Jahrhunderts bildet sich in den Städten eine neue Schicht heraus: das Bürgertum. Die Familie des Handelsmannes Philipp Heinrich Rapp gehört dazu. Friederikes Eltern sind wohlhabend und verfügen über weitverzweigte Kontakte zu den vornehmsten Handelshäusern – ihr Sohn Gottlob Heinrich wird 1783 allein 47 Empfehlungsschreiben für 60 Personen von den Frankfurter Freunden auf seine Bildungsreise mitnehmen. Sie sind dem Neuen aufgeschlossen und gehören dem Stand der „Kaufmannschaft" an, ein Eckpfeiler des Wirtschaftsbürgertums in Deutschland. Es ist bekannt, daß man in diesen Kreisen gut informiert ist. Mit jedem Kunden und jeder Bestellung kommen auch neue Nachrichten ins Haus. Schon bald ist „Erziehung" ein Thema in den Salons und Stuben. Immer mehr Bücher über „Bildung" erscheinen (31) und erzählen den Menschen, daß es von nun an keine kleinen Erwachsenen gibt, sondern Kinder, die auf eine ihnen angemessene, freie, individuelle und wachsenlassende Erziehung Anspruch haben. In der Residenzstadt Stuttgart entsteht erst langsam so etwas wie ein kulturelles und literarisches Leben. Über das Leben der Familie Rapp mit oder ohne Bücher gibt es keine Nachrichten. Nicht auszuschließen, daß auch sie schon so modern sind, sich ein Bücherkabinett anzulegen. Reisende Händler mit Büchersäcken auf dem Rücken kommen immer wieder nach Stuttgart, auf dem Markt gibt es einen Buchstand, und die Männer der Familie können auf ihren Reisen in die großen Handelsmetropolen das eine oder andere gewünschte Buch erwerben. Am Ende des 18. Jahrhunderts nimmt die Herausbildung eines modernen literarischen Marktes seinen Anfang. In Stuttgart unterdrückt die evangelische Geistlichkeit erfolgreich das Bedürfnis nach *„nutzloser poetischer Lektüre"*. Geistige Lieder, wie die der *„schwäbischen Sappho"*, Magdalena Sibylla Rieger, sind der württembergische Beitrag zur deutschen Literatur. Im Jahre 1753 gibt Johann Gottlieb Faber, Professor der Theologie, aber auch der Beredsamkeit und Dichtkunst, eine kleine Sammlung von Gedichten seiner Studenten heraus und handelt sich gewaltigen Ärger ein: Seine Vorgesetzten sind entrüstet, daß junge Theologen es wagen, deutsche Gedichte, ja sogar Liebesgedichte, zu veröffentlichen. Faber darf zukünftig nur noch Theologie unterrichten und erhält einen strengen Verweis. Selbst die ganz *„Spinnerten"* kämen da nie auf die Idee, daß Stuttgart einmal als *„Stadt der Bücher und Verlage"* gelten wird. In Marbach am Neckar sitzt in den Jahren um 1765 aber schon der kleine Friedrich Schiller und übt fleißig das Malen der Buchstaben ...

Auch Friederike muß lernen, was zu einer *„ordentlichen und wohlgesetzten Schreib-Art gehöret"*, denn es *„ist in der That nichts kläglicheres, als wenn ein Frauenzimmer, und zumal von guten Stande und Geburth, nicht einen einzigen Buchstaben ordentlich zu schreiben weiß"*. Sie ist sechs Jahre alt und muß allmählich auf den Beruf der Mutter und Hausfrau vorbereitet werden. Und wer könnte das besser als ihre Mutter? Friederike Charlotte Rapp gilt als eine *„ungemein gescheidte"* Frau, und wenn sie ihre Tochter selbst unterrichtet, tut sie nur das, was ihre Nachbarinnen und Freundinnen auch machen. Natürlich könnte Friederike das Lesen, Schreiben und Rechnen auch mit anderen Kindern zusammen in einer der Stuttgarter Schulen lernen, die aber gelten als *„herzlich schlecht"*. Die Eltern der höheren Stände lassen ihre Kinder nur ungern mit denen des gemeinen Volkes auf einer Schulbank sitzen, ihre Töchter schon gar nicht. Und so ist es Mutter Rapps Aufgabe, ihrer Ältesten *„Lektionen"* zu geben. Dabei hat sie zwei Lernziele vor Augen: Friederike muß lesen lernen, um sich mit der Bibel und dem rechten Glauben vertraut machen zu können, und sie soll im Stande sein, einen Haushalt wie ihre Mutter zu führen. *„Gebetbuch und Spindel"* heißt die Devise: *„Gottesfurcht – Fleis – Demuth – Sittsamkeit und allgemein dinstfertiges Betragen prägte und predigte sie mir beständig ein – Alles mit reichlichen Belegen von Sprüchen aus der Bibel und Liederversen daran ihr Wissen unerschöpflich war"*, erinnert sich eine Frau an ihre Jugend. Aus einem angesehenen Hamburger Bürgerhaus wird Ähnliches berichtet: Die Töchter konnten *„nur etwa so viel schreiben und rechnen, als sie im Hausstande gebrauchten"*. Sie hatten *„ihren Katechismus gelernt"*, waren konfirmiert worden, hatten *„etwas Tanzen und Klavierspielen gelernt, das beides bald nicht mehr gebraucht wurde"*. Sie konnten *„aber fertig weißnähen, sticken und die Küche selbst besorgen"*. Damit steht Friederikes Unterrichtsplan. Für das eine oder andere werden die Eltern vielleicht zeitweise einen Hauslehrer engagieren. Es könnte aber auch sein, daß Friederike für eine befristete Zeit in einer befreundeten Kaufmannsfamilie leben wird, um ihre Fähigkeiten und Kenntnisse über das Haushaltswesen (und das Handelswesen?) zu erweitern. In anderen Städten wie Ravensburg ist dieser *„Töchtertausch"* auch üblich.

Vor allem auf die gute Ausbildung von Gottlob Heinrich wird die Familie Rapp achten. Als zukünftiger Handelsmann und Nachfolger seines Vaters wird er zu den tonangebenden Männern in der Residenzstadt gehören. Und so selbstverständlich wie der Sohn des Hauses das Gymnasium besucht, sind dessen Schultore seiner Schwester verschlossen. Daß sich mancher Vater über die *„Ungelienlichkeit"* (Lernunlust) des Sohnes ärgert, können bildungshungrige Töchter nicht verstehen. Sie trauern noch am Ende ihres Lebens dem Verpaßten nach: *„Die Kraft meines Geistes durfte ich niemals entfalten."*

Und während der junge Rapp allmorgendlich die Tür seines Elternhauses in der Stiftsstraße hinter sich schließt, seine Schritte Richtung *„Großer Graben"* lenkt und nach wenigen Minuten schon in der Gymnasiumstraße vor seiner Schule steht, bleibt seine Schwester zu Hause. Gottlob Heinrich sitzt zusammen mit seinem Freund Friedrich Haug auf der Schulbank und lernt für die Zukunft. Und Friederike? Wie schon ihre Mutter, wird sie wohl einen Mann vom Stand der Tuchhändler heiraten. Das wäre fürs Geschäft nur günstig, und schließlich kennt man genügend Söhne anderer Handelshäuser, die eine Frau mit *„häuslichen Tugenden"* für die *„geordnete Häuslichkeit"* des *„ganzen"* Hauses suchen. Und so bereitet Friederike Charlotte ihre Tochter auf ein Leben vor, daß diese in der Form allerdings gar nicht führen wird ...

Friederike Rapp ist 17 Jahre alt, als Herzog Karl Eugen unter Mitwirkung seiner Mätresse, der Reichsgräfin Franziska von Hohenheim, in Stuttgart die *„École des desmoilles"* eröffnet. Dieses Nebeninstitut der Hohen Karlsschule ist die erste höhere Töchterschule Württembergs. Sie nimmt *„Kavaliers- und Offizierstöchter"*, aber auch *„Elevinnen"*, also bürgerliche Schülerinnen, auf. Und so wie hier die höchst fragwürdige Standesvermischung geduldet wird, weist auch das Alter der Schülerinnen eine ungewöhnliche Spannweite auf: acht bis 20 Jahre. Schlimm ist das nicht, denn sie wissen sowieso alle gleich viel bzw. gleich wenig. Was die Zehnjährige noch nicht gelernt hat, ist der Zwanzigjährigen wahrscheinlich auch unbekannt. Es besteht durchaus die Möglichkeit, daß Friederike die „*École des desmoilles*" besucht, überliefert ist es nicht.

Womit verbringt ein Mädchen im 18. Jahrhundert ihre Zeit, bis „*der Richtige*" kommt? „*Mit dem fünfzehnten Jahre mußte ein Mädchen ernsthafter im Hause mit angreifen. ...Morgens wurde einem Mädchen nicht erlaubt, sich zu schmücken, ehe sie ihr Bett gemacht, und die unter ihrer Aufsicht stehenden Zimmer geputzt hatte. – Mußte sie die Küche besorgen, so legte sie die Nachthaube und Laibchen nicht ab, ehe sie zu Tische ging, und die Küchenschürze durfte auch nicht fehlen. Eigentliche Freistunden gab es wenig: Morgens vor sieben, so viel sich eine vom Schlaf abbrechen wollte, eine nach Tisch, und im Sommer Abends nach sieben, so man gewöhnlich zu Nacht speiste. ... Es gab wenig Mädchen, die nicht einen bedeutenden Theil ihrer Aussteuer selbst gesponnen.*" Die Arbeit am Stickrahmen war „*als Belohnung des Fleißes*" anzusehen. Gewohnt an die Abgeschlossenheit des Hauses und an die vertrauten Personen, haben es viele Mädchen schwer: „*Schüchtern freilich, fast blöde, war sie außer ihren Wänden; wenige gab es, die nicht roth wurden und verlegen, wenn ein Fremder sie anredete.*"

Die Männer allerdings bevorzugen derartig auf ihre Wünsche und Bedürfnisse abgerichtete Frauen. Sie sind nicht nur „*der Erste*", sie bleiben auch wegen der „*glücklichen*" Weltfremdheit ihrer Angetrauten von lästigen Vergleichen (körperlich und geistiger Natur) mit Geschlechtsgenossen verschont. „*Die beste Manier für ein junges ... Mägden ist, sich im Rufe eines guten Kindes zu erhalten*", lautet denn auch die erste Anweisung für junge Frauen, die

im ungehemmten Patriarchat glücklich werden wollen/
müssen.

Im Handelshaus Rapp liegen schon seit Wochen die wär-
meren Tuche für die kalte Jahreszeit bereit, abends werden
die Kerzen immer früher angezündet, und herbstlich fri-
sche Winde lassen manche rascher als sonst durch die Gassen der Residenzstadt eilen. Es ist der Herbst des Jahres
1778. Für Landreisende ist es eine gute Zeit. Die Tage sind
noch recht lang, das Wetter vielleicht warm genug, um in
den kargen Gasthausunterkünften nicht zu arg zu frieren,
und die vielen mit der Ernte und Weinlese beschäftigten
Menschen geben den Reisenden ebenso wie die zahlreichen
Schafhirten das Gefühl, vor Straßenräubern ein wenig si-
cherer zu sein. Mit Frost und Schnee muß noch nicht gerechnet werden, und so ist es jetzt mehr als sonst *„ange-
zeigt"*, sich auf notwendige Reisen zu begeben. Das ist aber
nicht der einzige Grund, warum sich Johann Christoph
Schwab (1743–1821) auf den Weg macht. Elf Jahre hat er
als Hauslehrer bei verschiedenen Familien in der Schweiz
verbracht. In Genf erreicht ihn 1778 die Nachricht, daß an
der Hohen Karlsschule in Stuttgart die Stelle des Philoso-
phieprofessors vakant wird. Schwabs Kontakte in seine
Heimat sind nie abgerissen; er bittet seinen Vater, Herzog
Karl Eugen eine Bittschrift um diese Professur zu überrei-
chen. Dem Regenten ist der Bewerber nicht unbekannt;
schon vor einigen Jahren hat ihn das Tübinger Stift als Lehrer empfohlen. Herzog Karl Eugen stellt Johann Christoph
Schwab die Stelle in Aussicht. Das kommt zwar nicht überraschend, aber zu früh. In der Schweiz müssen noch verschiedene Angelegenheiten geregelt und abgeschlossen
werden. Viel Zeit bleibt nicht, *„weil der Herzog, wenn er einmal sein gnädiges Wort von sich gegeben, nicht gerne lange wartet"*. In den ersten Oktobertagen des Jahres 1778 nimmt Johann Christoph Schwab an der Hohen Karlsschule seine

Lehrtätigkeit auf. Damit hat Gustav Schwabs Vater die Bühne betreten ...

Nur sieben Monate, nachdem er in der Residenzstadt Quartier bezogen hat, heiratet der *„Philosophia Professor an der Herzoglichen Militär-Academie allhier"* Johann Christoph Schwab die *„Jungfer Johanna Philippina Friederika Rappin, Handlungs-Vorstehers Tochter allhier"*. Gelegenheiten, einen ersten interessierten Blick zu werfen, dem die Jungfer selbstverständlich mit leichtem Erröten und sittsam niedergeschlagenen Augen zu begegnen hat, gibt es genug in Stuttgart. Schlittenfahrten, Maskeraden, Kartenabende (*„Blättgen der Liebe"*), Gesellschaftsspiele wie *„Blinde Kuh"* gehören zu den Vergnügungen der Honoratiorenfamilien. Vielen gilt Stuttgart als ein Ort, *„wo Komedie und Opern und Bälle sind, wo es immer etwas neues zu sehen giebt und wo man mehr angenehme Bekanntschaften machen kann"* als in Ludwigsburg. Und über das *„Concert einer blinden Virtuosin auf dem Klavier"* in Stuttgart berichtet ein Besucher: *„Ungeachtet das Entrée einen Gulden kostete, so war doch der Zulauf außerordentlich und die Menge der Kutschen und laufenden Personen wollte fast kein Ende nehmen."*

Seit 1777 ist auch die Zeit vorbei, in der das Theater der Hofgesellschaft vorbehalten war. Der Herzog hat Eintrittsgelder, ja sogar Abonnements, eingeführt, und nun können sich auch die Bürgerinnen und Bürger Stuttgarts an den Opern-, Ballett- und Schauspielaufführungen delektieren. Karl Eugen will aus Württemberg, dem *„Sibirien des Geschmacks"*, ein kunstsinniges Land machen. Aber nicht deshalb öffnet er seinen Untertanen die Türen des Hoftheaters. Die Kassen sind leer! Die kostspielige Liebhaberei des Landesherrn ist einfach nicht mehr bezahlbar.

Zwanzig Jahre dauert es noch, bis Friedrich Schlegel in seinem Roman *„Lucinde"* den skandalösen Vorschlag macht, Ehen sollten aus Liebe und auf der Grundlage eines geistig-sinnlichen Einverständnisses geschlossen werden. Was für eine eigenartige Idee! Handfeste materielle Kriterien – das bringt die Menschen zusammen. Unter diesen Umständen ist es vorteilhaft, einen *„vermöglichen"* Vater zu haben wie Friederike Rapp. Das soll nun nicht heißen, Johann Christoph Schwab hätte sie vor allem deshalb genommen, aber *„ogschickt"* (ungünstig) ist so etwas im Schwabenland nie.

Auch Professor Schwab, dem *„die Ehre unter den Augen des Fürsten zu wirken, mit einer mageren Besoldung"* ausgeglichen wird plagen Geldsorgen. Zwei Jahre nachdem Johann Christoph mit seiner Friederike einen Tag nach ihrem 21. Geburtstag durch das *„Brauttörle"* der Stiftskirche zum Altar gegangen ist, sieht sich der junge Ehemann genötigt, seinem Dienstherrn zu schreiben: *„Euer Hochwohlgeboren wissen, daß meine Besoldung eine der geringsten Professors-Besoldungen bey der Akademie ist und nicht hinreicht, einer Familie in Stuttgart einen honetten Unterhalt zu verschaffen. Nun will ich gern, wie bisher, meine sonstigen Einkünfte in dem Dienste S. H. D. aufopfern, allein mein und meiner Frau Vermögen selbst möchte ich nicht gern antasten. Hierzu aber würde ich mich genöthigt sehen, wenn ich zu Anschaffung der Bücher, wozu mich mein neues Pensum verbindet, keine Zulage an Besoldung bekäme."*

Inzwischen ist die junge Frau Schwab mit dem zweiten Kind im siebten Monat schwanger. Familienzuwachs kostet Geld, daher der Brief des werdenden Vaters an den Herzog.

Es läßt sich nicht eindeutig feststellen, wo die Schwabs in den ersten Jahren ihrer Ehe wohnen. Der nur kleine Geldbeutel des Familienvorstandes und das geräumige Haus der Schwiegereltern Rapp legen es nahe, daß sie dort einziehen. Und so wird Friederikes zweites Kind im März 1781 wahrscheinlich im elterlichen Haus in der Stiftsstraße geboren. Briefe und Tagebücher erzählen, daß junge Frauen ihre ersten Kinder meistens im Elternhaus zur Welt bringen. Nicht selten reisen sie von weit her schon lange vorher an. Geburtshilfe ist die Sache der Frauen, und da beruhigt es ungemein, die erfahrene Mutter in der Nähe zu wissen. Friederike Charlotte Rapp hat schließlich sieben Kinder zur Welt gebracht, sie weiß Bescheid, kann ihrer Tochter beistehen, wenn sie bisher nicht gekannte Leibschmerzen und plötzliche Gelüste auf Mandelkringel und *„Ochsenbacher Käs"* beunruhigen. Und was besonders wichtig ist, die Rappin wird rechtzeitig andere Frauen, die sich auskennen, zur Hilfe ins Haus holen. Schon seit der Mitte des 16. Jahrhunderts unterliegt die Ausübung der Hebammentätigkeit einer gewissen Regelung. Herzog Ulrich hatte einst verfügt, daß nur *„fromme erbare gotesfürchtige und erfarne Weiber"* zu verpflichten seien und gleichzeitig angeordnet, daß sie in schwierigen Fällen *„einen gelerten artzet zu sich beruffen"* sollten.

Friederike hat trotzdem Angst, jedesmal vor der Geburt ihrer sieben Kinder. Nur zu gut hat sie noch den 7. Januar 1780 in Erinnerung. Um halb elf nachts *„ist meine liebe Friederike, nachdem sie vorher zweiundzwanzig Stunden lang Schmerzen gehabt hatte, mit einem gesunden Sohn glücklich entbunden"*, schreibt Ehemann Johann Christoph in die Familienchronologie. Vielleicht hat er bei der nächsten Geburt ein bißchen mitgeholfen und *„das Hemd, das er wirkich auf dem Leibe trägt"*, ausgezogen, *„damit es die Frau anziehen kann, dann soll alles schneller und glücklicher von Statten gehen."* Und so liegt Friederike denn auch *„nur"* zwölf Stunden in den Wehen.

Wer hätte Friederike geholfen, wenn bedrohliche Komplikationen aufgetreten wären. Die Hebammen nicht, ebensowenig die Ärzte, die meist erst gerufen werden, wenn es sowieso schon zu spät ist. Eine ärztliche Betreuung während der Geburt ist nicht üblich, nur bei *„allerhöchsten"* Geburten in Königshäusern. Es würde auch nichts bringen, denn das Wissen über den weiblichen Körper entspricht einem Sammelsurium von absonderlichen Geschichten und Anekdoten aus dem arztlichen Alltag, die noch zu Beginn des 19. Jahrhunderts in der „Erkenntnis" münden: „*Das Unvollständige* (des Weibes) *ergiebt sich schon sattsam aus der äußeren Beschaffenheit der Geschlechtsorgane, indem dieselben ja das Nichtgeschlossene, also auch das Unvollendete deutlich genug beurkunden.*"

Auf der Hohen Karlsschule in Stuttgart gibt es in der medizinischen Fakultät bereits einen Lehrstuhl für Geburtshilfe. Friedrich Schiller lernt hier, was er als Arzt braucht. Seiner Frau Charlotte kann er später während ihrer vier Geburten mit dem bißchen Wissen, das er über diesen Vorgang hat, beistehen. Aber er ist ein Mann. Erfahrung, nicht zuletzt mit dem eigenen Körper, haben nur die Frauen. Das weiß auch der Herzog und spricht eine ganz ungewöhnliche Genehmigung aus: An den Vorlesungen der Hohen Karlsschule dürfen zusammen mit den Männern künftige oder schon arbeitende Hebammen teilnehmen.

Friederike Schwabs Mann verfügt allenfalls über gute Kontakte zu den Herren Kollegen, aber was können die tun, wenn das Kind falsch liegt und sich auch nicht mit der Hand drehen läßt? Seit etwa 60 Jahren ist die Geburtszange bekannt, die langwierige Geburten zwar abrupt beendet, die Mutter aber fürchterlichsten Schmerzen und das Kind der Todesgefahr aussetzt. „*Vor der Erfindung der Geburtszange blieb als letzte Möglichkeit nur die Tötung des Kindes, um das Leben der Mutter zu retten. Der Kopf des Kindes wurde geöffnet, der Inhalt herausgeholt, dann der Kopf entfernt, damit die Mutter den übrigen Körper des Kindes auf natürliche Weise zur Welt bringen konnte. All das ging ohne schmerzstillende Mittel vor sich. Die scharfen Instrumente, die Knochensplitter bedrohten das Leben der Mutter.*" Historikerinnen berichten auch, „*daß ungefähr ein Viertel der Todesfälle von Frauen zwischen fünfzehn und vierzig Jahren mit Schwangerschaft und Entbindung zu tun hatten. Als Todesursache stand die Entbin-*

dung bei Frauen im gebärfähigen Alter nach der Tuberkulose an zweiter Stelle." Außerdem betrug *„die Wahrscheinlichkeit, bei sechs Geburten einmal eine schwere Infektion durchzumachen ... etwa 25 Prozent.*" Ob sie gebär-*„freudig*" waren, wissen wir nicht, aber als gebärstark sind Friederike Charlotte und ihre Tochter allemal zu bezeichnen.

Die „Geburt seiner Enkelin Christiana Sophia Friederika Schwab im Mai 1783 erlebt der Gründer und Senior des Handelshauses Rapp noch mit. Im November des gleichen Jahres stirbt Philipp Heinrich Rapp im Alter von 60 Jahren *„nach siebenwöchigem Krankenlager an einem Brandfieber*". Johann Christoph Schwab vermerkt dazu: *„Mein liebes Weib und ihre Geschwister verlieren an ihm einen treuen Vater, ich einen Wohltäter und Freund.*" Der Senior des Tuchhauses Rapp ist tot, mit seinem Sohn und Nachfolger aber ist die Zukunft des Unternehmens gesichert.

Eben von einer Bildungsreise ins Rheinland, nach Holland und Frankreich zurückgekehrt, wird Friederikes Bruder Gottlob Heinrich zusammen mit seiner Mutter die Geschäfte weiterführen. Erfahrung und Kompetenz, die die Rappin während ihrer 27jährigen Ehe gewonnen hat, kommen dem Sohn nun zugute. Eingeweihte wissen Bescheid; der junge Rapp hat eigentlich ganz andere *„Liebhabereien*": *„Ein gewisser innerer Drang hat mich von der frühesten Jugend an immer auch zu den unbedeutendsten Bildwerken hingezogen und mich in ihnen etwas ahnen lassen, das seinen eigenen Geist habe.*" Er träumt davon, zu malen, aber: *„Meine pädagogische Erziehung und mehr noch die häuslichen Verhältnisse, die gewöhnlich unser Schicksal bestimmen, haben alles gethan, diesem inneren Drang entgegen zu wirken und ihn wo möglich ganz zu ersticken. Der Knabe, zum Dulden und gehorchen gewöhnt, fügte sich; aber keine Vorstellung und keine Mißbilligung störte ihn in dem Glauben: daß die Künstler doch die glücklichsten Menschen seyen.*"

Gottlob Heinrichs Mutter gilt in ihrem jetzigen Witwenstand als selbständige Handelsfrau. Dem Sohn mag das noch die eine oder andere freie Stunde bescheren, die er dem ungeliebten Tuchhandel nicht widmen muß.

Nur ein paar Schritte von der Stiftsstraße 7 entfernt, im Haus mit der Nummer 492 der Reichen Vorstadt, führt Johann Gottfried Walz eine Apotheke. Seine sympathische und intelligente Tochter Eberhardine wird im Jahre 1785 die Frau des jungen Gottlob Heinrich Rapp. Der zu erwartende Nachwuchs des jungen Paares, die wohl nicht zu überhörende Tatsache, daß bei Schwabs mittlerweile vier kleine Kinder in der Stube herumtummeln, vor allem aber eine bessere Finanzsituation mag Vater Johann Christoph veranlaßt haben, 1786 ein Haus zu kaufen. Und so kommt es dazu: Daß er was kann, liest nicht nur Herzog Karl Eugen aus den vielen Veröffentlichungen seines Professors heraus. In seinem Potsdamer Sommerschloß Sanssouci sitzt Friederich der Große, ein Anhänger der französischen Literatur und Kunst, und liest begeistert Schwabs Abhandlung über die blendende Zukunft der französischen Sprache in der Welt. Dieser Professor aus Württemberg, der auch Voltaire – den langjährigen Freund des Alten Fritz – in der Schweiz kennenlernte, wäre genau der richtige Lehrer an der preußischen Kriegsschule. Johann Christoph Schwab erhält 1785 ein Schreiben auf königlichem Papier. Friedrich der Große bittet ihn, als Lehrer nach Berlin zu kommen, und Schwab ist geneigt, dem ehrenvollen Ruf zu folgen ...

Friederike Schwab zu Gast in den berühmten Salons von Henriette Herz und Rahel Varnhagen? Beide gelten als große Verehrerinnen Goethes und lassen keine Gelegenheit aus, das Gespräch auf den Meister des Wortes zu bringen. Friederike wird ihn kennenlernen, aber nicht in Berlin.

Ihr Mann weiß, daß der Herzog ihn gerne halten möchte und stellt Bedingungen: die Anstellung beim Geheimen Sekretariat und die Übertragung der *„französischen Korre-*

spondenz". Karl Eugen gibt nach. Johann Christoph Schwab wird das Gewünschte zugestanden und der Rang eines Hofrats mit eigener Besoldung übertragen. Ohne Sorgen *„um meiner und meiner Familie Erhaltung willen"* kann er jetzt in die Zukunft blicken; sein Gehalt ist ihm sicher. Es reicht, um *„seinem Stand gemäß zu leben"*. Dazu gehört auch ein Haus. Auf der Ansicht *„Die Königstraße von der Legionskaserne aus gesehen im Jahre 1795"* muß es sich um eines der ersten kleineren Häuser auf der rechten Straßenseite handeln. Beim Kauf ist das neue Heim der Schwabs noch nicht ganz fertiggestellt, Friederike kann also als zukünftige Frau des Hauses noch Wünsche äußern und Vorschläge machen. Sie kennt die Stuttgarter Häuser; sie haben *„weder äußere Schönheit noch innere Bequemlichkeit"*. Das Stockwerk zu ebener Erde bleibt meistens unbenutzt und unbeleuchtet, so daß man die Treppe nur ertasten kann. Außerdem ist sie oft so steil und schmal, daß es für die Frauen in ihren langen Kleidern zum halsbrecherischen Unternehmen wird, die Nachbarin zu besuchen. Friederike wird darauf achten, daß die Küche geräumig und nicht zu dunkel ist; ein Waschhaus im Hof wäre praktisch. Wichtig sind auch zwei Extrakammern, *„eine zu Fleisch, Äpfel, Kohl und dergleichen, die andere zu Unkram und den Kisten, die ich nicht täglich brauche"*. Auf *„ein klein Kramloch"* in den Stuben kann sie trotzdem nicht verzichten, schließlich muß die schwarze und weiße Wäsche von zwei Erwachsenen und vier Kindern verstaut werden.

Einerseits ändert sich mit dem Umzug für Friederike nicht viel, andererseits so gut wie alles. Die Stuttgarter Altstadt bleibt ihr Lebensmittelpunkt. Nur ein kleiner Gang über das kleinsteinige, spitzige und holprige Pflaster von ihrem Elternhaus in der Stiftsstraße die Königstraße hinauf, und schon ist sie in ihren eigenen vier Wänden. Das allerdings ist etwas Ungewohntes und macht deutlich, wie sich die

Zeiten ändern. Friederike gehört zu den ersten Frauen ihrer Generation, die mit einem Mann verheiratet sind, der den Familienunterhalt außerhalb des Hauses verdient. Johann Christoph Schwab gehört am Ende des 18. Jahrhunderts einer sich herausbildenden Klasse von Staatsangestellten an, die ihren Dienst in Schreibstuben, Lehranstalten und Gerichten versehen werden. Die „Staatskassen-Buchhalter", Almosenpfleger, Obertribunalräte, Professoren, Straßenmeister, Geheimräte und Bergräte verfügen zu Hause vielleicht noch über ein separates Arbeitszimmer, aber ihr täglicher Erwerb findet außerhalb des Hauses statt. Friederikes Mann begibt sich mehrmals die Woche auf den Weg in die Hohe Karlsschule oder ins herzogliche Sekretariat. Daneben gehört Johann Christoph Schwab zum engsten Kreis um den Herzog; als Geheimer Hofrat ist er eine einflußreiche Persönlichkeit. Das hat seinen Preis: Im Sommer, wenn der Hofstaat in Ludwigsburg weilt, muß auch Hofrat Schwab mit seiner Familie dort hinziehen.

„Die Zeit nähert sich, daß der Herzog wieder nach Ludwigsburg zieht und ich ihm mit meiner Familie, von der ich mich nicht zu trennen gedenke, dahin folgen werde", schreibt Schwab im Februar 1795. Für Friederike bedeutet der sommerliche Aufenthalt dort rechtzeitiges Planen, eine gute Organisation und viel Arbeit. Oft befinden sich zu dieser Zeit gerade Gäste im Haus, und manchmal ist es ihre Schwester, die ihr dann aushilft. So übernimmt Heinrike Dannecker im Sommer 1795 „gegen eine besondere Privat-Convention" ihre Logiergäste und gibt den Frankfurter Metzler-Söhnen „den Sommer über den Tisch, das Frühstück, Lichter usw.". Die schreiben nach Hause: „Die Frau Professor Dannecker wird für alle unsere Bedürfnisse sorgen" und fügen hinzu: „Wenn Sie uns also besuchen wollen, so müßte es bald geschehen, da die Frau Hofrätin gleich nach dem 12. April nach Ludwigsburg gehen wird."

Dort lebt auch die Familie Kerner, deren Sohn Justinus später mit dem jetzt dreijährigen Gustav Schwab eine lebenslange Freundschaft verbinden wird. Erwähnt werden die Schwabs nicht in Kerners Erinnerungen *„Bilderbuch aus meiner Knabenzeit"*. Das schließt aber nicht aus, daß die Mütter der berühmten Schwabenköpfe Schwab und Kerner sich dennoch gekannt haben.

Bis zum Auffinden der Briefe des Hauses Metzler (32) war es unbekannt, daß Friederike Schwab ein derart mobiles Leben geführt hat. Im Gegensatz zu seinem Schwiegervater Rapp ist ihr Mann nicht mehr der Vorstand des *„ganzen"* Hauses. Mit *„Familie"* sind jetzt nur noch Vater, Mutter und Kinder gemeint, und die scheinen über mehrere Jahre zwischen Stuttgart und Ludwigsburg hin- und hergezogen zu sein. Die außerhäusige Tätigkeit dieser Männergeneration erfährt durch den Geldverdienst außerhalb der Familie in den nächsten Jahrzehnten eine gewaltige Aufwertung. Gleichzeitig wird das Leben der Menschen privater. Die Ideale und Werte ändern sich. Galt es in der Jugend von Friederikes Mutter noch als anrüchig, die Ehe mit *„Liebe"* in Verbindung zu bringen, so malen gegen Ende des 18. Jahrhunderts französische Künstler aufsehenerregende Bilder. Sie stellen die Ehe nicht mehr als Wirtschafts- und Fortpflanzungsgemeinschaft, sondern als eine emotionale Einheit dar. Aus der ehelichen Liebe der Eltern entsteht ein harmonisches Familienleben, das von der Zuwendung zu den Kindern und der liebend-fürsorgenden Haushaltsführung der Mutter geprägt ist. Die Familienszenen des Biedermeier mit ihren Mullgardinen, Nähtischchen, Kaffeekannen aus *„Pariser Porcellain"*, dem Vogelbauer und den Hyazinthen in Treibgläsern haben hier ihren Ursprung.

Friederike Schwab lebt in einer Zeit des Umbruchs. Sie ist eine Frau, und damit stehen die ihr zustehenden Räume und Bereiche fest. Aber gerade Zeiten der Neuorientierung bieten die unterschiedlichsten Gestaltungsmöglichkeiten. Hat Gustav Schwabs Mutter sie genutzt? Wollte sie das, was sie wurde? Hatte sie ganz im Geheimen andere Vorstellungen von ihrem Leben? Gab es Ausbruchsversuche aus den Vorstellungen ihrer Familie? Schriftliches zu diesem Thema ist von Friederike Schwab nicht bekannt, eine Antwort kann aber vielleicht in ihrem Lebensumfeld gefunden werden. Ihr Mann Johann Christoph gehört zu den weltoffenen und aufgeklärten Lehrern der Hohen Karlsschule, der in seiner Rede *„Über die Aufklärung unseres Jahrhunderts"* zum 58. Geburtstag des Herzogs die Sklaverei anprangert: *„Man predigt allgemein Menschenliebe und führt alle Jahre zwanzigtausend afrikanische Soldaten nach Amerika, um sie daselbst in die Bergwerke zu begraben."* Er fragt, ob die Aufklärung Einfluß auf das Denken und Handeln der Menschen hat. Wir fragen, ob es Einfluß hat auf sein Verhalten als Mensch und Mann. Der Satz seines Kollegen Immanuel Kant ist berühmt: *„Aufklärung ist der Ausgang des Menschen aus seiner selbst verschuldeten Unmündigkeit."* Dieser Mensch aber, für den die Aufklärung die Autonomie seines Geistes brachte, ist männlich! Die Frauen protestieren dagegen. *„Ein gewisses Aufstreben der Weiber, eine Unzufriedenheit derselben mit ihrer politischen Lage gehört unter die Eigenheiten unseres Zeitalters"*, schreibt Johann Gottlieb Fichte.

Friederikes berühmte Zeitgenossin Olympe de Gouges hat zwei Jahre vorher in Paris ihr Leben unter dem Beil des Henkers dafür lassen müssen, daß sie die politische Gleichberechtigung von Frauen und Männern gefordert hatte. Natürlich wollen die Aufklärer alle bisherigen hierarchischen Strukturen auflösen und die Menschen befreien. Aber was hat das mit den Frauen zu tun? Staatsbürgerliche Rechte brauchen sie nicht, schließlich bestimmt ihre *„weibliche Natur"* sie dazu, die Kinder zu erziehen und damit die Träger einer künftigen Gesellschaft heranzubilden. Ihre gesellschaftliche Aufwertung durch die Mutterschaft tut den Frauen gut, und nicht alle fühlen sich deshalb eingeengt.

Luise Duttenhofer aber, von deren Scherenschnitte man bald in der schwäbischen Residenzstadt schwärmt, leidet darunter, daß ihr nicht die gleiche Ausbildung wie den männlichen Kollegen zugestanden wird. Den unvergeßlichen Besuch Johann Wolfgang von Goethes im Hause von Friederike Schwabs Bruder in der Stiftsstraße hat sie für immer festgehalten. Ein Gesprächsthema in den *„Kränzchen"* ist auch Madame Kaulla. Ihrem Mann läßt das ausgiebige Studium von Thora und Thalmud keine Zeit für so weltliche Angelegenheiten wie das Verdienen des Lebensunterhalts. Daß er trotzdem in Ruhe nachdenken und beten kann, verdankt er der Geschäftstüchtigkeit seiner erfolgreichen Frau. Schon im Alter von 31 Jahren ernennt Herzog Karl Eugen sie zur herzoglichen Hoffaktorin: Chaile Kaulla. Als Heereslieferantin genießt sie weit über die Grenzen des Herzogtums hinaus Anerkennung; die Habsburger sind ebenso ihre Kunden wie der Bischof von Konstanz. Von der jungen Emilie Zumsteeg wird bei Rapps und Schwabs schon gesprochen, lange bevor sie die erfolgreiche Komponistin wird. Emilies Eltern sind mit Rapp junior und seiner Frau befreundet, und es ist nicht ausgeschlossen, daß sie in seinem Haus erste Konzerte gegeben hat.

Das aufregendste Thema dieser geselligen Abende aber ist die Liebschaft der selbstbewußten und hübschen Sophie von Bethmann mit Friedrich Wilhelm II. von Preußen, dem dicken, alten Romeo. Stuttgart liegt viele Wegstunden entfernt vom Schauplatz dieses delikaten Geschehens, aber von Friederike Schwab erhofft sich so manche und so mancher etwas Genaueres. Schließlich wohnen gerade zu dieser Zeit die zwei Cousins der Bethmanns, Johann Friedrich und Christian Benjamin Metzler, bei den Schwabs, und Friederike steht in brieflichem Kontakt mit deren Eltern in Frankfurt, die also Onkel und Tante der königlichen

Gustav Schwab

Angebeteten sind. Da weiß die Frau Hofrätin Schwab doch bestimmt einiges zu erzählen, z. B. daß der *„reichsbekannte Ehebrecher"* seiner *„Mademoiselle Bethmann-Metzler à Francfort"* manchmal zwei Briefe an einem Tag schreibt und sie mit *„mein Engel"* anredet. Von heimlichen Treffen wird er zählt und davon, daß die Bethmann eigentlich einen anderen liebt. Weiß die Hofrätin vielleicht, wer das ist? Die Stunden vergehen schnell in solch amüsant-delikater Unterhaltung …

Es kann nur darüber spekuliert werden, ob Friederike Schwab die selbstbestimmten Frauen ihrer Zeit bewundert oder gar beneidet. Vielleicht werden der Ehefrau und vierfachen Mutter dadurch ihre eigenen Grenzen schmerzhaft bewußt. Das allerdings setzt voraus, daß sie eigene Ambitionen hat, daß sie mit ihrem Leben nicht zufrieden ist. Diesen Eindruck aber vermittelt das zu Beginn schon erwähnte Ölporträt von Friederike Schwab ganz und gar nicht. In seinem Atelier in der Stuttgarter Gartenstraße (heute: Fritz Elsas-Straße) malt Philipp Friedrich Hetsch eine selbstbewußte Frau, deren Haltung und Wesen noch nicht berührt sind von den einengenden Vorschriften eines biedermeierlichen Lebens. Das deutlichste Zeichen sind ihre Haare. Friederike trägt sie offen und locker auf die Schulter fallend. In der Generation ihrer Schwiegertochter Sophie Gmelin aus Tübingen wird es völlig unmöglich sein, auf diese Weise eine Frau darzustellen. Das Biedermeier korsettiert, verschnürt, polstert und verziert sie, bepflanzt das Dekolleté mit dauerblühenden Röschen und setzt ihnen die breitkrempige und sichtbehindernde *„Schute"* auf das stramm und mit Hilfe von Zuckerwasser züchtig frisierte Haar. Im Gegensatz dazu wirkt Friederike Schwab in den neunziger Jahren des 18. Jahrhunderts auf uns heute sehr modern. Sie hält auch keineswegs den Blick verschämt gesenkt wie es den Frauen im Biedermeier angeblich so gut zu Gesicht stand, vielmehr sucht sie den Augenkontakt. Als Frau eines einflußreichen und dem Hof eng verbundenen Mannes und Schwester des bekannten Hausherrn in der Stuttgarter Stiftsstraße ist sie sich ihres Standes bewußt.

Die Stuttgarterinnen des ausgehenden 18. Jahrhunderts sind nicht so gebildet wie die Männer ihrer Generation, aber welche Hausfrau und Mutter hat schon die Zeit und vor allem die Ruhe, sich in das geistige Leben einzureihen. Allenfalls ganz hinten anstellen können sie sich. Besser als nichts, sagen sich die Jungfern, verheirateten Frauen und noch zu verheiratenden Mädchen und gehen ein- oder zweimal die Woche zur Vorlesung über Physik und Moral bei Professor Abel, ein Kollege von Friederikes Mann, der auch Frauen unterrichtet. Vielleicht gehörte Gustav Schwabs Mutter dazu und vielleicht kannte sie auch Rosine Abel näher, diese ungewöhnliche Frau des Professors, die in die württembergische Schulgeschichte eingegangen ist.

Über 160 Jahre nach Friederike Schwabs Tod ist es kaum mehr möglich, etwas über ihre Gedanken, Wünsche und Hoffnungen zu erfahren. Auch muß die Frage danach, ob sie solche Gestaltungsmöglichkeiten ihrer Persönlichkeit wahrgenommen hat, weitgehend unbeantwortet bleiben. Mit großzügiger, klarer Schrift führt sie nach dem Tod ihres Mannes das gemeinsame Ehestandsbüchlein fort, verzeichnet gewissenhaft die Geburten der Kindeskinder, die Versetzung des lieben *„Tochtermannes"* nach Reutlingen und den Verkauf des Hauses. Von sich selbst und ganz persönlich aber schreibt sie fast nichts. Als relatives Wesen im Bezug zu anderen, als Tochter, Mutter, Ehefrau, Schwester, Tante und Großmutter autorisiert sie sich. Friederike aber bleibt verborgen. Die Generation ihrer Töchter wird von Frauen wie Karoline von Günderode hören, die das Schreiben zur Reflexion benutzen: *„Schon oft hatte ich den unweiblichen Wunsch, mich in ein wildes Schlachtgetümmel zu werfen, zu*

*sterben. Warum ward ich kein Mann! Ich habe keinen Sinn für
weibliche Tugenden, für Weiberglückseligkeit. Nur das Wilde,
Große, Glänzende gefällt mir."*

Welche Gedanken sind Friederike Schwab wohl beim
Schreiben durch den Kopf gegangen? Aus ihrem Porträt
und dem ihres Mannes möchten wir gerne herauslesen, daß sie
als Ehefrau wohl nicht unter ehemännlichem Despotismus
zu leiden hatte. Daß blindes Urteilen über die Weiblichkeit nicht seine Sache ist, zeigt Johann Christoph Schwabs
Charakterisierung der Herzogin Sophie Albertine, verheiratet mit seinem Dienstherrn Friederich Eugen. Schwab betont, *„daß die einfache Lebensart, an die sie sich gewöhnt hatte,
und ihre Abneigung gegen die Kleiderpracht, sowie gegen allen
nötigen Aufwand, ein wahrer Schatz für das Land war ... Sie
that den Armen viel Gutes; aber auf das, was man Generosität
nennt, verstand sie sich nicht. Mit einem Wort: Sie war ein solides
Weib, aber keine Fürstin."* Schon mancher, der so schrieb,
entpuppte sich in den eigenen vier Wänden als Despot.
Aber vielleicht hat Friederike ja Glück, und die Worte
stimmen mit den Taten überein.

Ihr Bruder Gottlob Heinrich Rapp gehört zu den kulturellen Aushängeschildern Stuttgarts seit 1797 und wird in allen Büchern, die sich mit dem bürgerlichen Leben der Residenzstadt im 18./19. Jahrhundert befassen, erwähnt. Das
verdankt er dem einen sehr berühmten und so manchem
anderen Gast, seinem Bemühen um Kunst und Künstler in
Stuttgart, nicht den eigenen künstlerischen Ausdrucks-
fähigkeiten. Die sind zwar vorhanden, aber schon seit der
Jugend *„fehlt dem strebenden Geist immer das eine"*, nämlich
Zeit für das Erlernen der Malkunst.

Über Friederike Schwabs Begabungen ist nichts bekannt.
„Das Talent zur Poesie" des gemeinsamen Sohnes Gustav re-
klamiert die Geschichtsschreibung für den Herrn Papa.
Immerhin gibt er drei Jahre nach der Heirat mit Friederike

Rapp „*Vermischte deutsche und französische Poesien*" (33) heraus. Seine „*rege publizistische Tätigkeit*" erfordert Ruhe und Gelegenheit zum Sammeln der Gedanken. Seine Frau sammelt derweil Kinderspielzeug, Wäschestücke und Brotkrümel auf. Der Alltag hat sie im Griff; und nur weil von ihren besonderen Fähigkeiten nichts überliefert ist, heißt das noch lange nicht, daß sie keine besaß.

Friederike Schwab lebt in einer interessanten Zeit, in einer reizvollen Stadt. Und was das Tolle ist: Sie muß nicht zuschauen, sie ist keine Frau aus den niederen Ständen. Friederike gehört dazu. Sie ist ein Mitglied der bürgerlichen und aufgeklärten Elite Stuttgarts. Königin Katharinas Bitte um Mitwirkung im Wohltätigkeitsverein wird ihr das im Jahre 1817 sehr schmeichelhaft bestätigen.

Das künstlerisch-literarische Leben in den Stuttgarter Bürgerhäusern um 1800 ist vielfach beschrieben worden – aus der Sicht der (Männer-) Historiker. Ihnen muß ungenaue Arbeit attestiert werden, denn sie lieferten nur die Hälfte ab. Empfänge, die den Hausherrn berühmt machten, haben sich nicht von allein vorbereitet; die Silbertabletts mit den feinen Likören kamen nicht ohne tragende Begleitung in den Raum, und in Gottlob Heinrich Rapps Garten mußte auch erst einmal Ordnung gemacht werden in den letzten Sommertagen des Jahres 1797, bevor jene berühmte Uraufführung, die eine Lesung war, stattfinden konnte.

Bevor wir allerdings Friederike Schwab zu diesem Ereignis begleiten können, muß noch etwas aus dem Jahre 1792 berichtet werden.

„*Morgens sechs Uhr wache ich auf – (…) in sehr fleischlichen Gedanken. Die Natur regt sich gewaltig bei mir*", schreibt ein Zeit- und Ortsgenosse des Ehepaares Schwab in seinem Tagebuch. Er ist „*von natürlichen Trieben verfolgt und doch voll Eigenstolzes, mich zu demütigen, nur zur Abkühlung einer geringen Begierde, meine Frau um einen Kuß anzusprechen oder ihr ei-*

nen Abschlaf zu geben." Der Schreiber weiß nicht, ob er Kinder, die er zeugen wird, ernähren kann und muß die *„Begierden des Fleisches"* unterdrücken. In der Schloßkirche, der er *„umso früher"* zueilt, findet er Beistand von oben, *„wiederum über mich zu siegen"*. Es ist schrecklich: *„Ein Weib zu haben und nicht zu dürfen! Seit einem Jahr darf ich mich's nicht rühmen, von ihr selbsten ein einziges Mal geküsst worden zu sein, außer auf mehrmalige Bitten und dann war es erst überzwerch mit verkehrten Lippen. Von ehelichen Diensten zu schweigen. Da möchte mir das Herz bluten."*

Auch bei Schwabs gibt es, nachdem seit 1780 alle zwei Jahre ein Kind geboren wurde, eine größere Pause von 1787 bis 1792. Friederike ist noch nicht dreißig, ihr Johann Christoph auch erst vierundvierzig. War es Zufall oder haben sie in diesen fünf Jahren nicht ... Vielleicht plagen sie auch Zukunftsängste, denn in Frankreich geschieht Ungeheures. Die Pariserinnen ziehen nach Versailles, wo sich Ludwig XIV. ein schönes Leben macht, und protestieren handfest gegen die Brotpreise. Sie lösen damit die Französische Revolution aus, die nichts so hinterlassen wird, wie sie es vorgefunden hat. Württemberg liegt nicht weit entfernt von diesem europäischen Unruheherd, und wer weiß, was wird. Fünf Kinder sind es bereits, und der Familienernährer steht in herzoglichen Diensten. Was ist, wenn die Revolution übergreift und alles, was mit dem Herzog zu tun hat, verscheucht, wenn nicht gar auf das Schafott bringt. Wer soll die Kinder ernähren, wenn der Vater unter dem Beil des Henkers stirbt? In Frankreich schrecken sie vor gar nichts zurück: nicht vor dem König und auch nicht vor seiner Frau, der Tochter Maria Theresias.

„Ob ich schwanger bin? Nein, ich glaube noch immer so viele physikalische, moralische u. oeconomische Gründe zu haben, es nicht zu seyn, daß dieselben die theologischen, die vielleicht gegen diese streiten bey mir überwinden, zumahl da mein Mann die erstern meist oder fast ganz billiget", schreibt die Schwester von

Meta Klopstock und liefert damit eine der ganz wenigen Quellen mit dem Hinweis auf eine Empfängnisverhütung, von der Genaueres allerdings nicht zu erfahren ist. Manche Frauen kennen sich aus. Sie haben Kontakt zum Leben in der Natur, sind Hebammen oder wissen über die Verwendung bestimmter Kräuter Bescheid. Aber ist es einer Stuttgarter Bürgersfrau aus den besten Kreisen wie Friederike Schwab bekannt, daß sie mit Bienenwachs oder kleinen Leinentüchern einer Empfängnis vorbeugen kann? Salz, Honig, Öl, Teer, Pfefferminzsaft und Kohlsamen gelten als spermienabtötende Substanzen. Mit Blei und Mutterkorn können Frauen abtreiben, aber es ist höchst gefährlich. Wirkungslos dagegen bleiben Aufgüsse von Rosmarin, Myrte, Koriander und die Versuche, ungewollte Schwangerschaft *„mit einem heißen Bad, einem schrecklichen Marsch und einer starken Dosis"* Abführmittel zu beenden.

Was auch der Grund gewesen sein mag im Hause Schwab, verbürgt ist, daß es irgendwann im Oktober oder November des Jahres 1791 mal wieder so richtg hübsch unter der Bettdecke zu zweit allein gewesen sein muß. Im Juni 1792 kommt nämlich der kleine Gustav Benjamin zur Welt. Der Name *„Gustav"* hat seinen Ursprung in *„Gostilaw"* und bedeutet *„Freund"* oder auch *„Freund des Gastes"*, *„bewirten"*. Der Name wird zum Programm: Das überaus gastfreundliche Schwabsche Haus von Gustav und Sophie ist in die Literaturgeschichte eingegangen.

Der erfolgreiche und populäre Arzt Ludwig Heinrich Riecke, dessen *„öffentliche gemeine Kindsbetterschule"* wohl die erste gynäkologische Klinik Württembergs ist, lebt schon seit fünf Jahren nicht mehr. Welcher seiner Kollegen Friederike bei der Geburt beigestanden hat, ist unbekannt. Eines aber ist ihm gleich klar: „Wird wohl kein Erdenbürger", soll er über das schwächliche Kind gesagt haben. Er täuscht sich, hat vielleicht nicht mit der fürsorglichen Liebe der Mutter gerechnet. Gustav hat Glück; die Zeit der

Ammen ist in modernen, aufgeschlossenen Haushalten vorbei. Die Kinder werden nicht mehr weggegeben, sondern von ihren Müttern versorgt. War das bei Friederikes Geburt noch keineswegs selbstverständlich, so wird ihr Sohn geradewegs in die Zeit einer *„neuen Mütterlichkeit"* hineingeboren. Als typisches Bild dieser Zeit wird später das von Hetsch gemalte Bild seiner Tante Eberhardine Rapp mit ihrer kleinen, nackten Tochter, die sie auf dem Schoß hält, gelten. Es ist ja auch natürlich, *„eine zärtliche Mutter zu seyn, wie uns das jede Gluckhenne, jedes Vogelmütterchen lehrt"*, meint eine Zeitgenossin. Auch in Stuttgart hat Rousseau viele Anhängerinnen, die sich mit intensiver Liebe ihren Kindern widmen, und so heißt es in *„Gustav Schwabs Leben"*: *„Bald erstarkte der Knabe."* In einem später erscheinenden *„Conversations-Lexikon für alle Stände"* finden Eltern Rat: *„Die beste Nahrung für kleine Kinder bleibt immer Milch, besonders Muttermilch; im ersten halben Jahr seines Lebens sollte man ihm nie etwas anderes, erst im zweiten halben Jahre mitunter Fleischbrühe geben. Bei guter, milder Witterung soll das Kind schon von der dritten Woche an in die freie Luft, und täglich muß der Körper des Kindes mit frischem, kaltem Wasser gewaschen und die Woche ein paar Mal mit lauem Wasser gebadet werden."* Fünf Geschwister, der Älteste ist zwölf, schauen neugierig in die Wiege, was denn da für ein Neuer angekommen ist. Und wie der schreit, wenn die Mutter ihn kalt abwäscht! Ja, er muß sich als Jüngster, als Benjamin unter den Geschwistern nach Kräften bemühen, von den Großen nicht an die Seite gedrängt zu werden. *„Benjamin"* bedeutet auch *„Sohn des Glücks"* – vielleicht ein Hinweis auf jene Nacht im Oktober oder November 1791, in der er gezeugt wurde.

Taufregister sind eine Fundgrube, wenn es um die Erforschung eines Menschenlebens geht. Ein guter Draht zu den Männern, die für den Himmel zuständig sind, ist nie von Nachteil, und so steht Gustavs Großonkel an erster Stelle der Paten: Prälat Rapp. Die Aufklärung aber will dem Menschen heraushelfen aus autoritätsbezogenen, irrationalem Denken und Aberglauben. Ein Professor der Hohen Karlsschule ist da gerade der richtige Vertreter dieser geistigen Gegenströmung, und so wird Friedrich Ferdinand Drück Gustavs zweiter Pate. Mit seinem Onkel Dannecker ist die engere Familie ebenso vertreten wie mit der *„verwittibten Frau Handlungs-Vorsteherin Rappin"*, seiner Großmutter. Keine familiären, aber freundschaftlichen Beziehungen können zu dem schon an vierter Stelle genannten Paten ermittelt werden. *„Senator Mezler"* gehört zu den in der freien Reichsstadt Frankfurt dominierenden Bankiersdynastien Bethmann und Metzler, die noch wichtiger sind als die berühmten Rothschilds. Und auch mit dem Gründer der 1682 in Stuttgart gegründeten *„Metzlerschen Buchhandlung"*, die bald zu den angesehensten und bedeutendsten Buchhandlungen Süddeutschlands zählt, ist Johann Wilhelm Metzler verwandt. Der Pate des kleinen Gustav Schwab ist einer der wenigen in der Familie, welche nicht als Kaufleute in dem Handlungshaus, das den Grundstock der späteren Bank bildet, tätig ist. Er ergreift die juristische Laufbahn und wird später Bürgermeister von Frankfurt. Im Jahr der Geburt von Gustav Schwab ist er Senator, also Ratsmitglied der freien Reichsstadt. Aus seinen Lebenserinnerungen geht nicht hervor, wie die Verbindung zu den Schwabs in Stuttgart einst zustande gekommen ist, vielleicht über Friederikes Bruder Gottlob Heinrich Rapp und dessen Beziehungen zu den Frankfurter Handelshäusern.

Zu den Taufpaten von Gustav und seinen Geschwistern gehören neben den Drücks auch die Ehepaare Batz und Goeriz. Die Männer sind Kollegen von Vater Schwab. Über ihre Frauen und Töchter ist kaum etwas bekannt. Manchmal aber fördert der Zufall etwas zu Tage. So konnte in der Tochter des Ehepaares Batz diejenige Margot Batz identifiziert werden, die Ludwig Uhland in einem Brief aus Paris

(1810) über seine Lieblingscousine Wilmele grüßen und vielleicht auch küssen läßt, eindeutig ist das nicht.

Vater Schwabs Kollege und Gustavs Pate Friedrich Ferdinand Drück gilt als hervorragender Geschichtslehrer, dessen Leistungen sogar den Herzog beeindrucken und zum Besuch seiner Vorlesung animieren. Von Drück ist überliefert, wie er über Frauen dachte. Er klagt über Langeweile, weil *„die Mädchenwelt ein sehr fades Ding aus Modezwang"* ist. Ihm scheinen eher die Frauen der kommenden Jahre zu gefallen, die sich wie Friederike Schwab offen und ihres bürgerlichen Standes bewußt, in betont legerer Kleidung präsentieren. Und die ungewöhnliche Therese Huber, die viel später Redakteurin bei Cottas *„Morgenblatt"* und damit Gustav Schwabs Chefin sein wird, hält er schon lange, bevor die Literaturwissenschaftlerinnen unseres Jahrhunderts davon sprechen, für den *„vorzüglicheren"* Teil des Ehepaares Huber. Drücks Tochter gehört zu den Jugendfreundinnen einer gewissen Emilie Vischer, die Ludwig Uhland heiraten wird, der wiederum mit Gustav Schwab eng befreundet ist. Ja, man kennt sich in Stuttgart.

Klatsch und Tratsch bleiben da nicht aus, wie der Fall Wilhelmine Cotta zeigt. Verheiratet mit einem der bekanntesten und wichtigsten Männer der Stadt, wird sie zur Zielscheibe des gehässigen Neides einer anderen Frau, der Frau von Cottas Compagnon Zahn: *„Die Verbindung wurde Mitte der neunziger Jahre wieder gelöst – der sehr statische, altwürttembergische Zahn und der unruhige, unternehmungslustige Cotta paßten wohl nicht zusammen, trotz anfänglicher Freundschaft. Elisabeth Zahn hat nie verwunden, daß Cotta – mit ihrem Geld wie sie meint, denn auch Zahn war persönlich arm – einen kometenhaften Aufstieg genommen hat und reich und berühmt geworden ist, während ihr Mann nicht mehr als eine achtbare bürgerliche Existenz erreichte."* In Zahns Aufzeichnungen *„ist Wilhelmine Cotta der böse Geist ihres Mannes, der sie aus Verdruß darüber, daß ihm mehrere angestrebte gute Partien entgangen*

seien, übereilt geheiratet habe. Sie sei nicht schön gewesen, aber
Klugheit sei ihr nicht abzusprechen gewesen, und vor allem sei sie
von einem rastlosen, unersättlichen Ehrgeiz und Streben nach Geld
besessen gewesen und habe ihren Mann ständig dazu angetrieben,
sich in weitere Geschäfte einzulassen."

Wir hören sie flüstern, tuscheln, schwatzen … Und was
für ein Gerede hat es erst gegeben, nachdem ihr Mann extra
aus dem fernen Dresden eine Leinwand hat kommen lassen,
um seine Wilhelmine von Christian Gottlieb Schick malen
zu lassen! Hetsch und Dannecker waren seine Lehrer; in
Stuttgart ist er en vogue: Es ist schick, sich von Schick
porträtieren zu lassen. Daß er Wilhelmine Cotta in einem
weißen Chemisenkleid aus dünnem Stoff, der die Konturen
des Körpers deutlich erkennen läßt, darstellt, wundert die
Klatschmäuler ganz und gar nicht. Schon lange wird erzählt, die Cotta könne nicht genug bekommen von prächtigen Kleidern, Equipagen und modischen Neuheiten.

Friederike Schwab und Wilhelmine Cotta haben etwas
gemeinsam. Ob sie es je im persönlichen Kontakt festgestellt haben, ist nicht bekannt, aber mag sein, daß sie sich
gut verstanden hätten. Ihre Porträts erzählen von Frauen,
die sich nicht mit den üblichen weiblichen Accessoires wie
Kinder, Klavier, Häubchen und Nähtisch darstellen lassen.
Friederike betont das Schlichte im Äußeren und umso stärker ihre Persönlichkeit. Wilhelmine liebt die Pose. Haltung, Blick und die fein aufeinander abgestimmten
schmückenden Details wie der grüne Sonnenschirm, der
rote Fransenschal, die am Hals liegende doppelreihige Ko-
rallenkette und ein um das Hangelenk getragenes Ridikül
heben den persönlich-repräsentativen Anspruch dieser Frau
hervor. Vier Jahre nach Gustav Schwabs Geburt wird Wilhelmines Sohn Georg geboren. Die beiden Männer werden
später eng zusammenarbeiten und eine literarische Institution – die Literaturbeilage von Cottas „Morgenblatt" – weit
über Württemberg hinaus bekannt machen.

„Auf obrigkeitliche Verordnung" werden *„die Lebenden alle Jahre"* gezählt und so hat der kleine Gustav auch Anteil an dem Ergebnis von 1794: 18.228 Einwohner zählt die Residenzstadt. Es ist eine junge Stadt, in der er seine Kinder- und Schulzeit verbringen wird. Über 60 % der Bevölkerung ist unter dreißig Jahre alt, nur 15 % der Menschen sind etwa in dem Alter seiner Eltern. Stuttgart ist noch vollständig von einer Stadtmauer umgeben und Fremde müssen eines der Stadttore passieren, wenn sie zu Besuch kommen, Geschäfte erledigen oder sich einfach die Stadt ansehen wollen. Nicht alle können die württembergische Hauptstadt so ohne weiteres empfehlen. Dannecker schreibt seinem Kollegen Alexander Trippel, der vor einigen Jahren die Kolossalbüste Goethes geschaffen hat, nach Rom: *„Aber was könnten Sie aus Schwaben begehren? Wo sollte aus Schwaben etwaß kommen, das Ihnen Vergnügen machen könnte? – Das Land ist wohl fett; aber wahrhaftig für eine Künstler Seele, wie die Ihrige, dürr Land."*

Zu den Besuchern, die ihre Eindrücke aufgeschrieben haben, gehört der Berliner Buchhändler Friedrich Nicolai. Lebhaft und modern erlebt er Stuttgart. *„Das schöne Blut der schwäbischen Frauenzimmer"* ist ihm eine kleine Notiz wert, aber wenn er von den Gesellschaften in der Residenzstadt erzählt, werden die Frauen mal wieder unterschlagen: *„Ich erinnere mich, irgendwo gelesen zu haben, in den dortigen Gesellschaften herrsche ein steifer Ton. Das habe ich in denen gar nicht gefunden, in welche ich kam. Ich sah Männer, denen es weder an Weltkenntnis noch an dem guten gesellschaftlichen Tone fehlte, wohlunterrichtete Geschäftsleute, interessante und angenehme Gelehrte."* Zu denen gehört Friederikes Mann, und das Ehepaar kann sich aussuchen, wo es den Abend verbringen möchte, aber leider: *„Schwabs schriftstellerische Nebentätigkeit ließ ihm wenig Zeit für den geselligen Verkehr"*, heißt es in einer Biographie. Und wie selbstverständlich ging man bisher davon aus, daß also auch die Frau Gemahlin die häusliche Einsiedelei pflegt. Wo soll sie denn auch hin, so ganz ohne Mann? Genau das ist die Frage.

„Vorigen Donnerstag gingen wir ... Visite mit der Arbeit zu machen. Wir strickten en grande cercle, dann gingen wir in den Garten; als die Sonne uns gebraten hatte, marschierten wir wieder in die Stube, dann spielten wir ein Spiel von Karten mit Bilder, von Hahnreier, von Bett liegenden Madamen und so weiter – ganz komisch und dann – gingen wir fort", schreibt eine Zeitgenossin Friederikes über ihre gesellschaftlichen Vergnügungen. Ein bißchen Geplauder hier, ein Tässchen Tee dort, dazu ein Spiel auf dem Klavier; der eifrige Austausch von Unwesentlichkeiten und die angestrengte Überlegung, wann es wohl angebracht sein könnte, den Freundinnen das neue Kleid vorzuführen. Nicht allen Frauen gefallen diese Kränzchen-Nachmittage. *„Die mehrsten weiblichen Geschwätzer werden mir täglich unerträglicher; mit Männern Umgang zu suchen, schickt sich nicht für mich"*, klagt so manche. Da, wo es interessant wird, politische Dispute, Geschäftsgespräche geführt werden und man die Politik des Hofes diskutiert, werden Frauen separiert in die Banalität weiblicher Unterhaltung. Und natürlich verbieten es die Anstandregeln einer jeder ordentlichen Frau, sich auf eine Erfrischung in den *„Adler"* zu begeben. Dort, in einem der Giebelhäuser am Marktplatz sitzt jeden Abend der spottlustige Dichter Schubart zusammen mit dem stadtbekannten Schieferdecker Baur in höchst weinfroher Runde und feiert es mit jedem Schoppen Wein aufs Neue, daß er dem Asperg nach zehn Jahren Haft entronnen ist. Gäste wie er, die soviel trinken, daß ihnen angeblich die Haare rauchen, sind kein Umgang für honorige Bürgersfrauen. Und so können die Männer gelassen einem netten Abend entgegensehen, der nicht selten seinen Höhepunkt in den Stegreifgedichten Schubarts auf die Gäste hat. Dem dicken Postmeister von Reinöhl aus Canstatt soll er entgegengeschmettert haben:

„O Du mit Deiner fetten Wampe,
Von Reinöhl,
In Deiner Geisteslampe
Ist – kein Öl."

Doch nicht nur hier im Schankraum lauern Gefahren für die Weiblichkeit. Ein jeder Mann guckt selbstverständlich danach, seine Eheliebste auch vor den Mißlichkeiten eines Nachhauseweges durch die dunklen Gassen zu bewahren, denn nicht selten kommt es vor, daß ein gut abgefüllter Gast *„unterwegs in einem Gäßlein die Hosen geleert".* Mit der Beleuchtung der Residenzstadt ist das so eine Sache. Herzog Eberhard Ludwig hat zwar schon zu Zeiten von Friederikes Großeltern einige Laternen anfertigen lassen, aber die Stadtväter sind nicht nur sparsam, sondern auch vorsichtig. Nach ihrer Meinung hat diese nächtliche Beleuchtung sehr große Nachteile, könnten doch *„Diebe diejenigen Personen, welche sie zu berauben gedächten, beim Schein der Laternen erst recht ins Auge fassen, ... um sie nachher an einem dunkleren Ort mit aller Sicherheit auszuplündern".*

Christine de Pizan und *„Das Buch von der Stadt der Frauen"* ist bis heute Utopie geblieben; Städte waren und sind Männerstädte. Das sagt sich auch so manche Frau im ausgehenden 18. Jahrhundert und bleibt abends lieber zu Hause.

Im Familienkreis der Schwabs, zu dem auch die Rapps, die Danneckers, die Boisserées, die Springs, die Jägers, die Schwabs und Gmelins aus Tübingen, die Zumsteegs und Walz gehören, wird eine gepflegte Geselligkeit geschätzt. *„Heute ist des I. Carls Geburtstag, wir werden diesen Abend einen Thee drüben trinken"*, schreibt Friederike ihrem Sohn Gustav nach Tübingen im Jahre 1817. Er ist dort Repetent am Stift. Vor zwei Jahren hat er einen Freund der Familie in Weimar besucht: Johann Wolfgang von Goethe. Der mag sich bei dieser Gelegenheit daran erinnert haben, daß im Jahr seines Besuches in Stuttgart die Söhne des Bankiers

Friedrich Metzler bei Gustavs Eltern wohnten. Auf einer Soiree im Metzlerschen Haus, das zu dieser Zeit der Mittelpunkt des gesellschaftlichen Lebens in Frankfurt war, begegnete er Lili Schönemann und sagte später von ihr: Sie *„war die erste, die ich tief und wahrhaft liebte"*. Goethes emotionale Unreife läßt die Verlobung allerdings nicht mal ein Jahr halten.

Friedrich Schiller schreibt im Sommer 1797 an Johann Friedrich Cotta: *„Göthe reißt in etlichen Tagen nach der Schweitz und wird ohne Zweifel bey Ihnen einsprechen. Nehmen Sie ihn freundlich auf, er sieht auf so was, und sehen Sie, daß Sie ihn mit einigen interessanten Personen bekannt machen. Schreiben Sie es auch vorläufig an Kaufmann Rapp, ich hab ihm dieses Haus empfohlen"*. Schiller weiß, daß sich sein Kollege und Freund Goethe bei Rapps wohlfühlen wird. Er kennt das Haus in der Stiftsstraße seit Jugendtagen. Friedrich ist nur zwei Jahre älter als Gottlob Heinrich und hat schon in seiner Jugend zusammen mit seinen Eltern dort Besuche gemacht; die alten Schillers und die alten Rapps waren befreundet. Er weiß von den künstlerischen Neigungen des jetzigen Hausherrn und, *„daß sich Rapp dieser Bekanntschaft recht erfreuen wird"*.

Vier Wochen später kommt mit der Postkutsche ein Koffer angereist. Er gehört dem berühmten Mann aus Weimar. *„Ich bitte denselben so lange bey sich zu verwahren bis ich das Vergnügen habe, Ihnen aufzuwarten und Ihre schätzbare Bekanntschaft zu machen"*, schreibt Goethe an Rapp. Ende August erreicht er die schwäbische Residenz und besucht ihn schon einen Tag später. Goethe, eigentlich auf dem Weg in die Schweiz, bleibt länger in Stuttgart als geplant. Am Theater kann es nicht liegen. Die Aufführungen gehören nicht zu den Glanzlichtern des kulturellen Lebens in Stuttgart, und der Theaterbesucher Goethe, der in Weimar selbst ein Theater leitet, schimpft: *„Eine Steifheit, eine Kälte,* eine Geschmacklosigkeit, ein Ungeschick, die Meubles auf dem Theater zu stellen, ein Mangel an richtiger Sprache und Deklamation in jeder Art Ausdruck irgend eines Gefühls oder höheren Gedankens, daß man sich eben 20 Jahre und länger zurückversetzt fühlt." Und was besonders schlimm ist: Alles paßt „aufs beste zusammen" und Neuerungen sind nicht in Sicht. Da kommen dem Gast Zweifel, ob „für die Zukunft was zu hoffen wäre".

Ganz andere Eindrücke vermitteln sich ihm beim Besuch der Ateliers von Dannecker, Hetsch, Scheffauer, Isopi und den anderen Künstlern, die in Stuttgart zu dieser Zeit arbeiten: Goethe ist von ihnen beeindruckt. Nach einem langen Tag, den Rapp und sein berühmter Besuch miteinander verbracht haben, kehren sie zurück in die Stiftsstraße. Die letzten Augusttage sind schön und laden dazu ein, den frühen Abend im Garten des Rappschen Hauses zu verbringen.

Die Gäste spüren es, wenn sie das grüne Refugium betreten: Der Hausherr kennt sich aus. Am „Gartentaschenbuch" seines Freundes Cotta, das über fast zehn Jahre erscheint, arbeitet Gottlob Heinrich Rapp mit und ist das beste Beispiel für jene Stuttgarter, denen es „ein Vergnügen" ist, „einen Garten zu haben oder wenigstens ein ‚Gütle‘, wo sie mit Hilfe eines ‚Gumpbronnens‘ (Pumpbrunnen) Rosen und Salat pflanzen". Baum-, Gras- und Gemüsegärten, aber auch ausgesprochene Ziergärten kommen immer mehr in Mode. Fast zwanzig Jahre später wird ihre Zahl „beträchtlich" sein, und es soll Straßen geben, „in denen jedes Haus einen größeren oder kleineren Garten hinter sich hat". Es sind die wohlhabenden Bürger, die Hof- und Kanzleibediensteten, die sich diesen privaten Naturraum leisten können. Im Sommer ernten sie „Träublein", ihre „Appriko" und „Gaißhirtlesbieren" (sehr schmackhafte Stuttgarter Birne), schütteln im Herbst „die Äpfel für den Haustrunk" und sammeln die „Grumbieren" (Kartoffeln) für den Keller. Das ist alles sehr schwäbischbodenständig, aber es wird auch immer wieder von sehr alten, wunderschön gemalten Blumenbüchern und einem Garten erzählt, den es in Stuttgart gegeben haben soll, als Gottlob Heinrichs Großvater Spring gerade zwölf Jahre alt war. Man weiß nicht mehr so genau, wem er gehörte. Vielleicht war es eine Gartenfreundin, die neben den einheimischen Gewächsen so exotische wie das Pomeranzenbäumchen oder ein Myrtenbäumchen, das sonst in Südeuropa wächst, setzte und genau darauf achtete, daß sie genügend Wärme und Wasser bekamen. Zum Schutz vor der kalten Jahreszeit soll in jenem Garten sogar ein Glasgewächshaus gebaut worden sein.

Der Rappsche Garten wird beherrscht von einem großen Akazienbaum. Eine später angefertigte Zeichnung zeigt aber auch Ziersträucher und Blumenrabatten. Passionsblumen, Nelken, Ranunkeln, Levkojen und Aurikeln sind jetzt sehr in Mode. Hier also, wo es in diesen ersten Herbsttagen des Jahres 1797 auch am Abend noch angenehm zu sitzen ist, sitzt Rapp mit seinem berühmten Gast aus Weimar. Sie sind nicht allein. Dannecker schreibt später über Goethes Anwesenheit in Stuttgart: *„Unsere gelehrten Männer spitzen ihre Nasen, da sie ihn nur mit einem Bildhauer oder Kaufmann gehen sahen und sie nicht einmal von ihm Besuch erhielten. Für mich waren die Täge, die ich mit ihm durchbrachte, Feste und bleiben mir unvergeßlich. Meinem Schwager und seiner Frau, meinem lieben Weibchen und mir las er eines Abends seine Elegie vor."* Dannecker meint *„Hermann und Dorothea"*. Noch hat kaum jemand in Deutschland etwas davon gelesen, das Werk befindet sich erst im Druck. Bei Rapps fühlt sich Goethe wohl. Man versteht sich, und so entschließt sich der Gast zu einer literarischen Uraufführung, die nicht nur in die Chronik des Hauses Rapp eingehen wird, sondern für manchen die ganze Stadt zu etwas Besonderem macht. Nur *„wenige deutsche Städte können sich rühmen, von Goethe so ausführlich ... geschildert"* und noch mit einer Urlesung beschenkt worden zu sein. Es ist wirklich ein Ereignis. Dannecker schreibt:

„Ich war entzückt; es fatiguirte mich ... so, daß ich den anderen Tag zu nichts taugte."

Friederike Schwabs Schwester Heinrike und ihre Schwägerin Eberhardine sind an diesem denkwürdigen Abend dabei. Es findet keine Männerrunde im Rappschen Garten statt, man ist sozusagen *„en famille"*. Goethe legt Wert darauf, daß auch die jüngste Tochter des Hauses anwesend ist. Vater Rapp befürchtet, sie könne mit ihren fünf Jahren die Lesung stören, Charlotte aber hängt Goethe an den Lippen und bittet am Ende des Vortrags, *„der Herr möge doch weiterlesen"*.

Es findet sich kein Hinweis, daß auch Schwabs an diesem Abend im Garten anwesend waren. Manche erzählen, der Schwab käme nicht so gerne, weil er um einiges älter als der übrige Kreis von Freunden und Bekannten seines Schwagers ist. Außerdem ist Friederikes Mann am häuslichen Schreibtisch unentbehrlich, dem Nachfolger des Herzogs Ludwig Eugen aber umso entbehrlicher. Als *„vorlaut"* hat ihn Erbprinz Friedrich vor Zeugen bezeichnet. Damit ist eins klar: Friederikes Mann muß gehen. Johann Christoph Schwab ist nicht mehr der Geheimsekretär des Herzogs. *„Ich verschwand auf einmal vom Schauplatz und hörte auf, ein Gegenstand der Aufmerksamkeit ... und noch mehr des Neides zu sein"*, schreibt er ein Jahr später. Nun hat Friederike wieder einen fleißig daheim arbeitenden Mann, der dem Vater seiner Logiergäste, den Söhnen Metzler, berichtet: *„Ich kehre wieder in den Schoß meiner Familie zurück, für die ich beinahe zu leben aufgehört hatte."* Schwab nutzt die Zeit und bringt eine Abhandlung nach der anderen, eine Schrift nach der anderen heraus. Er ist Herr seiner Zeit, kann sie sich einteilen, was spricht also dagegen, an einer der Abendgesellschaften im Haus seines Schwagers teilzunehmen? Die Trauer. Im Juli erst ist Schwabs ältester Sohn, Philipp Christoph, im Alter von 17 Jahren *„in die Ewigkeit vorangegangen"*, schreibt sein Vater in der Familienchronik *„Merkwürdigkeiten unseres*

Ehestandes" und ruft *„Gott, welch ein Verlust!"* Kinder sterben. Darauf sind Eltern tagtäglich gefaßt. Die ersten Jahre eines Kindes sind die gefährlichsten. Schwabs verlieren 1786 ein einjähriges und 1790 ein dreijähriges Kind. Philipp Christoph aber stirbt im Jungmänneralter. Die Todesursache ist im Kirchenregister nicht angegeben. Viele Krankheiten sind nicht zu behandeln oder ganz unbekannt, dazu kommen die Epidemien, die die Städte heimsuchen. Um den Blattern nicht hilflos ausgeliefert zu sein, entschließen sich die Eltern Schwab schon 1785 zu etwas ungeheuer Modernem und keinesfalls Ungefährlichem. Sie lassen ihre Kinder *„inoculieren"*, also impfen. Der Hofmedikus Immanuel Gottlieb Elwert und der *„Chirurgus major"* Christian Klein, den wir in der Familie Hauff noch näher kennenlernen werden, haben dazu geraten. Noch ist die Jennersche Entdeckung, daß Kuhpocken vor Menschenpocken schützen, nicht gemacht. Aber schon 1717 hatte eine mutige Engländerin, die Reiseschriftstellerin Lady Mary Montagu, ihren Sohn auf diese Weise vor den gefürchteten Pocken geschützt. Schwabs riskieren es, und es geht gut. Nach dem üblichen und zu erwartenden Verlauf befinden sich die Kinder nach neun Tagen *„vollkommen wohl",* notiert der Vater erleichtert.

Ob Friederike nun Goethe getroffen und gehört hat oder nicht, ihr Sohn Gustav wird profitieren von der Familiennähe des Gastes von 1797. Fast zwanzig Jahre später wird Gustav Schwab auf seiner Bildungsreise durch Deutschland Goethe in Weimar besuchen und sehr freundlich von dem nun schon 66jährigen empfangen werden. Gustav bringt ein Empfehlungsschreiben seines Onkels Dannecker mit: *„Euer Excellenz halten mir zu gut, daß ich es wage, durch Überbringer dieses, Herrn Magister Schwab (ein Neveu meines lieben Weibchens) mich wieder aufs neue in dero werthes Gedächtnis einzudringen: Dieser junge Mann, ein gemüthlicher Dichter, hat eine ebenso große Sehnsucht, Sie, von Angesicht zu schauen, wie ich in*

Rom hatte, den Apollo di belvedere bei Fakelschein mit Ihnen zu sehen; gönnen Sie ihm einige Minuten, Sie werden die schönste Seite seines Lebens seyn".

Goethes Sohn August ist im gleichen Alter wie der Besucher aus dem Schwabenland, aber leider nicht so zielstrebig wie der. Goethe ist nicht zufrieden mit seinem Nachwuchs, Vater Schwab in Stuttgart auch nicht immer. Die publizistische Tätigkeit seines Sohnes verfolgt er mit Skepsis. Das Thema paßt ihm nicht – zu unwissenschaftlich. Goethe gefällt es nicht, daß sein Sohn nicht die von ihm schon geebneten Wege zum väterlich bestimmten Erfolg gehen will. Zwei Söhne und ihre Väter: Der eine wird sich auf seinen eigenen Weg machen und in die Literaturgeschichte eingehen, der andere wird daran, daß er die Bevormundungen des Vaters nicht los wird, letztendlich zu Grunde gehen. Ob sie sich getroffen haben, ist nicht überliefert.

7. September 1797: Goethe verläßt die württembergische Residenzstadt und schreibt in sein Tagebuch: *„Früh 5 1/2 von Stuttgart."* Dort genießt man den Herbst. Heinrike Dannecker schreibt ihrem abwesenden Mann: *„Ich komme in aller Eyle aus meiner Schwester Garten, es ist ein göttlich schöner Nachmittag wie lange keiner war."* (34) Zum häuslichen Unterricht der Töchter gehört auch die Gartenarbeit; Friederike hat vieles bei ihrer Mutter gelernt. Eine Zeitgenossin schreibt darüber: *„Hatte der Tagelöhner im Frühjahre das Land gegraben und in Beete abgetheilt, dann ging die Mutter mit einem Körbchen voll Säcken und Tüten voran, die Mädchen folgten mit Rechen und anderen Gartengeräten, sahen erst, wie mans macht und legten dann selbst Hand an. … Das Gemüse selbst zu pflücken und zu schneiden, war eine der größten Freuden, wozu nur die Verständigen gelassen wurden. Blumen zu ziehen, war jedes Mädchens Lieblingsgeschäft"* und zum Obstbrechen und Bohnenschneiden wurden Freundinnen eingeladen.

Schon lange gibt es eine weibliche Gartentradition. Der berühmte Pomeranzengarten des Schlosses Leonberg, den sich Sibylla von Anhalt vom Baumeister Heinrich Schickhardt anlegen ließ, zieht noch heute Besucherinnen und Besucher an. Und der Garten des Schlosses Mosigkau bei Dessau geht ebenfalls auf die Ideen einer Frau zurück. Anna Wilhelmine Prinzessin von Anhalt-Dessau ließ ihn in einer Arbeitszeit von fünf Jahren ganz im Stil des Rokoko anlegen und bezog sich dabei auch auf die Gartenentwürfe der Kurfürstin Sophie von Hannover in Herrenhausen, die sich auf einer Fahrt durch die Gärten von Versailles alles ganz genau hatte erklären lassen.

Von der heutigen Eberhardstraße kommend und in die Königstraße einbiegend, muß Friederikes Garten etwa dort gelegen haben, wo das Musikhaus *„Lerche"* steht. Blumensamen, Stecklinge und Zwiebeln bekommt sie einerseits von Freundinnen oder aus dem Garten ihres Bruders, andererseits gab es schon zu den Zeiten, als ihre Muter noch eine junge Frau war, *„Kunst- und Handelsgärtner"* in Stuttgart, die so manche Pflanze in ihrem Sortiment hatten und auf Wunsch auch besorgen konnten. Auch bot die *„Frühjahrs- und Spätjahres-Blumen-Lotterie von lauter veritabler, schöner holländischer und englischer Waare"* des herzoglichen *„Hof-Commissarius"* Gelegenheit zum neuen Bepflanzen des Gartens.

Das Jahr 1797 geht zu Ende. Der fünfjährige Gustav ist ein aufgeweckter kleiner Kerl; sein Sohn Christoph Theodor wird es später so beschreiben: *„Lebendigkeit, Energie, ja sogar Heftigkeit des Charakters machten sich bald bei dem Kinde bemerklich."*

Zu dieser Zeit besucht Friederikes Sohn schon seit einem Jahr die sogenannte deutsche Schule. Mit nur vier Jahren (sein Landsmann Friedrich Hegel noch ein Jahr früher) schnürt er jeden Morgen sein kleines Ränzlein und fühlt sich auf der Schulbank wohl: *„Er lernte mit Leichtigkeit und nachhaltigem Eifer, so daß er immer den obersten Platz seiner Classe behauptete."* Das ist gar nicht so einfach. Gustavs Schulzeit fällt in die Zeit der Massenklassen. Bis zu 200 (!) Kinder sitzen beim Präzeptor in der Klasse, den manchmal jedenfalls noch ein Hilfslehrer unterstützt. Wer kann da schon kontrollieren, ob alle Kinder da sind! Das braucht viel zu viel Zeit. Ruhe und Ordnung sind das oberste Gebot, um überhaupt einigermaßen zurechtzukommen. *„Die Methoden eines von Rochow, Campe u.a. sind entweder nicht bekannt oder werden nicht befolgt"*, notiert der Berliner Buchhändler Friedrich Nicolai, der Stuttgart besucht, und damit sagen will, daß das neue pädagogische Denken in Württembergs Schulen noch keinen Einzug gehalten hat. Aber das Gymnasium, *„worin Lehrer und Schüler den ganzen Tag krumm sitzen"*, schadet Gustav nicht. Spielend durchläuft er alle Klassen und geht schon mit 17 Jahren auf die Universität nach Tübingen. Im Oktober 1809 schreibt er von dort an den Vater in Stuttgart: *„So sehr ich die Pflege des elterlichen Hauses vermisse"*, so sehr freue ich mich *„für die Bildung meines Geistes"* in der Fremde zu sein. Briefe an *„Mon cher père"* oder *„Theuerster Vater"* gehen nicht mehr in das Haus auf dem Graben. Schon 1798 haben seine Eltern es verkauft und ein paar Jahre später *„das Oberamtmann Zellerische auf dem Bollwerk"* dafür erworben. Schön ist es dort draußen. Die in der Nähe liegende Gartenstraße heißt nicht zufällig so: In diesem Teil Stuttgarts liegen zwischen den wenigen bebauten Grundstücken wunderschöne Gärten mit Kieswegen, die vorbei an bunten Blumenbeeten und verschwiegenen Laubenhäuschen führen. Die Königstraße dagegen wird immer mehr zum lebendigen Mittelpunkt der Stadt, dazu kommen die täglichen Exerzierübungen der nahen Legionskaserne, die rumpelnden Kutschen und das Geschrei der fahrenden Händler. Ein Besucher aus Norddeutschland berichtet 1801: *„Die Häuser in Stuttgart haben sich seit 15*

Jahren, wo ich die Stadt kenne, außerordentlich vermehrt. Man baut oder erneuert Häuser noch immerfort, und mehrere Straßen konnte ich kaum wiedererkennen.“ Vielleicht ist es Schwabs dort im Zentrum der Stadt zu *„umtriebig“* (lebendig, geschäftig) geworden. Es ist aber auch gut möglich, daß es nach der Entlassung des Familienoberhaupts aus den Diensten des Herzogs nicht mehr so gut um die Finanzen steht. 14 000 Florin (Gulden) bekommen Friederike und Johann Christoph Schwab für das Haus in der Königstraße; etwas mehr als die Hälfte wird nur das neue kosten.

Friederike ist jetzt 51 Jahre alt, seit 30 Jahren verheiratet, hat vier lebende Kinder; die zwei ältesten sind verheiratet und haben sie schon zur Großmutter gemacht. Vor 15 Jahren hat sie ihr letztes Kind bekommen, wohl ohne größere Schwierigkeiten, denn im Ehestandsbüchlein der Schwabs ist nichts derartiges vermerkt. Auf den Tag genau zehn Monate vorher stirbt ihre Mutter, die ihren Mann um elf Jahre überlebt und Friederikes Bruder als Nachfolger in vielen Geschäftsangelegenheiten unterstützt und der Familie viel Gutes getan hat. In den wenigen persönlichen Zeilen, die von Friederike Schwab überliefert sind, denkt sie über ihr Mutter-sein nach: *„Ich habe mir immer Mühe gegeben, meinen l. (lieben) Kindern durch gutes Beispiel voranzugehen. Leider ist mir das nicht immer gelungen, was ich beschämt je länger je mehr fühle. Aber Gottlob! daß man bis ins höchste Alter im Guten Fortschritte machen kann, und daß Gott gnädig mit uns Schwabs Geduld hat.“*

Im Oktober 1816 schreibt sie ihrem Sohn nach Tübingen: *„Ich habe Deine schwarze Wäsche ... erhalten und schicke Dir den Ranzen sogleich mit weißer Wäsche gefüllt zurück. Du mußt aber dieselbe sorgfältig herausnehmen, damit sie nicht zu sehr verderbt wird.“* Seit dem Beginn seines Theologiestudiums ist Gustav mit Ludwig Uhland und Justinus Kerner, die auch in Tübingen studieren, befreundet. Jetzt, sieben Jahre später, ist Kerner Oberamtsarzt in Gaildorf und Uhland als Politiker und Dichter nicht mehr unbekannt.

„Am Samstag bin ich bei Schwabs eingezogen und glaube, daß es mir hier recht wohl zuschlagen wird. Ich habe ein recht artiges Zimmer, Schlafkammer, Küche und eigenen Abtritt. Schwabs haben noch eine Bettlade besonders für mich machen lassen. Ich habe auch einen Sopha, nur das Commödchen, das ich habe, ist mir etwas zu klein", schreibt Ludwig Uhland seinen Eltern am 20. Januar 1813. Einige Monte später besucht Rosine Elisabeth Uhland ihren Sohn in Stuttgart. *„Sie fuhr zuerst vor mein Kosthaus, um mich von ihrer Ankunft zu benachrichtigen und nahm dann bei Haug ihr Abstandquartier."* Haben sich Mutter Schwab und Mutter Uhland bei dieser Gelegenheit kennengelernt? Die ausgewerteten Quellen sagen darüber nichts, andererseits scheint es in diesem kommunikativen Jahrhundert, in dem so viele Leute so viele andere Leute kennen, unwahrscheinlich, daß ausgerechnet sie sich nicht begegnet sein sollen, zumal beide Familien zu den führenden Kreisen Württembergs gehören. Wenn die Schwabin zum Zeitpunkt der Ankunft von Rosine Elisabeth Uhland zu Hause ist, dann gehört es zum gepflegten Umgangston, sie auf eine Erfrischung hereinzubitten. Gesprächsstoff gibt es genug: Ihre Söhne sind miteinander befreundet, Gustav bringt öfters Briefe von Uhlands an ihren Sohn mit nach Stuttgart, Ludwig ist bei Schwabs zum Abendessen eingeladen, und die Töchter der Familie werden schon bald zusammen einen Ball besuchen und dann gemeinsam nach Tübingen fahren. Und vor allem, ihr Ludwig, um den sich Rosine Elisabeth stets sorgt, wohnt im Haus der Schwabs. *„Frau Schwabin hat mir einkaufen helfen"*, berichtet er nach Hause, da sein schwarzer Rock beim Schneider ist, und beim Lesen dieser Zeilen wird die familiäre Nähe deutlich. Kleine Hinweise auf den engeren Kontakt der Familien finden sich auch, wenn Uhland seinen Eltern schreibt: *„Meine*

Hausfrau (Schwäbin) ist, wie sie wissen werden, an einem Katarrfieber erkrankt."

Friederikes Sohn bereitet sich im Frühjahr 1817 darauf vor, sein Studium abzuschließen, um dann wie die etwas älteren Freunde Kerner und Uhland ein eigenes Auskommen zu haben, zumal er bei einer der Tübinger Teegesellschaften die Jungfer Gmelin kennengelernt hat ... Seine Mutter macht sich Sorgen: *„Mit Deiner Preparation aufs Examen mußt Dus nicht übertreiben, man wird Dir nicht zumuthen, daß Du in allen Wissenschaften u. Sprachen gleich stark sein sollst"* schreibt sie ihm und fügt hinzu: *„Darüber wird sich mündlich mit dem l. (lieben) Vater am besten sprechen lassen."*

Die schriftliche Korrespondenz zwischen Vater und Sohn ist rege. Studienangelegenheiten, Nachrichten von Bekannten, Reiseberichte, Fragen einer Anstellung und politische Neuigkeiten gehören zu dem, was in oft rasch aufeinander folgenden Briefen besprochen wird. Viele sind französisch abgefaßt, während Gustav und seine Muter stets in Deutsch einander schreiben. Wahrscheinlich ein Hinweis darauf, daß Friederike diese Sprache der höheren Stände in ihrer Jugend nicht gelernt hat.

Zu ihrem 58. Geburtstag schickt Gustav *„der lieben Mutter"* ein Gedicht. Die Zeilen auf dem stark zerknitterten und fleckigen Bogen sind teilweise kaum noch lesbar: *„Und Gatte, Kinder, Enkel ungeboren/ zu Deines Alters Freude seyen erkohren."* Für Friederike ist der Herbst und Winter ihres Lebens angebrochen; in vier Jahren ist sie so alt wie ihre Mutter, als diese starb. In einem Büchlein zur medizinischen Selbsthilfe heißt es über die Natur und Krankheiten der Frauen: *„Wenn denn nun bey einem Frauenzimmer der Brunnen des Lebens vertrocknet, und die Blume entblättert wird, welches gemeiniglich nach dem ordentlichen Lauffe der Natur im 48. Jahre geschiehet, so ist es ein Merckmahl, daß sich der kühle Herbst in seiner natürlichen Würckung eingestellt hat, wodurch die Leibes-Beschaffenheit in eine gar merckliche Veränderung gesetzet wird."*

Der Autor weiß genau, womit eine Frau zu rechnen hat: *„Hertz-Klopfen"*, fliegende Hitze und *„Bangigkeit"*, *„unordentliche Blut-Flüsse"*, Ohnmachten und *„Melancholey"*. Auch Friederike geht es öfters nicht gut. Was ihr aber fehlt, geht aus den Briefen an ihren Sohn nicht hervor. Er liest in seinem Tübinger Studierzimmer meist zur Zeilen wie: *„Mit meiner Gesundheit gehts heute ziemlich gut, nachdem ich schon einige Tage wieder viel zu leiden hatte."*

Frauen erleben das Alter anders als Männer. Noch mit 73 Jahren kehrt Johann Christoph Schwab zurück in das Licht der Öffentlichkeit; der König ernennt ihn zum Mitglied der königlichen Oberstudiendirektion. Alle Lehranstalten des Königreichs Württemberg werden hier verwaltet und beaufsichtigt. Mit Elan und Pflichtbewußtsein stürzt sich Friederikes Mann in die Arbeit und kann aus dieser neuen Aufgabe viel Lebensfreude schöpfen. Auch Gustavs Mutter wird bald einen höchst ehrenvollen Antrag aus dem Königshaus erhalten ...

Friederike Schwabs sommerliche Aufenthalte mit der ganzen Familie in Ludwigsburg sind ebenso bekannt, wie die muntere Reisetätigkeit der gesamten Großfamilie. Ein Nachweis allerdings, ob sie die tatsächlichen Räume ihres Lebens gelegentlich auch allein verlassen hat, konnte bisher nicht gefunden werden. Noch schwerer gestaltet sich der Nachweis, wo sie sich vielleicht ideell über die Grenzen ihrer Räume erhoben hat.

Ein Hinweis: Adam Christian Dann, Diakon an der Stuttgarter Hospitalkirche, hält im Jahre 1812 bei der Beerdigung eines Theaterkomikers eine Leichenrede, die dem König mißfällt. Er schickt ihn *„nach seiner despotischen Weise auf eine entfernte Pfarrei in einem rauhen Albort"*. Friederike Schwab kennt Adam Christian Dann gut; er hat nicht nur ihren Gustav konfirmiert, sondern auch dessen Weg in die Theologie mitbestimmt. In der Einsamkeit seines Alb-Exils schwärmt Dann von dem *„lieblichen, fried-samen Familienkreis"* der Schwabs und bezeichnet Friederi-ke als seine *„verehrteste Gönnerin"*. Mäzenatentum und so-ziale Mildtätigkeit geben Frauen in Zeiten, die ihr Leben besonders stark reglementieren, Freiräume. Friederike Schwab unterstützt einen Mann, der ebenso wie ihr eige-ner zu den Opfern königlicher Willkür gehört. Inwieweit sie hierbei allerdings selbständig tätig wird und welche Kreise ihr Engagement zieht, ist nach der Quellenlage nicht mehr nachvollziehbar.

Schärfere Konturen erhält das Bild der politischen Frie-derike Schwab, wenn es um ihre Tätigkeit im berühmten Wohltätigkeitsverein der Königin Katharina von Württem-berg geht. Die Jahre 1816 und 1817 sind als die *„Hungerjah-re"* in die Geschichte des Landes eingegangen. Kriege, Um-weltkatastrophen und Mißernten haben eine drastisch ver-schlechterte Lage der Menschen zur Folge. Königin Katha-rina läßt einen *„Sozialplan großen Stils"* ausarbeiten, denn der Staat kann auch bei *„den edelsten Gesinnungen seines Oberhauptes nicht allen helfen"*. Sie ruft die Bürgerinnen und Bürger ihres Landes zur gegenseitigen Hilfe auf und denkt dabei ganz besonders an die Frauen, *„deren Geschäft das Helfen sei"*.

Am 22. Januar 1817 schreibt Friederike Schwab ihrem Sohn Gustav nach Tübingen: *„Vorgestern bin ich zu der Köni-gin berufen worden und habe mich einer sehr guten Aufnahme zu erfreuen gehabt, ich saß eine halbe Viertelstunde bey ihr auf dem Sofa, wir unterhielten uns von der allgemeinen Noth und ihrer Ab-hilfe. Beim Eintritt kam sie mir entgegen mit Umarmung und Kuß, und beim Abschied sagte sie mir ,Es freut mich, ihre Be-kanntschaft gemacht zu haben, wir werden uns bald wiederse-hen.'"* Königin Katharinas Bitte an die Frau Hofrätin Schwab, dem Wohltätigkeitsverein helfend beizutreten, ist wesentlich politischer, als es zunächst den Anschein hat. Natürlich geht es um das soziale Engagement, gleichzeitig aber auch um die Anerkennung der Schwabs als eine der wichtigen und führenden Familien. So ganz klar ist das nämlich nicht; König Friedrich hat sein Leben lang den Hofrat Schwab spüren lassen, daß er nichts von ihm hält und auch dessen Kinder nicht verschont. Gustavs ältester Bruder, Karl Heinrich, bekommt erst unter der Regierung von Friedrichs Sohn und Nachfolger Wilhelm die richtigen Stellen als Jurist und kann Karriere machen. Eine andere Gelegenheit zur Wiedergutmachung, aber auch zur Bindung des gehobenen Bürgertums an den Hof, stellt die Berufung der Ehefrauen wichtiger Männer in soziale, mit hohem Ansehen verbundene Ämter dar. Friederike weiß das, kennt die Gründe, zaudert aber trotzdem. Von ihrem neuen Amt schreibt sie: *„Ich übernehme es doch mit schwerem Herzen, weil ich wohl fühle, daß meine Gesundheit und mein Alter nicht gleichen Schritt mit meinem guten Willen halten."*

Im sechsten Lebensjahrzehnt steht Friederike jetzt und gilt als alte Frau. Der Körper macht ihr zu schaffen, über ihn klagt sie in den Briefen an Gustav. Ihr munterer Ton, die Lebendigkeit und Spontaneität (*„Ich habe Besuch bekommen, darum muß ich schließen."*) ihrer Zeilen aber lassen eine Frau mit jungem Geist und mit vielleicht immer noch so warm lächelnden Augen, wie sie Hetsch vor vielen Jahren malte, erscheinen.

Schon im März 1817, also nur kurze Zeit nach dem Gespräch mit der Königin, hat Friederike Schwab *„der Sitzung im alten Schloß angewohnt"* und dabei auch die Aussichten auf Anstellung ihres Sohnes Gustav mit dem *„Collega von Süßkind"* besprochen, der Mutter Schwab *„die erfreulichste Hoffnung zur Erfüllung unserer Wünsche machte"*. Bei ihm, dem bekannten und einflußreichen Mitglied im Wohltätigkeitsausschuß, ist sie genau an der richtigen Adresse: Friedrich Gottlieb Süßkind ist wie Friederikes Mann auch Mitglied in der königlichen Oberstudiendirektion, und dort werden die Schulangelegenheiten des Landes geregelt, die Posten vergeben. Mutter Schwabs Antichambrieren bei Süßkind und anderen maßgeblichen Personlichkeiten zeigt schnell den gewünschten Erfolg. Nach bestandenem Examen erhält Gustav Schwab die gewünschte Stelle eines Professors am Stuttgarter Oberen Gymnasium.

Damit steht auch wieder eine Hochzeit bei den Schwabs ins Haus. Bei einer der zahlreichen Unternehmungen und Ausflüge des großen und lebendigen Freundeskreises in Tübingen hat Gustav ein Mädchen kennengelernt, das seinen Vorstellungen sehr entgegenkommt: Sophie Gmelin (35). An ihren Sohn, den *„Herrn M.*(agister) *Schwab, Repentent im Theologischen Seminarium zu Tübingen"* (und das reicht als Adresse) schreibt Friederike über eine ihm nur flüchtig bekannte junge Frau: *„Du wirst wahrscheinlich bey genauerer Bekanntschaft und ... Beobachtung finden, daß dies Mädchen viel von den Eigenschaften hat, die Du Dir mein Lieber! ... an einer Frau wünscht und zwar mit vollem Recht. Die meisten dieser Eigenschaften entwickeln sich erst im häuslichen Leben. Leider sind sie nicht immer mit körperlichen Reizen verbunden und werden nie zur Schau getragen, ich glaube ... sie verbreiten aber gewiß über jedes weibliche Wesen eine Anmuth, die jeder Mann (wenn er so glücklich ist eine solche Frau zu bekommen) anerkennen wird."*

Gustav scheint mit Sophie Gmelin eine Frau gefunden zu haben, die auch bei seiner Mutter Zustimmung und Zuneigung findet. Schon lange vor der Hochzeit schickt Friederike an Gustav ein *„Hals Tuch vor Deine L.*(iebe) *Sophie"* und wünscht, daß er ihr *„damit viele Freude"* macht.

Nach der Hochzeit im März 1818 zieht das junge Ehepaar zunächst für einige Jahre in das Haus von Gustavs Eltern. Gustav schreibt darüber einem Freund: *„Ganz vortrefflich paßt Sophie auch in den Zirkel meiner Familie, ihre zuvorkommende Gutmütigkeit hat sie in so vollkommene Gunst meiner Eltern gesetzt, daß sie ganz und gar wie eine von Kindesbeinen an auferzogene und geliebte Tochter von ihnen geachtet wird."*

Friederike und ihre Schwiegertochter verstehen sich, sind sich nicht unähnlich. Beide stehen fest im Leben, einem großen Haushalt vor, sind tatkräftig und schwungvoll, unkompliziert und offen heraus. Ihre Männer dagegen gehören nicht zu den Unkomplizierten ihrer Gattung und stellen durchaus Ansprüche an die mit ihnen lebenden Frauen. Vater Schwabs Karriere bei Hof geht nur kurze Zeit steil bergauf, um dann im Tal zu landen; er zieht sich zurück in das wissenschaftliche Arbeiten und Publizieren und verkehrt gesellschaftlich mit nur wenigen Leuten. Bei seinem Sohn sind täglich Gäste, er ist ein Workaholic und gilt dazu noch als ausgesprochen eleganter Mann. Sein Schwiegersohn Klüpfel berichtet, er habe sich über seine Kleidung, *„seine Gewandtheit und Feinheit in den Manieren, seine Beweglichkeit und Galanterie den Beinamen ‚Abbé‘ erworben, den er gern akzeptierte"*. In vielen Briefen Friederikes an ihren Sohn nach Tübingen sind seine Nachthemden, Strümpfe und Halstücher ein wichtiges Thema. Darum muß seine Sophie sich nun kümmern, was bei den Ansprüchen ihres Mannes nach blendender Erscheinung gar nicht immer leicht ist. Hätte sie doch den Uhland geheiratet, dem war es egal, wie er rumlief! Gustav jedenfalls wechselt von der einen häuslichen Versorgungsanstalt in die nächste und kann sich ungehindert seinen Aufgaben widmen. So war es schon immer, und so wird es gemacht.

Zwei Jahre später (1819) heiratet Friederikes jüngste Tochter und letztes Kind Charlotte. Damit sind alle Kinder aus der Verantwortung der Eltern gegangen und führen ihr eigenes Leben mit schon wieder eigenen Kindern. Am 14. April 1821 kommt die Familie zusammen, um Friederikes 63. Geburtstag *„in ruhiger Heiterkeit"* zu feiern. Am Tag darauf muß sie in das Ehebüchlein eintragen: Mir wurde *„morgens zwischen 3 und 4 Uhr mein innigst geliebter Gatte ganz schnell durch den Tod entrissen"*. Ihre sehr persönliche Bemerkung über die letzten gemeinsamen Minuten lautet, wie froh sie ist, daß sie *„ihn nicht tod fand, was so leicht der Fall hätte sein können, und was mich auf den Rest meiner Tage unglücklich gemacht hätte"*. Der Todestag Johann Christoph Schwabs ist das Datum ihrer Eheschließung vor 42 Jahren. Es war eine gute Zeit, das harmonische Zusammenleben der Schwabs in einer *„glücklichen Ehe"* war den Jüngeren in der Familie ein Vorbild.

Nun wird Friederike Schwab als Familienmutter die Chronik der Schwabs fortsetzen und über diesen neuen Abschnitt ihres Lebens schreiben: *„Mein Witwenstand"*. Für die meisten Frauen sind das schlimme Jahre. Sie haben nicht nur ihren Mann und damit das Familienoberhaupt verloren, sie stehen vor Aufgaben, die sie noch nie bewältigt haben, sind auch oft ohne Versorgung und müssen sehen, ob sie irgendwo in der Familie unterkommen können. Friederike Schwab aber hat vieles, auf das sie zurückgreifen kann: ihr Bruder, der bekannte Name Rapp-Schwab, die Stellung ihres Mannes, ihre Kinder und das wohl immer noch bestehende Vermögen, das sie einst von ihren Eltern erbte. Sie muß sich keine Sorgen machen, trennt sich aber trotzdem in den nächsten Jahren von ihrem Haus. Nicht das Geld ist der Grund; es scheint vielmehr, als wolle sie ihre Angelegenheiten regeln. *„Nach der Versetzung meines l.*(ieben) *Tochtermannes Director Jägers nach Reutlingen, entschloß ich mich, da keines meiner übrigen Kinder Lust bezeugte, mein Haus nach meinem Tod zu behalten, dasselbe zu verkaufen, was denn auch geschah."* Und sie fügt hinzu: *„Ich bleibe bey ihm zur Miethe in dem kleinen Quartier, das ich vorher immer hatte ... solange es mir gefällt."*

Friederike erlebt in den folgenden Jahren den gesellschaftlichen und beruflichen Aufstieg ihres Sohnes mit, seine enge Verbindung zu Cotta, seine Veröffentlichungen, die Unterrichtstätigkeit am Gymnasium, seine Reisen, die vielen berühmten Freunde und Bekannten, die ihre Schwiegertochter Sophie nicht selten in Vertretung des noch auswärts weilenden Gatten empfangen muß. Noch wohnen sie alle unter einem Dach. Die jungen Schwabs werden erst später in die Hohe Straße ziehen, wo ihr Haus zu einem der gesellschaftlichen Treffpunkte Stuttgarts wird.

Im Jahre 1823 muß Friederike Schwab den Tod ihrer Schwester Heinrike Dannecker miterleben, mit der sie sich zeitlebens ganz besonders eng verbunden fühlte. Während ihre Mutter auf Wunsch des Vaters vor allem im Handelshaus tätig war, wuchs die kleine Heinrike unter der Obhut ihrer 16 Jahre älteren Schwester auf, *„was denn auch zwischen uns beiden zu der Geschwisterliebe eine vermehrte Anhänglichkeit, so wie zwischen Eltern und Kindern erzeugte"*, schreibt Friederike in der Familienchronik.

Die *„Merkwürdigkeiten unseres Ehestandes"* von Friederike und Johann Christoph Schwab gehören zu einem Nachlaß, den das Deutsche Literaturarchiv in Marbach erst vor kurzem erhielt. Diesem kleinen Büchlein sieht man ebenso wie allen Briefen genau an, daß sie sich einst in Gustav Schwabs Besitz befunden haben müssen. Am Ende des 2. Weltkriegs lagen seine persönlichen Papiere tagelang im Regen, bevor jemand erkannte, um was es sich bei diesem ungeordneten Papierhaufen handelte und die Blätter vor der endgültigen Zerstörung durch Wasser und Dreck rettete. So sind einige von Friederikes Briefen an ihren Sohn erhalten geblieben, mit dem sie ein inniges Verhältnis verband: *„Weil ich weiß lieber Gustav, daß es Dir Freude machen wird, etwas von mir selbst Geschriebenes zu sehen"*, setzt sie sich hin, um *„eilige Linien"* an ihn zu richten, auch wenn *„Kopf und Hand ... noch schwach"* sind.

Christoph Theodor Schwab schreibt über seine Großmutter, daß sie *„bis zu ihrem Ende sich ihre Rüstigkeit und die Lebhaftigkeit ihres Geistes erhalten hatte"*. Friederike

Schwabs letzte Worte sollen gewesen sein: *„Jetzt fühle ich, daß der Geist sich vom Körper losreißt."*

Gustav Schwab schreibt am Morgen des 6. Januar 1831 an Ludwig Uhland: *„Der schwere Schlag, der mich gestern Abend durch den Tod meiner geliebten Mutter traf, die nach harten Kämpfen weniger Tage einer fürchterlich wachsenden Halsdrüsengeschwulst erlegen ist, setzt mich in die Unmöglichkeit, an der verabredeten Zusammenkunft"* teilzunehmen.

Silhouette von Rosine Elisabeth Uhland

Rosine Elisabeth Uhland (1760–1831), geb. Hoser

Ihre Biographie tritt erst mit ihrem 23. Lebensjahr aus dem Dunkel der Geschichte. Dort wäre sie vermutlich auch für immer geblieben, wenn Rosine Elisabeth Uhland nicht zu den *„Müttern berühmter Schwabenköpfe"* gehörte.

Die Großmutter der kleinen Rosine Elisabeth ist eine geborene Harpprecht und verbringt einen Teil ihrer Jugend im Wetzlar des beginnenden 18. Jahrhunderts, wo sich ihr Vater, ein *„gewandter diplomatischer Agent"*, als Deligierter des württembergischen Herzogs am Reichskammergericht aufhält. Aus dem *„kleinen und übel gebauten"* (J. W. Goethe) *„Ackerbürgerstädtchen"* wird im Laufe der nächsten Jahre ein weltoffener Ort, in dem die Einheimischen mit den vielen neuen Fremden aus allen Teilen des Reiches zurechtkommen und deren *„Extravaganzen"* ertragen lernen müssen. Rosine Elisabeths Großmutter, Juliana Rosina Harpprecht, erlebt Wetzlar in einer Zeit des Umbruchs. Ihre Eltern gehören zu den Privilegierten, zu den *„Honoratiores familiae"*, und genießen viele Vorteile: Befreiung von der städtischen Gerichtsbarkeit, steuerfreier Bezug aller Waren von auswärts, Beauftragung von Handwerkern, ohne auf die Zunftstatuten achten zu müssen.

Moritz David Harpprecht und seine *„Tugend=belobte Ehren Matron"* Anna Rosina sorgen dafür, daß ihre Tochter sich *„des wohl- und fertig erlernten Schreibens und Lesens"* erfreuen und damit zu den wenigen weiblichen Wesen zählen darf, die über diese Fertigkeiten verfügen. Juliana Rosina lernt leicht, gilt als lebhaftes junges Mädchen und soll gerade auch bei *„vielen hohen Standes=Personen"* sehr *„wohl gelitten"* gewesen sein. Das Tanzen hat sie bei einem extra für sie engagierten *„Exercitien-Meister"* gelernt. In einem Alter, *„darinnen die Jugend schon am leichtesten sich an der Welt vergaffet"*, sind sie besonders eindrucksvoll, die mehrspännigen Kutschen des Gerichtspräsidenten, die spanische Tracht des Richterkollegiums und die Kleider der Damen, die sich in Sänften durch die engen Gassen Wetzlars von der einen Gesellschaft zur nächsten tragen lassen. Ein Besucher wird später beeindruckt sein von den vielen Redouten, Bällen, Schlittenfahrten, Soiréen und Ausritten mit großem Gefolge: *„Nirgends ist es gesellschaftlicher als hier."* Entsprechend den vielen Lustbarkeiten verzeichnet das neu entstehende Luxusgewerbe (Perücken- und Knopfmacher, Schneider, Friseure, Tanzmeister, Wein- und Spezereienhändler) in Wetzlar sehr gute Umsätze. Juliana Rosina ist vorbereitet und mit dem nötigen Rüstzeug für eine gesellschaftliche Karriere ausgestattet, die hoffentlich in einer guten Partie zu aller Zufriedenheit endet. Selten stehen so viele Männer aus besten Familien auf einem überschaubaren Fleck zur Auswahl. Eine gute Partie der Tochter ist von großem Wert für die Familie, und Harpprechts hoffen, daß Juliana Rosina dem richtigen Mann auffallen wird. Sie haben getan, was sie konnten; jetzt kommt es auf die Tochter an, und das Schicksal muß auch mitspielen. Das tut es nicht, im Jahre 1712 stirbt ganz überraschend der Vater, während *„das zwölfte und letztere Liebes-Pfand aber noch unter dem höchst-betrübten Mutter-Hertzen ruhet"*. Anna Rosina Harpprecht schickt ihrem Mann bewegende Zeilen nach: *„Ach! Liebster auf der Erden, den mir Gott hat beschert. Soll ich schon Wittwe werden? Von Würmern Du verzehrt?"*

Nach der Beisetzung ihres Mannes zieht Anna Rosina Harpprecht mit ihren zwölf Kindern nach Stuttgart. Tochter Juliana Rosina, deren Leben in der *„großen Welt"*, die nach Wetzlar gekommen war, so vielversprechend begonnen hat, kehrt zurück nach Württemberg und in Zukunft wird sie – wie ihre Vormütter – im Schwabenland bleiben. Viele kleine Einzelinformationen über die Generationen vor ihr lassen eine weibliche Bildungstradition in der Familie vermuten. Juliana Rosina kann nicht nur lesen und schreiben, nach ihrer Heirat mit dem Diakon Johannes Zeller weiß sie sich *„bey kleiner Haushaltung ... zu Lesung allerhand Bücher nützlich zu bedienen"*. Mag sein, daß sie in diesen Jahren schon damit beginnt, tägliche Aufzeichnungen zu machen, um später ihre Biographie zu schreiben. Zu dieser Zeit lebt das Ehepaar in Calw, und dort wird 1718 Rosine Elisabeth Zeller geboren. Zwei Jahre später zieht die nun vierköpfige Familie nach Tübingen, und damit sind wir an dem Ort angelangt, wo Juliana Rosinas Enkelin Rosine Elisabeth Uhland ihr ganzes Leben verbringen wird.

Zunächst aber geschieht ein Unglück: Rosine Elisabeth Zeller fällt als fünfjähriges Mädchen aus einem fast fünf Meter hohen Fenster, als sie dem Zug des Viehs durch die Tübinger Gassen nachschaut. Ihr Leben hängt also für Sekunden in der Luft, um dann sanft zu landen, denn es wird berichtet, daß sie *„den geringsten Schaden davon nicht nahme, auch nicht einmal eine Beule bekommen hat"*. Mit 19 Jahren verliert dieses Mädchen, das den Tübinger Fenstersturz so ungewöhnlich gut überstanden hat, ihre Mutter. Juliana Rosina Zeller, geborene Harpprecht, deren Leben in Wetzlar so vielversprechend begann, stirbt schon mit 38 Jahren. Die *„herzinnigst geliebte Ehe-Genoßin"* des späteren Prälaten Zeller hat noch im Sommer vor ihrem Tod eine *„Bad=Kur in dem Deinach"* (Bad Teinach) gemacht, aber das bringt nur kurzfristig Linderung.

Ihrer Tochter Rosine Elisabeth bleibt erspart, was von vielen Mädchen und Frauen erwartet wird: als Stellvertreterin der Mutter den Haushalt des verwitweten Vaters und seiner acht Kinder zu führen. Aus der Jungfer Rosine Elisabeth ist im Herbst 1738 die Ehefrau des Hofgerichtsadvokaten und Universitätssekretärs Jakob Samuel Hoser geworden. Den Haushalt ihrer verstorbenen Mutter führt die zweite Frau ihres Vaters. Drei Monate bevor Rosine Elisabeths Stiefmutter einen Sohn zur Welt bringt, wird die junge Hoserin selbst Mutter und in den folgenden 21 Jahren fast ununterbrochen schwanger sein. Elf ihrer 15 Kinder erreichen das vierte Lebensjahr nicht, ein Sohn stirbt im Alter von 14 Jahren, und nur drei Kinder, darunter Rosine Elisabeth Uhland, werden älter als ihre Eltern.

Wäre Juliana Rosina Zeller nicht schon mit 38 Jahren gestorben, wir könnten sicher mehr über ihre Tochter, die Frau des Universitätssekretärs Hoser, in einem der württembergischen Archive ausfindig machen. Aber Juliana Rosina kam nicht mehr dazu, das Schriftliche zu ordnen, ihre biographischen Aufzeichnungen scheinen für immer verloren zu sein. Daß die junge Hoserin die Notizen ihrer Mutter an sich genommen hat, ist möglich, lebt sie doch mit ihrem Mann zur Miete im väterlichen Haus in der Haaggasse 15. Daß es als älteste Tocher ihre Aufgabe war, die Hinterlassenschaft der Mutter, ihre Kleider, Bücher und persönlichen Erinnerungsstücke, zu ordnen, ist anzunehmen. Die Quellen erzählen, daß Rosine Elisabeth Hoser in dem geräumigen sechsstöckigen Haus, aus dessen Fenster sie einst als kleines Mädchen stürzte, ihr Leben lang wohnen bleiben und Kinder gebären wird. Das letzte bekommt sie im Alter von 42 Jahren: Rosine Elisabeth.

Das Jahrhundert hat seine Mitte schon überschritten, als in der Familie Hoser zwei Monate nach dem Tod des letztgeborenen Töchterchens wieder ein Mädchen zur Welt kommt. Rückblickend werden die nun nicht mehr jungen Eltern das Gleiche empfinden wie so viele Ehepaare ihre

Zeit: *„Alle Jahre ... gab es eine Taufe, alle Jahre auch ein Begräbnis."*

Rosine Elisabeths Brüder sind sieben und zwölf Jahre alt, gehen schon zur Schule und beanspruchen die Mutter nicht mehr so sehr. Sie kann sich intensiv um das *„Nesthäkchen"* der Familie kümmern, von dem alle hoffen, daß es nach ihren drei früh verstorbenen Schwestern überleben wird.

Die Gegenwart (1760) ist unruhig: Friedrich II. von Preußen hat sich 1756 zu einem Präventivschlag gegen Österreich entschlossen und sitzt nun schon seit vier Jahren fest. In Rußland kommt nach einem Staatsstreich Katharina die Große an die Macht, aus Portugal werden die Jesuiten vertrieben, und in Württemberg regiert seit 1744 der nun 32jährige Herzog Karl Eugen. Obwohl am Hofe Friedrichs des Großen in Preußen erzogen, sind dessen Grundsätze als aufgeklärter absolutistischer Herrscher völlig spurlos an dem jungen Herzog vorbeigegangen. Von lebhaftem Temperament, stark ausgeprägtem Selbstwertgefühl, *„aber weder maßvoll noch ausdauernd"*, interessiert ihn in erster Linie der Effekt seines Handelns, er ist sozusagen publicitysüchtig. Daß er dazu noch als eitel, genußsüchtig und verschwenderisch gilt, läßt nichts Gutes für seine Untertanen ahnen. Die Geschichtsbücher sind voll von seinen (Un-)Taten. Von seinem sehr lockeren Umgang mit dem Geld spricht man überall, so soll er bei einem Fest einmal Schmuck im Wert von 50 000 Talern als kleine Aufmerksamkeiten für die anwesenden Damen verteilt haben. Auch sollen Gebäude errichtet worden sein, die ihm dann doch nicht so recht gefielen und auf des Herzogs Befehl schon nach kurzer Zeit wieder abgerissen wurden. Und dann die *„Brunst- und Hatzjagden"*! Es werden nicht nur mehrere Hundert Tiere Opfer des herzoglichen Jagdtriebes, seine Untertanen müssen auch ständig bereitstehen für Treiber- und Fuhrdienste. Eine zivilisatorische Aufwärtsentwicklung ist in dieser Angelegenheit für die nächsten Jahrhunderte nicht zu vermelden, im Gegenteil. Um die Rückkehr König Friedrichs aus Wien (1814) zu feiern, werden auf der Solitude 400 Schweine zum Abschießen bereitgehalten.

In Tübingen aber weiß man auch anderes von Karl Eugen zu berichten. Elf Jahre alt ist Ludwig Uhlands Mutter, Rosine Elisabeth Hoser, als die zweite große Feuersbrunst des 18. Jahrhunderts über die Stadt hereinbricht. Sie wird mit ihren Eltern und Brüdern unmittelbare Zeugin dieses fürchterlichen Geschehens, denn im Quartier der Handwerksbetriebe zwischen der Ammer- und Haaggasse, also ganz in der Nähe, wütet das Feuer und verschlingt innerhalb von fünf Stunden 17 Gebäude. Der Himmel über Tübingen färbt sich blaurot, man sieht es bis nach Rottenburg und Reutlingen. Die *„meisten der 170 Personen, die von dem Unglück betroffen sind, können angesichts des rasch um sich greifenden Feuers mit knapper Not kaum mehr als ihr nacktes Leben retten"*, berichten die Protokolle des Magistrats von Tübingen.

Der Feuerreiter erreicht erst am nächsten Morgen die Solitude und berichtet einem entsetzten Herzog, was geschehen ist. Der läßt umgehend die Pferde satteln und reitet in rasendem Galopp mit einigen Männern los. Sie kommen zu spät. Herzog Karl Eugen kann nichts mehr tun. Hilfe aber brauchen die Opfer der Brandkatastrophe jetzt dringend. Die Universität stellt 1000 Gulden bereit, und *„auch sonst fehlt es nicht an vielseitigen Beweisen des Mitgefühls und der Hilfsbereitschaft"* erzählt ein Chronist der Ereignisse von 1771. Im Hause Hoser wird man darüber viel sprechen, lebt die Familie doch nicht nur in der Nähe des Unglücksortes, Vater Hoser gehört als Universitätssekretär auch zu den Männern der schwäbischen Alma Mater, die einen Geldbetrag zur Verfügung stellt.

Die tätige Hilfe, die menschliche Unterstützung, das Bereitstellen von Nahrung, Sammeln von Kleidern und die

Bewohnbarmachung von Notunterkünften, das Trösten und Mut zusprechen dagegen – das ist Sache der Frauen. Das hängt doch irgendwie alles mit Haushalt und Kindern zusammen, sagen sich die Männer und widmen sich lieber mit ernsten Mienen der Begehung des Unglücksortes, dem Aufstellen wichtiger Protokolle und Listen, den Besprechungen und Magistratssitzungen, den neuen Bauplänen und der Verteilung von Orden und Lobreden für den Löscheinsatz. Und während die männliche Hälfte der Familie in solchen staatstragenden Angelegenheiten von Ort zu Ort eilt, kümmert sich die weibliche Hälfte darum, daß die Rädchen des täglichen Miteinanders gut geschmiert weiterlaufen. Für Mutter und Tochter Hoser heißt das jetzt, in den Truhen nach nicht mehr benötigten Kleidern und Wäschestücken zu suchen, entbehrlichen Hausrat abzugeben und den Bedürftigen große Töpfe voll heißer Suppe zu bringen. Das muß alles organisiert werden, macht viel Arbeit und so manchen Gang durch die Gassen der Universitätsstadt nötig. Rosine Elisabeth ist ein aufgewecktes, flinkes Mädchen, das diese Aufgabe gerne übernimmt. Ohnehin paßt es ihr manchmal gar nicht, daß sie im Gegensatz zu ihren Brüdern so viel im Hause bleiben und lernen muß, was sie für ihr späteres Leben als Mutter, Hausfrau und Ehefrau braucht: den feinen Umgang mit Küchenkräutern, die richtige Zubereitung des Fleisches, das genaue Abschmecken der Soßen und das Brotbacken. Von Rosine Elisabeth Uhlands Küchenkünsten wird später nicht nur der Dichter Justinus Kerner schwärmen ... Und noch etwas wird die jüngste Tochter des Ehepaares Hoser ganz hervorragend beherrschen: das Briefe-Schreiben. Sie ist nicht nur flink mit dem Kochlöffel, nein, auch mit der Feder. Von der Lust am Schreiben haben wir schon bei ihrer Großmutter gehört, und Rosine Elisabeth setzt diese Tradition fort.

Rosine Elisabeth wächst in einem Elternhaus auf, das nicht nur den höheren Ständen, sondern auch den gebildeten in Tübingen angehört. Für die Söhne Konrad Friedrich (1748–1815), den späteren Hofrat, und Christian Eberhard Hoser (1753–1813), der die geistliche Laufbahn einschlägt, ist damit klar, daß sie das Gymnasium und die Universität besuchen werden.

Und ihre Schwester? 1777 ist es 300 Jahre her, daß in Tübingen die Universität gegründet wurde. Graf Eberhard soll die Idee dazu von seiner Mutter, Mechthild von der Pfalz, die schon die Gründung der Universität in Freiburg veranlaßt hatte, bekommen haben. Mechthild von der Pfalz, die der Historiker Hansmartin Decker-Hauff als ein *„Wunder an Geist und ... feiner Bildung"* bezeichnete, verkörpert sozusagen den weiblichen Anteil an der Tübinger Universität. Doch auch wenn sie als die *„Mutter der Universitäten"* Heidelberg, Freiburg und Tübungen gilt, so heißt das noch lange nicht, daß die Töchter des Landes dort ein Recht auf Anwesenheit und Lernen haben. Was mag der Jungfer Hoser durch den Kopf gegangen sein, wenn sie die Herren Professoren in ihren schwarzen Talaren sah, die mit gewichtigen Mienen dem nächsten wissenschaftlichen Disput zueilten und die schweren Türen dieses Reservats der männlichen Gelehrsamkeit hinter sich schlossen? Sie darf dort nicht hinein. Aber vielleicht begehrt sie innerlich dagegen auf, sieht nicht ein, warum ihre Brüder all das lernen dürfen, von dem auch sie so gerne mehr erfahren würde. Rosine Elisabeth ist immerhin die Tochter des Herrn Universitätssekretärs Hoser, der eine wesentlich wichtigere Position hat, als uns das Wort nach heutigem Verständnis mitteilt. Ist seiner Tochter mal der verwegene Gedanke gekommen, einfach *„unter dem väterlichen Amtsmantel"* in die heiligen Hallen der Männeruniversität zu schleichen? Wenn ja, dann wird Jakob Samuel Hoser ihr diese Flausen rechtzeitig und nachdrücklich ausgetrieben haben. Es wird noch weit über hundert Jahre dauern, bis die Männerwelt zähneknirschend zugeben muß, daß auch Frauen ein Gehirn und ein Recht zum Erwerb von wissenschaftlichen Kenntnissen haben. Wen interessiert es schon, wenn ein Professor Georg Christoph Lichtenberg die Erziehung der Mädchen als *„eine Schande fürs Vaterland"* bezeichnet.

In Schnepfenthal, im Institut von Christian Gotthilf Salzmann, da könnte Rosine Elisabeth schon einiges lernen. Seine Schülerinnen haben die *„Pflicht, selber zu urteilen"* und sollen am geistigen Leben teilnehmen. Und wie zur Bestätigung seiner Ansichten über das weibliche Geschlecht übersetzt er Mary Wollstonecrafts *„Verteidigung der Rechte der Frauen"* (1792) aus dem Englischen ins Deutsche. Dort kann man so ungeheure Sätze lesen wie: *„Die herrschende Ansicht, daß die Frau für den Mann geschaffen sei, entstammt voraussichtlich Moses' poetischer Erzählung. Wer über die Sache nachgedacht hat, nimmt es nicht wörtlich, daß Eva aus einer Rippe Adams geschaffen wurde, und damit wird das ganze Argument hinfällig, es beweise denn, daß seit der ältesten Zeit dem Manne jeder Grund recht war, die Frau zu unterjochen, so wie er auch dachte, daß die ganze Schöpfung nur zu seinem Behagen und zu seinem Vergnügen geschaffen sei."* Das bringt die württembergische Geistlichkeit, die alles geistige Leben im Herzogtum beherrscht, zum Schäumen vor Wut. Und erst die Forderung dieser Engländerin, auch der Weiblichkeit die Tore der Universität zu öffnen! Das geht entschieden zu weit, das Buch muß vor den Frauenzimmern verschlossen gehalten werden. Sollen sie lieber weiterhin ihre „Romänle" lesen anstatt so aufrührerische Literatur. Mary Wollstonecraft in England stößt ebenso wie Amalie von Holst und Theodor Gottlieb von Hippel in Deutschland auf Ablehnung mit ihren Forderungen nach einem Menschen- und Bürgerrecht für Frauen. Eine gewisse Ratlosigkeit zu diesem Thema zeigt sich noch 200 Jahre später, wenn das Lexikon des Deutschen Taschenbuchverlags 1992 über Hippel schreibt: *„Witzig (!) sind seine Traktate über die Frauenfrage"*. Überhaupt nicht witzig finden Hippels Zeitgenossen seine Forderung, Frauen *„an der inneren Staatsverwaltung und Staatshaushaltung"* teilnehmen zu lassen und verhindern, daß solche rebellischen Schriften wie *„Über die bürgerliche Verbesserung der Weiber"* ins Haus kommen.

Im Alter von fast 60 Jahren schreibt Rosine Elisabeth ihrem Sohn: *„In die Umwälzungen können wir Alte uns gar nicht finden, da wir noch in friedlichen Zeiten, wo alles seinen bestimmten abgemessenen Gang ging, erzogen wurden."* (10. 11. 1817)

Welche Erziehung, welchen Unterricht sie aber erhält, kann nur vermutet, aus ihrem späteren Leben rückgeschlossen werden. Sprachliche Gewandtheit, ein frischer Ausdruck und vor allem der immer wieder zwischen den Zeilen hervorschimmernde Humor machen ihre Briefe lesenswert. Sie schreibt ihrem Sohn stets in deutscher Sprache, beherrscht das Französische, ein Kennzeichen der höheren Bildung in damaliger Zeit, wohl nicht. Daß ihr Sohn Ludwig nur dem Vater lateinische Zeilen schickt, seiner Mutter aber nicht, ist nicht ungewöhnlich. Latein ist die Sprache der Männer und wird tagsüber (Schule, Universität, Hofkanzlei und Medizinalkollegium) und abends (Schreibtisch und Studierstube) an extra für sie geschaffenen Orten, an denen sie ungestört dem geistigen Arbeiten nachgehen können, gesprochen und geschrieben.

Rosines Ort des Schaffens und Arbeitens ist das Haus. Und wenn sie auch als Tochter des Universitätssekretärs wahrscheinlich keinen Zugang zu höherer Bildung hatte, so kann sie doch keineswegs als ungebildet bezeichnet werden. *„Von grundgescheitem Wesen"* soll sie gewesen sein, und die vielen Briefe, mit denen sie das Leben ihres Sohnes Ludwig begleitet hat, bestätigen diese Lebensklugheit.

Neben der Residenzstadt Stuttgart und Ludwigsburg gilt Tübingen als die bedeutendste Stadt im Herzogtum Württemberg. Die junge Rosine Elisabeth Hoser lebt in einem

Universitätsdorf, in dem Handel und Gewerbe keine große Rolle spielen. *„Die Einwohner sind freudige und vergnügte Schwaben, leben bey ihrer Mittelmäßigkeit ohne Sorgen, und in öfterem Wohlleben, wo die wohlfeilen Lebensmittel viel beytragen, sind daneben meist ehrliche und dienstfertige Leute"*, notiert der Dichter und Naturforscher Albrecht von Haller in seinem Tübinger Tagebuch. Einerseits prägen Handwerker, Tagelöhner und Weinbauern das Bild des Ortes, andererseits die Herren Studenten und ihre Lehrer. Gesprächsthema sind die großen Schaden bringenden Hagelschauer, die Weinlese, die Liaison des Herzogs mit seiner Franziska und die jungen Männer, die eigentlich zum Studieren der Bücher gekommen sind, sich aber gerne auch andere Objekte ihrer Studierlust suchen. *„Litten auch zuweilen die Bürger unter den Freiheiten der Studenten, welche besonders anfangs zur Zügellosigkeit verleiteten, so war doch dieses nicht in Betracht zu ziehen in Vergleichung mit dem Gewinn, der ihnen durch die erhöhte Gewerbsamkeit wude"*, heißt es in einer Stadtchronik von 1822. Kaum einer der Studenten, wie später der junge Wilhelm Hauff, hat die Möglichkeit, während des Studiums bei der eigenen Familie zu wohnen. Sie kommen aus allen Teilen des Landes nach Tübingen gereist und brauchen Logis und einen *„Tisch mit schicklicher Unterhaltung"*. Albrecht von Haller berichtet, er habe dies im Hause des Buchhändlers Johann Georg Cotta gefunden. Bei der Witwe Cotta ißt und wohnt Haller, beim Sohn kauft er seine Bücher. Zur erhöhten *„Gewerbsamkeit"* tragen auch die Wasch-, Bügel- und Nähdienste der Tübinger Hausfrauen bei, die auf diese Weise nicht nur ihr Budget aufbessern, sondern auch manchem jungen Mann aus der Klemme helfen.

Bekannt ist, daß Studenten im 19. Jahrhundert geheime Listen aufstellten, in denen sie die jungen Tübingerinnen nach verschiedenen Kriterien (Name, Herkunft, Alter, Aussehen, Körper, Bildung, besondere Fähigkeiten) schriftlich begutachteten und das *„Holz"* (Busen) und die *„Gebäran-*

stalt" der Kandidatin mit *„viel"*, *„klein"* oder *„schön"* beurteilten. Die Bemerkung *„als Pfarrerin zu empfehlen"* findet sich ebenso in diesem Rundbrief für studentische Bettangelegenheiten wie *„gut zu poussieren"* oder *„geil"*. Hundert Jahre früher läßt sich auch der Student Haller über die Tübingerinnen aus. *„Das Frauen=Zimmer ist schön und ungezwungen, auch eben sprödigkeitshalber ohne Nachrede."* Daß mancher es trotzdem versucht und als *„Gescheiderer ein trübes Andenken hinterlassen"* hat, deutet Haller an, wenn er berichtet, *„die damalige Schönheit ... ist kurz darauf in der Blüthe ihres Alters gestorben."*

Am Ende des 18. Jahrhunderts gehören von den etwas über 6000 Einwohnern Tübingens 500 der Universität an. Personal und Professoren abgerechnet, bleiben immer noch genügend junge Männer übrig, die den Töchtern den Kopf verdrehen und den Eltern unruhige Zeiten bescheren können. Aber *„so scharf man ... die Studierenden zur Ordnung und Sittlichkeit ermahnen mußte"*, so ist auch *„daran zu erinnrn, daß die Studiosi einst zu allen Zeiten, immer wenn Not am Mann war, insbesondere, wenn es irgendwo in der Stadt gebrannt hat, hilfsbereit zur Stelle gewesen sind."*

So mancher Student, über dessen Lebenswandel und Studier *„freude"* im kleinen Tübingen getuschelt wird, gehört Jahre später vielleicht zur führenden gesellschaftlichen Schicht im Universitätsdorf. *„Angesehene Bürgersleute sind wenig, meist alles beruhet auf Professoren und deren Häusern"*, bemerken Gäste von auswärts schon bald nach ihrer Ankunft in Tübingen. Sie sind schon etwas ganz Besonderes, diese Tübinger Professoren: Sie *„werden alle vom Fürsten ernennet, welcher dazu nach Belieben* extraordinarios *macht, da eben nichts seltenes, einen Kerl auf eines Kammerdieners Bitte hin auf dem Lehrstuhl zu sehen. Der* Senatus *hat über die* Academie *und selbiger Verwandten als Buchdrucker, Buchbinder etc. völliges Recht zum Leben und Tode und setzt Bußen aus, legt gefangen, befreyt, verurtheilt nach Wohlgefallen und Inhalt Römischer Rechten,* *glaube auch nicht, daß der Fürst ihnen sonderlich in die Hände falle. Deßwegen sind die Professoren geehret, und heyrathen sich und ihre Kinder alle Tage in edle Häuser, welches bei Bürgern niemals geschieht. Ueberall werden eitel Landes Kinder befördert, und sind die Osiandrische, Camerarische, Harprechtische und andere Häuser schon seit hundert Jahren niemals ohne Professoren gewesen"*, heißt es in einem zeitgenössischen Bericht.

Die junge Rosine Elisabeth gehört als Tochter des Universitätssekretärs zu den angesehensten Familien nach denen der Herrn Professoren. Da muß sich der junge Johann Friedrich Uhland (1756–1831) schon etwas einfallen lassen, um sein Interesse an der Jungfer Hoser zu bekunden. Vielleicht kann sein Vater, der Theologieprofessor Ludwig Joseph Uhland, ihm weiterhelfen, oder kennt seine Mutter sogar die alte Hoserin aus der Haaggasse? Die liegt ein ganzes Stück entfernt von Johann Friedrichs Elternhaus in der Neckarhalde, aber vielleicht treffen sich die Frauen manchmal auf dem Markt vor dem Rathaus? 65 Jahre alt ist die Hoserin schon und ihr Mann fast siebzig. Gewiß möchten sie gerne ihre Tochter versorgt wissen, und außerdem wäre da demnächst auch noch die Stelle des Universitätssekretärs, die Rosine Elisabeths Vater inne hat, zu besetzen …

Im Jahre 1783 ist Rosine Elisabeth Hoser für den Geschmack so manchen Mannes nicht mehr *„taufrisch"* genug und mit 23 eigentlich schon über das Heiratsalter hinaus. Eine Zeitgenossin von Rosine Elisabeth Hoser schreibt als Dreißigjährige über ihre Erfahrungen: *„Von unserer ersten Jugend an, haben sie kein größeres Intereße als uns zu verheirathen; und wenn die Anträge ausbleiben, auf die sie hoffen, … sind wir ihnen eine Last und der Gegenstand drückendsten Kummers. Jede Freundin und Bekannte, die sich verheirathet, jeder Mann, der sich ohne an uns zu denken, eine Frau sucht, zieht uns stille oder laute Vorwürfe zu. Jede Klage über die Vertheuerung der Lebens-*

mittel, über die Last eine große Oekonomie zu führen, ohne eine Erleichterung zu erhalten, ist ein Vorwurf für uns, von der Schüssel unseres Vaters zu essen, während daß wir uns selbst ernähren könnten und sollten. ... und bleiben wir in der Einsamkeit, so werden wir verdrüßliche, launische Geschöpfe, bleiben ohne Menschenkenntniß, Erholung, Vergnügen, quälen, werden gequält. Verdruß über die Gegenwart, Angst über die Zukunft erfüllt unsere Seele." Was für Aussichten, dann schon lieber einen Mann! Auch Rosine Elisabeth weiß: Nur mit einem Mann kann sie an den Tübinger Gesellschaften teilnehmen, ist sie versorgt, wird als Mensch geachtet und entgeht der allgemeinen Verachtung alter Jungfern.

Ihre Brüder haben zu Beginn der 80er Jahre schon lange das elterliche Haus verlassen, sind verheiratet und gehen ihren Berufen nach. Ihre Schwester hat nichts gelernt, was ihr eine Existenz außerhalb des für sie vorgesehenen Stands einer Hausfrau, Ehefrau und Mutter sichern könnte. Bis sie hoffentlich diesen Zweck ihres Lebens erreicht, bleibt sie bei ihren Eltern. Wenn die einerseits vielleicht auch beunruhigt sind, ob ihre Tochter noch einen abkriegt, so ist diese Situation andererseits auch sehr angenehm für sie. Mutter Hoser war nach damaligen Maßstäben schon alt, als sie Rosine Elisabeth zur Welt brachte, nämlich 42 Jahre. Jetzt geht sie auf die Siebzig zu und kann die Hilfe ihrer Jüngsten sehr gut gebrauchen.

Heinrich von Kleist schreibt etwa zur gleichen Zeit an seine Schwester Ulrike: *„Du sagst, nur Männer besäßen diese uneingeschränkte Freiheit des Willens, Dein Geschlecht sei unauflöslich an die Verhältnisse der Meinung und des Rufs geknüpft."* So wie Ulrike in Frankfurt geht es auch Rosine Elisabeth in Tübingen. Als Objekt männlichen Interesses und junge Frau, die geheiratet *wird* (!), muß sie aufpassen, nicht ins Gerede zu kommen. Tübingen ist klein, jeder kennt jeden, und wie schnell kommt es zu Tuscheleien und Gerüchten. Das kann sie den Eltern und der Familie nicht antun, und so fügen sich junge Frauen in Rollen, die sie vergessen lassen sollen, daß sie auch selbst Wünsche, Träume und Vorstellungen vom Leben haben. Was bleibt, ist das Verschwiegene, das heute mehr Nachfühlbare als Nachlesbare. Welche junge Frau kann es schon riskieren, ihre geheimsten Gedanken einem Stück Papier anzuvertrauen, das in die Hände der Mutter oder sogar des Vaters gelangen könnte. Junge Männer gibt es viele in Tübingen, und so bespricht es Rosine Elisabeth vielleicht lieber mit einer Freundin, wenn sie sich in einen Studenten *„verguckt"* hat. Gar nicht weit von ihrem Elternhaus in der Haaggasse entfernt liegt der Tübinger Marktplatz mit seinem Rathaus, *„ein berauchtes, häßliches, hölzernes Gebäude"* aus dem Jahre 1435. Er ist das Zentrum des Ortes. Dort kauft Rosine Elisabeth nicht nur an den Marktständen ein, sie promeniert auch manchmal mit einer Freundin auf und ab. Eine der bekanntesten Familien Tübingens hat dort seit 1706 ihre Apotheke: die Gmelins. Jetzt, Ende der siebziger Jahre, ist Christian Gottlob Gmelin in dritter Generation der Besitzer. Seine Großmutter, Susanne Barbara Haase, hat die Apotheke mit in die Familie gebracht, die für weit über hundert Jahre zum Mittelpunkt der Familie und das geistige Leben Tübingens stark mitprägen wird. In dieser Tradition steht auch Christian Gottlob Gmelin, er wird zwei botanische Gärten in seiner Heimatstadt anlegen – der eine wird berühmt wegen seiner seltenen Heilpflanzen, der andere, weil sich Johann Wolfgang von Goethe in dessen Gartenhäuschen aufgehalten hat. Christian Gottlob ist ein interessanter Mann, nur zehn Jahre jünger als Rosine Elisabeth, und ihr Weg zu den Marktständen führt auch an der Gmelinschen Apotheke vorbei ... Überliefert ist nichts, aber ausgeschlossen ist auch nichts.

Die Kontakte der wenigen *„besseren"* Familien Tübingens sind eng – über Generationen weg und bis in die Residenzstadt Stuttgart reichend. Schlittenfahrten, Teegesellschaften, Wanderungen auf den Österberg, Musikabende und gelegentliche Einladungen zum gemeinsamen Essen gehören zu den Gelegenheiten, bei denen sich Alt und Jung treffen. Besonders beliebt sind zu dieser Zeit die geselligen Nachmittage und Abendstunden in den Gärten, die etwas außerhalb angelegt wurden und den Namen des Besitzers trugen: Autenriethscher Garten, Osianderscher Garten und der des Professors Fein. Der nun verfügt über eine Besonderheit, die es in Tübingen bisher nicht gibt, eine Sommerwohnung. Es ist also möglich, dort über Nacht, ja sogar einige Tage zu bleiben. Welch ungewöhnlicher Gedanke, denn bisher wohnen zwar *„Studenten sommers gerne in Weinberg- oder Gartenhäuschen, daß aber eine ganze Familie den Sommer in ihrem Garten zugebracht hätte, das wäre früher in Tübingen unerhört gewesen"*, heißt es in den *„Tübinger Blättern"* von 1906 zum Thema *„Alte Gärten und Gartenhäuser in Tübingen"*. Rosine Elisabeths Sohn wird es später lieben, sich in seinem Garten und dem berühmten *„Glaspalast"* aufzuhalten.

Den Tübinger Frauen steht zu dieser Zeit *„ihre Kleidungs=Art sehr wohl"*. Im Vergleich zu ihnen aber haben die Stuttgarterinnen *„an Schönheit den Preiß"*. Sie sind nicht so *„spröde"* wie die Tübingerinnen, *„nehmen auch Musique und Collation (kleines Essen) ohne Weigerung an"*.

Mag sein, daß Rosine Elisabeth auch etwas spröde war, dem Johann Friedrich Uhland aber hat sie gefallen. Den Kennern der Familie gilt er als *„das Urbild des akademisch gebildeten, rechtskundigen Beamten. Der peinlich gewissenhafte Mann lebte völlig seinem Amte und in den Angelegenheiten der Universität. Charakterfest und aufrichtig, klug und besonnen in seiner Arbeit, dabei ein getreuer und sorglicher Familienvater."* Johann Friedrich ist jetzt 27 Jahre alt, seine Ausbildung hat er abgeschlossen, seine erste Stelle gefunden und nun geht es darum, eine Familie zu gründen.

Von der Schorndorfer Familie Weckherlin-Schmid und vielen anderen Schreiberdynastien ist bekannt, daß der

Amtsinhaber gerne seinem Scribenten (Schreibergeselle) die eigene Tochter zur Frau gab, um so das Amt für die Familie zu erhalten. Auch die Position des Universitätssekretärs ist nicht zu verachten. Aber ist es wohl vermessen, dem Bräutigam Uhland ähnliche Motive bei der Werbung um Rosine Elisabeth zu unterstellen, zumal es dann so aussieht, als ob sie nur noch mit diesem Lockmittel *„an den Mann"* zu bringen war. Aber nachdenklich macht es doch, daß Johann Friedrich noch im Jahr seiner Heirat mit Rosine Elisabeth nicht nur deren Unterhalt, sondern auch gleich das schwiegerväterliche Amt übernimmt. Wie dem auch sei, Rosine Elisabeth kann jetzt erhobenen Hauptes durch die Tübinger Gassen, über den Marktplatz und zum sonntäglichen Gottesdienst gehen – sie wird demnächst eine verheiratete Frau sein. Das Ziel des Lebens ist erreicht, denn *„die Ehe ist ja das einzige, Euch übrig gebliebene Mittel, einen bestimmten Standort, Wirkkreis, Schutz, Ansehen und einen höhern Grad von Freiheit und Selbständigkeit zu erhalten"*, schreibt Campe, und die meisten Frauen glauben ihm das. Daß es auch anders geht, leben ihnen nicht nur einige wenige sehr mutige Zeitgenossinnen vor, es hat auch schon vor langer Zeit warnende Stimmen gegeben. Im Jahre 1730 schrieb die Engländerin Mary Astell in ihren *„Reflections upon Marriage"* (Betrachtungen über die Ehe) als Befürworterin des Ledigbleibens: Eine Frau *„hat keinen Grund, froh darüber zu sein, daß sie verheiratet ist, oder es als Vorzug anzusehen, wenn sie als des Mannes Oberdienerin gilt"*. Auch Männer wie Heinrich Heine, ein Zeitgenosse von Rosine Elisabeth Sohn, werden sich zu diesem Thema äußern und das Unverständnis ihrer Mitmänner ernten, wenn sie schreiben: *„Das deutsche Eheleben ist keine wahre Ehe. Der Mann hat keine Frau, sondern eine Magd; er führt sein Junggesellenleben im Geiste selbst im Familienkreis weiter."*

Am 20. März 1783 wird Rosine Elisabeth Hoser die Frau von Johann Friedrich Uhland. Die näheren Begleitumstände ihrer Hochzeit, „*Reputation*" und Ansehnlichkeit des Bräutigams, ob es Liebe und Rosine Elisabeth glücklich war – das alles ist nicht bekannt. In der geistig aufgeschlossenen Atmosphäre ihres Elternhauses machen die Zeitströmungen, das Neue und der damit einhergehende Wandel nicht vor dem großen Haustor halt. Und so ist es mehr als wahrscheinlich, daß die Jungfer Hoser gehört und gelesen hat, was manchen ihrer Zeitgenossinnen und Zeitgenossen durch den Kopf geht: zur Heirat gehört auch die Liebe. Ein verlockender Gedanke ...

In den 48 Jahren ihrer Ehe wird Rosine Elisabeth Uhland einige Schicksalsschläge zu überstehen haben, auch hat sie es sicher nicht immer einfach mit ihrem Johann Friedrich, der als sehr, sehr pflichtbewußt, streng und konsequent gilt. Ludwig und seiner Schwester Louise tut es gut, die lebendige und humorvolle Mutter als Ausgleich zu haben. Und nach der Überlieferung sieht es so aus, daß der Herr des Hauses dabei durchaus einverstanden ist mit seiner Eheliebsten. Die Konstellation ist ihm nicht fremd: Seine Mutter, die Gottliebin Uhland, gilt zeitlebens als lebensfroher und praktisch veranlagter Mittelpunkt der Familie des Stiftsephorus, den seine Mitmenschen als ernst, aufrichtig fromm und gebildet erleben. Im ganzen Wesen sonst karg, dazu später noch umständlich und weitschweifig, schreibt er doch in manchen Gedichten immer wieder von den „*Tugenden seiner Stäudlinin*". Was ein Mann des 18. Jahrhunderts darunter versteht, zeigen die Lobesworte eines Tübingen-Besuchers über die „*Frauenzimmer*": „*Uebrigens lassen sie sich zu Haussachen gebrauchen, und sind so geistbegierig nicht, als andere Universitäts-Frauenzimmer.*" Johann Friedrich Uhland wird mit ganz ähnlichen Erwartungen an seine künftige Frau in die Ehe gehen wie sein Vater, wird das Zusammenleben der Eltern (44 Jahre) unbewußt und vielleicht auch bewußt zum Vorbild nehmen.

Rosine Elisabeths Mutter ist 65 Jahre alt, als ihre Tochter heiratet. Von 15 Kindern leben noch drei, und sie hat die „*richtige Kenntnis von der Erzeugung des Menschen*". Das sind weibliche Erfahrungen, von denen nur andeutungsweise bekannt ist, ob und wie sie an die Töchter im Laufe der Geschichte weitergegeben wurden. Manche Tochter berichtet zwar, daß die Mutter „*eine lange Rede*" hielt, die „*mir im Augenblick langweilig und unangenehm war, von der ich mich aber in späteren Zeiten manches Gutes erinnerte*", aber der Ratschlag, die mütterliche Ehe zum Muster der eigenen zu nehmen, beantwortet keine der wirklich wichtigen Fragen. Und zu denen gehört natürlich an erster Stelle die nach der Schwangerschaft. „*So fragte ich einmal eine junge Fraue in unserem Hause, wie man ein Kind bekäme, und sie antwortete mir, wenn man sehr oft an denselben Mann denke; das tat ich oft und viel ... und ich ängstigte mich, daß ich so Schande über meine Eltern bringen würde.*"

In seinem Buch „*System der weiblichen Erziehung, besonders für den mittleren und höheren Stand*" schreibt Johann Daniel Hensel vier Jahre nach Rosine Elisabeths Hochzeit: „*Es ist lächerlich, wenn ein Frauenzimmer, das sich verheurathen will, gar nicht weiß, was der Ehestand auch körperlich auf sich habe*" und hofft: „*Jeder Verständige wird mir daher wohl zugestehn, daß es unumgänglich nöthig sey einem Frauenzimmer ... das Zeugungsgeschäft, die dabey vorkommenden Umstände und folgen so genau, so ernstlich und vorsichtig als möglich zu erklären, und dadurch den nachtheilichen Folgen der Unwissenheit vorzubeugen.*"

Die Uhlandin bringt in den ersten 16 Jahren ihrer Ehe sechs Kinder zur Welt. Das erste, ein Sohn, stirbt schon acht Tage nach der Geburt (4. April 1784). Der zweite Sohn wird 1785 geboren und auf den gleichen Namen, Friedrich Ludwig Jakob, wie sein totes Brüderchen getauft. Fritz, wie er in der Familie genannt wird, ist bei Verwandten und Bekannten beliebt, sie mögen ihn und freuen sich, wenn er kommt. Von der Neckarhalde, wo er mit seinen Eltern im Haus gegenüber von den Großeltern Uhland wohnt, ist es nicht weit zu den anderen Großeltern. Und oft heißt es dort: *„Grüß Gott, lieber Fritz, das ist schön, daß du zu uns kommst"*, wenn er mal wieder durch die Tübinger Gassen Richtung Haaggasse geflitzt ist. Ein *„schönes, feines Kind"* wird viele Jahre später eine Frau von ihm sagen, die ihn nie persönlich, aber aus Erzählungen und von seinem Porträt her kennt, von dem uns der Sechsjährige mit einem *„festen Zug um den Mund"* und dem *„treuen, klaren Blick der großen, blauen Augen"* anblickt. Emilie Vischer (1799–1881), der Frau von Ludwig Uhland, verdanken wir Erinnerungen und Einzelheiten über das erste Kind ihrer Schwiegermutter, die sonst wohl für immer verloren gegangen wären. In der Biographie über ihren Mann, *„Ludwig Uhlands Leben"*, behauptet sie auch, daß Ludwig die Beliebtheit und offensichtliche Bevorzugung seines Bruders nichts ausgemacht hätte.

Zwei Jahre nach Fritz kommt Ludwig in Tübingen, in der Neckarhalde, zur Welt (26. April 1787). Noch im gleichen Jahr zieht die junge Familie Uhland von der Neckarhalde in die Hafengasse. Das Haus gehört schon seit Beginn des Jahrhunderts der Familie, die im 17. Jahrhundert mit Joseph Uhland, er *„erlernte in Tübingen die Handlung und heirathete eine Tübinger Bürgerstochter"*, von Kleingartach (Brackenheim) hierher kam.

In den geräumigen, nicht sehr hohen und gemütlichen Zimmern des ersten Stockwerks richtet Rosine Elisabeth den Haushalt ein. Ihr Mann, der Universitätssekretär, ist nun schon fünf Jahre im Amt und dessen Geschäfte werden nicht weniger. Aber die Mutter von Fritz und Ludwig hat alles gut im Griff. Damit das auch so bleibt, muß Rosine Elisabeth täglich ein umfangreiches Programm bewältigen, zu dem wesentlich mehr Pflichten und Aufgaben gehören, als es die Hausfrauen des ausgehenden 20. Jahrhunderts gewohnt sind. Und so spricht man im 18. Jahrhundert auch von der *„Frauenrepublik"*, wenn man den weiblichen Bereich und damit die *„interne Hausöffentlichkeit"* meint. Zu den Aufgaben der Uhlandin gehört es auch, den Söhnen eine gute Erziehung und den ersten Unterricht zu geben. Der männliche Nachwuchs ist wichtig, wird hoffentlich einmal den Namen der Familie in die Welt hinaustragen und es zu Ruhm und Geld bringen. Ihre Mutter, deren zwei Söhne es sehr erfolgreich zum Pfarrer und zum Hofgerichts-Advokaten gebracht haben, kann Rosine Elisabeth nicht mehr um Rat fragen; sie stirbt nur ein Jahr nach Ludwigs Geburt (1788). Manche Mutter macht sich Sorgen, ob sie mit ihrer eigenen, oft geringen Bildung denn auch geeignet ist für ihre Aufgabe: *„Mädgenerziehung würde mir keine Sorgen machen, bey den Knaben muß ich Hülfe haben"*, schreibt eine Hamburgerin 1794.

Vom *„Universitätssekretarius"* Uhland erfahren wir, daß er seine Bücher, sein Pult und alle Gelehrsamkeit am Abend gerne einmal für ein Stündchen im *„frohen Getümmel"* seiner zwei Söhne vergißt. Das frohe Getümmel durfte seine Frau den ganzen Tag genießen, und manchmal mag es ihr zu viel geworden sein, gilt Ludwig doch als *„ungemein lebhaft, ja wild"*. Mit seinem Bruder *„stromert"* er durch die Tübinger Gassen, macht Ausflüge Richtung Österberg, besucht die Weinbauern, guckt den Schmieden und Sattlern beim Arbeiten zu und erkundet *„sein"* Terrain. Dabei ist Ludwig *„kein Graben zu breit, keine Treppe zum Hinabspringen zu hoch"*. Wenn er mit Fritz das Elternhaus in der Hafengasse verläßt, sieht er noch ganz manierlich aus. Die Mutter hat den Jungen die gepuderten Haare im Zopfband geflochten, eine feste Jacke und die ledernen Kniehosen angezogen. Die sind von großem Nutzen bei ihren Streifzügen durch die Umgebung; Klettern, Raufen, Rutschen und Kullern machen denen nichts aus. Wenn Fritz und Ludwig nach ein paar Stunden wieder vor die Mutter treten, wundert die sich schon lange nicht mehr über deren Aussehen. Von Manierlichkeit keine Spur mehr, auch vom Puder nicht. Was sie nicht weiß: Ludwig hat nachgeholfen und sich *„durch Ohrfeigen den Puder aus den goldblonden Haaren gestäubt."*

1793 wird es bei Uhlands tagsüber etwas ruhiger, zumindest für einige Stunden. Nach seinem älteren Bruder besucht nun auch Ludwig die Schule. In der *„Schola anatolica"* zeigt sich, ob Rosine Elisabeth ihren Nachwuchs richtig erzogen und auf das Lernen vorbereitet hat. Emilie Vischer berichtet später über Ludwig: *„In der Schule wurde dem Knaben das Lernen leicht, und der gestrenge Rector Hutten hatte den fleißigen Knaben, der fast immer den ersten Rang einnahm, gern."* Vielleicht als Belohnung für so viel Wohlverhalten, vielleicht auch, weil es Zeit war, den Nachwuchs der Verwandtschaft vorzustellen: Im Oktober 1793 reisen Fritz und Ludwig mit ihrer Mutter nach Nordheim, Klingenberg und Heilbronn. Dieses Abenteuer stellt alle anderen, die sie bisher in Tübingen erlebt oder selbst ausgeheckt haben, in den Schatten. Rosine Elisabeth reist mit ihren Söhnen nicht nur in eine Stadt, die auf dem Höhepunkt ihrer Bedeutung als Handelsmetropole steht, es geht auch ins Ausland, denn Heilbronn ist eine freie Reichsstadt.

Die junge Uhlandin hat für die Reise nach Heilbronn die bequemste und schnellste Art der Fortbewegung in damaliger Zeit gewählt: das Schiff, das sie in Cannstatt besteigt. Selbst wenn es gegen den Strom von Pferden flußaufwärts getreidelt werden muß, ist es den *„Rollwagen"* immer noch weit überlegen. Keine Landstraße bietet ein so ruhiges Reisen wie das Wasser. Dafür, daß man auf den Chausseen nicht durchgerüttelt und -geschüttelt wird, müssen manchmal allerdings einige Unbequemlichkeiten in Kauf genommen werden. Noch zu Beginn des 19. Jahrhunderts berichtet eine Reisende über ein Passagierboot auf der Donau. *„Es ist ein großes Gebilde von ungestrichenem Fichtenholz, und fast der ganze Raum wird von einer Kajüte eingenommen, die der Arche Noah ähnlich sieht. Diese ist fast ganz mit Kisten, Fässern und Ballen angefüllt, und der verbleibende, sehr kleine leere*

Teil ist mit Bretterbänken und einer Art Küchentisch, der zwischen ihnen steht, versehen", und dies ausdrücklich zur Bequemlichkeit der Reisenden.

In Heilbronn, dem damals für Württemberg und Teile Bayerns so wichtigen Handelsumschlagplatz, ist das Leben eng mit dem Schiffsverkehr verbunden. Daß sie sich an einem der Hauptpunkte des Neckarhandels aufhält, merkt Rosine Elisabeth Uhland gleich bei ihrer Ankunft. Es gibt nicht nur seit über zehn Jahren Öllampen, die die dunklen Straßen beleuchten, es ist auch viel einfacher als in anderen Orten, als Fremde ein bestimmtes Haus zu finden. Die etwa tausend Häuser hat man 1781 fortlaufend durch die ganze Stadt numeriert, so daß man den Namen einer bestimmten Gasse nicht kennen muß, die Hausnummer reicht vollkommen.

Die Heilbronner haben keinen Einfluß auf die städtischen Angelegenheiten, der Rat und die ihm angehörenden Senatoren bestimmen die Geschicke Heilbronns. Demokratische Bürgernähe und Mitbestimmung liegen noch in weiter Ferne. Aber die Stadt und ihre Einwohner haben Glück: Ihr Bürgermeister, Georg Heinrich von Rosskampff, gilt als ein *„ungemein vielseitiger und unternehmender Mann"*. Im *„aufgeklärten patriarchalischhen, sehr kulturfreundlichen Absolutismus"* dieser Jahre läßt es sich gut leben. Im Gegensatz zu dem steifen, altmodischen Ton, für den die Reichsstädte bekannt sind, erlebt Rosine Elisabeth in Heilbronn eine Ungezwungenheit und fortschrittliche Gesinnung, die schon ihren Landsmann Schubart zu Lobeshymnen veranlaßt hatte: *„Hang zur gesellschaftlichen Freude scheint beinahe das Hervorspringende im Charakter dieser Städter zu sein"*. Kommen Besucher nach Heilbronn, dann quartieren sie sich im *„Gasthof zur Sonne"* ein. Rosine Elisabeths Geldbeutel mag dafür nicht groß genug sein, aber ihre Verwandtschaft lebt ja hier, und da wäre es nicht nur unschicklich, sondern geradezu ein Zeichen von Verschwendung, sich eine fremde Unterkunft zu suchen. Daß sie ihre zwei kleinen Jungen dabei hat, ist kein Problem, sie sind gut erzogen und werden den Eltern keine Schande machen. Das bleibt auch so, denn Mutter Uhland sorgt mit Ermahnungen und praktischen Ratschlägen, die sie ihm acht Jahre später auf seiner ersten Reise, die er allein nach Heilbronn antritt, hinterherschickt, dafür: *„Du kannst unterwegs Deinen alten Überrock anziehen, aber nur müssen Deine Kleider Dir gleich gewiß nachfolgen, sonst wäre es eine Schande. Wie ich Dir schon hier sagte, nehme Dich auch in den Wirtshäusern in acht, auch mit Aus- und Einsteigen, daß Du in kein Rad kommst, auch vor Schießen (bei den Herbstfeiern) und gib auf Deine Gesundheit acht, daß Du dich nicht erhitzt oder erkältest, kleide Dich auch gut, und schreibe mit dem ersten Boten, der von Heilbronn geht, wann Du da bist."* Und zur Bekräftigung setzt sie die väterliche Autorität ihres Johann Friedrich ein: *„Dein Vater hofft, Du werdest Dich sowohl bei der Reise, als auch wo Du Dich aufhältst, vernünftig aufführen, damit der erste Ausflug nicht der letzte sein müsse."* (2. Oktober 1801)

Jetzt, im Jahre 1793, sind die zwei kleinen Uhlands noch ganz unter Mutters Aufsicht und Kontrolle. Manchmal fällt das lange Stillsitzen beim Besuch der Tanten und Onkel schon schwer, aber ein Blick von der Mutter reicht, und es geht wieder *„wunderbar".* Höfliches Antworten, kleine Artigkeiten den Cousinen gegenüber, der große, weiße Spitzenkragen und ein ordentlich gepuderter Zopf – das alles gehört dazu. Wie gerne würden Fritz und Ludwig einen kleinen Ausflug durch die engen, malerischen Gassen der alten Reichsstadt machen und dabei besonders die Gegend um den Hafen erkunden. Laut und umtriebig geht es da zu; Schiffe laden unbekannte Dinge aus, bringen Fremde mit großen Kisten und Koffern mit und legen bald wieder ab zur Weiterfahrt nach Orten, von denen sie noch nie etwas gehört haben. Vielleicht hat Rosine Elisabeth ihren Söhnen einen Ausflug zum Hafen versprochen – wenn sie artig sind! Und so sitzen Fritz und Ludwig auf dem Kanapee und träumen von neuen Abenteuern, während ihre Mutter sich beim Plausch mit den Tanten gut zu amüsieren scheint. In Heilbronn ist einiges los, es gibt viel zu erzählen: von den Bällen in den Gasthöfen, Gesellschaften in den vornehmen Häusern der alten Reichsstadt, von den Schlittenpartien, die nun bald wieder stattfinden, und von den neuesten Moden, die dabei ausgeführt werden. Klatsch und Neuigkeiten gibt es in Hülle und Fülle. So soll vor nicht langer Zeit Herzog Karl Eugen mit seiner Franziska das Haus des Bürgermeisters Wacks besucht haben, natürlich inkognito. Im Wackschen Haus blüht das musikalische Leben. Nun, das kann der Herzog auch in Stuttgart haben, der Grund des Besuches ist wohl eher ein familiärer. Die Frau des Bürgermeisters, so erzählt man sich, soll Franziska von Hohenheims Nichte sein.

Delikat ist auch die Geschichte des Reichsgeneralfeldmarschalleutnants Prinz Louis von Hessen-Darmstadt. Nur hinter vorgehaltener Hand wird geflüstert, was ohnehin schon alle wissen: Er hat vor einigen Jahren eine Bürgerliche, die Tochter eines Heilbronner Handelsmannes, geheiratet, es aber dem Rat der Stadt immer noch nicht mitgeteilt. 150 Jahre später kann man über Frirderika Schmidt lesen, daß sie schon 25 Jahre alt ist *„und keineswegs schön, ihr Gesicht soll von Blatternarben entstellt gewesen sein. Es waren also wohl andere Eigenschaften, die den Prinzen an sie fesselten."* Vielleicht ist es das Geld, das den stets mit leerem Beutel herumlaufenden Prinzen interessiert. In Heilbronn spricht man darüber, wie bescheiden er mit seiner Frau lebt, wohl um die Kosten für Haushalt und Repräsentation möglichst gering zu halten. Überhaupt sorgt er für Unruhe: 1780 soll er in der Bürgerschaft einen geheimen *„Bund der Rechtschaffenheit"* gegründet haben. Dagegen ist der Rat der Stadt eingeschritten! Seine eigene Angelegenheit dagegen ist es, daß eine Luise Pfahler von ihm ein Kind bekommen und er es sogar in seinem Haus untergebracht hat. Wie furchtbar für Friederika, wo sie doch jetzt schon über vierzig und *„ihre schlanke Jugend ... einer starken Beleibtheit"* gewichen ist. Diese *„Eheirrung"* soll der Anlaß dafür sein, daß sie mit ihrem Gemahl keinen gemeinsamen Haushalt mehr führen will.

Fritz und Ludwig interessiert das alles überhaupt nicht, sie machen lieber einen Besuch in der Küche. Wenn sie bei ihrem Großvater Hoser in der Tübinger Haaggasse sind, tun sie das auch immer. Seit dem Tod der Großmutter führt die Madel Kirner den Haushalt, und bei ihr ist es immer besonders schön. *„Mit einem Herzen voll Liebe ... blieb sie den Kindern bis in ihr hohes Alter in rührender Anhänglichkeit zugetan"* und wird ihr Geld einst den Uhland-Kindern vermachen. Der Dichter und Forscher Ludwig Uhland arbeitet sein Leben lang an einem Schreibtisch, den er vom Geld der Madel gekauft hatte.

Es ist ein langer Nachmittag geworden, und die zwei Uhlandjungen sind erleichtert, als es endlich wieder ins Freie geht. Ihnen gefällt es in Heilbronn; der große Kirchturm, die Uhr am Rathaus, die Straßen und der Marktplatz – schön ist das alles. Am allerschönsten aber ist das *„Herbsten"*. Für die Heilbronnerinnen und Heilbronner ist es das wichtigste Ereignis im Jahr. Die Früchte der harten Weinbergarbeit hängen prall und süß im grünen Laub und können endlich geerntet werden. Das muß man feiern, und so sind die Zwanglosigkeit und die Ungebundenheit der Herbstsitten denn auch berühmt. Rosine Elisabeths Verwandte haben erzählt, daß es selbst den Frauen und Mädchen erlaubt ist, *„sich herbstlich vergnügt zu betrinken"*. Und schon bald merkt sie, was schon andere Besucher erzählt haben: *„Nirgends in Württemberg, selbst Stuttgart nicht ausgenommen, werden die Weinlesen mit solcher Feierlichkeit, Gastfreundschaft und Ungezwungenheit gefeiert wie hier"*. Wie, um das noch zu unterstreichen, gibt es seit zwei Jahren auf dem Wartberg einen großen Saal, in dem zur Herbstzeit jeden Abend Tanzveranstaltungen stattfinden. Selbst aus den Dörfern und Städten um Heilbronn herum kommen die Leute, um dabei zu sein. *„Drei Wochen lang ist nur ein Freudentag, und alle Abende wandert ganz Heilbronn auf den Wartberg, Jung und Alt freuet sich des Herbstsegens, alte Freunde finden sich wieder, neue Freundschaften werden geschlossen, Musik ist und Tanz. Alles ist lustig und guter Dinge bis tief in die späte Nacht hinein; den andern Tag aber fängt man von vornen an"*, heißt es im *„Universal-Lexicon von Württemberg, Hechingen und Sigmaringen"* aus dem Jahre 1841. Mag sein, daß in diesem Besuch Heilbronns im Herbst 1794 zusammen mit seiner Mutter und seinem Bruder die Wurzeln für Ludwig Uhlands Begeisterung liegen, wenn es später in seinem Leben darum geht, den *„Herbst"* zu feiern. Ansonsten wortkarg, spröde und den Feierlichkeiten der übrigen Menschheit lieber ausweichend, war dieses Fest jedesmal ein Anlaß zu besonderen Aktivitäten, sei es noch öfters in Heilbronn oder in seinem späteren Tübinger Garten. Und noch etwas scheint für Rosine Elisabeths ältesten Sohn hier seinen Anfang zu nehmen: die lebenslange, ausgeprägte Reiselust.

Rechtzeitig zum Schulbeginn kehrt die Uhlandin mit ihren zwei Söhnen zurück nach Tübingen. Auch für sie wird es Zeit, zu Hause wieder nach dem Rechten zu schauen. Nicht nur ihr eigener Haushalt, auch der ihres Vaters und ihres Schwiegervaters unterliegen trotz der Mägde sozusagen ihrer *„Oberaufsicht"*, seit Mutter und Schwiegermutter tot sind. Rosine Elisabeth Uhland hat wie alle Frauen ihrer Zeit viel zu tun. Wenn ihr Johann Friedrich auch vielleicht so wohlhabend (und einsichtig) ist, Mägde einzustellen, so muß seine Frau doch alles organisieren, überwachen und kontrollieren. Nur in sehr vornehmen Häusern übernehmen das auch die Dienstboten. Selbstverständlich erwartet der *„Universitätssekretarius"* Uhland wie alle Männer seiner

Zeit von der Frau Aufopferung für jeden, der unter seinem Dach lebt, sie soll dienen, hegen und pflegen. Aufzucht der Kinder, Hilfe im Krankheitsfall, Beistand am Sterbebett, ein sauberes, gemütliches Daheim und die Sorge für das leibliche Wohl – diesen Aufgaben kommt jede Frau unentgeltlich nach. Neben dem Putzen und Waschen, dem Herstellen von Nahrungsmitteln und Kleidern für die Familie bestimmt dabei vor allem die Aufbewahrung und Zubereitung von Lebensmitteln den Hausfrauenalltag: Brot und Kuchen backen, Früchte dörren und gelieren, Fleisch auf verschiedene Arten zubereiten und haltbar machen, Butter herstellen, Obst und Kartoffeln sachgerecht lagern, Fässer mit Gemüse und Gurken füllen, Eier in die Stellagen, Zucker und Mehl trocknen und in größeren Mengen einlagern, ebenso Salz und die wertvollen, oft sehr teuren Gewürze. Umständlich und zeitraubend sind diese Tätigkeiten, erfordern langfristige Planungen und notfalls auch ungewöhnliche Lösungen, wenn das eine oder andere nicht mehr im Vorrat ist, ohne daß schon Nachschub besorgt werden konnte.

Bei Goethes in Frankfurt befindet sie sich im Erdgeschoß, bei Schillers in Weimar im 2. Stock und bei Uhlands in Tübingen im 1. Stock – die Küche, der zentrale Ort, der Lebensmittelpunkt des Hauses. Rosine Elisabeth Uhland kocht an einem tischhohen, gemauerten Herd mit offenem Feuer; das vorrätige Holz befindet sich in einem Hohlraum darunter, der stets von Dienstboten aufgefüllt wird. Daß der Rauchabzug über dem Herd auch noch eine andere Aufgabe übernehmen kann, findet ihr Sohn Ludwig bald heraus. Es muß die Stunde sein, wenn die Feuer erloschen sind und die übriggebliebene Glut im eisernen Gluttopf bis zur nächsten Anfeuerung aufgehoben wird, dann setzt sich Ludwig auf den Herd und liest seinem Lieblingsbäsle *„Wilmele"* etwas vor. Sie befindet sich auch in der Küche, allerdings einen Stock höher und gar nicht freiwillig. Das *„Wil-*

Ludwig Uhland

mele" hat wegen einer Unartigkeit Stubenarrest, und um ihr die Zeit zu verkürzen, erzählt Ludwig ihr vom ersten Stock hinauf in den zweiten durch den Rauchfang Geschichten und Märchen.

Wie Elisabeth Dorothea Schiller ist auch die Uhlandin eine gute Köchin. Während von Madame Schiller allerdings noch einige Rezepte bekannt sind und auch schon von Köchen in Baden-Württemberg nachgekocht wurden, sind solche von Rosine Elisabeth Uhland nicht überliefert. In Tübinger Familien sollen im letzten Jahrhundert aber immer wieder Gerichte auf den Tisch gekommen sind, die *„nach Art der Frau Universitätssekretarius"* zubereitet waren.

Das Kochen in den Küchen des 18. Jahrhunderts ist eine Kunst: *„So wie bey jedem Geschäft, so ist auch bey der Kocherey Fleiß nothwendig; weil in der Küche mehrere Geschäfte zugleich vorfallen, nicht eines nach dem anderen unternommen werden kann, und zugleich auf alles gesehen werden muß, indem mehrere Speisen zugleich auf die Tafel gegeben werden müssen, ... daher muß eine Köchin Beflissenheit und Geschwindigkeit besitzen. Sie muß zum ersten sehen, daß das Feuer zur rechten Zeit aufgemacht wird, dann hat sie zu bedenken, welche Sache am längsten zu braten, zu dünsten und zu sieden hat, hiermit hat sie nothwendig das Fleisch und die Gemüße zu kennen, damit sie im Stande sey, selbe gehörig eßbar zu machen, ist die Sache zu viel gekochet, ist es eckelhaft und hart zu verdauen."* Dieser Text ist immer noch aktuell, nur daß sich die Voraussetzungen der *„Kocherey"* gewaltig geändert haben. Keine offene Feuerstelle, kein Wasserholen aus dem Brunnen, keine schweren Töpfe und Pfannen, die gescheuert werden müssen, kein Qualm und kein Hackblock zum Schlachten. Daß manche *„Küchendinge"* sich auch über Jahrhunderte nicht ändern, zeigt Ludwig Uhlands Bitte um seinen Geldbeutel: *„Ich hatte ihn, weil er mir beschwerlich war, in der Mutter Commode, in dem oberen offenen Fache hinter der Zuckerbüchse, niedergelegt"* (10. 5. 1820).

240

Rosine Elisabeth weiß die vielen Gerätschaften in ihrer Küche gut zu nutzen. Im *„Dreibein"* kocht sie auf der offenen Glut das Gemüse; manchmal benutzt sie dafür aber auch den Henkeltopf, der am Kaminschoß mit Ketten und Haken aufgehängt wird. Das Stück *„von der letzten Gans"*, das Mutter Uhland ihrem Sohn 1813 nach Stuttgart schickt, ist auf einer Art Grillvorrichtung auf dem Herd so schmackhaft gelungen, und den Fisch, den Ludwig einige Monate später bekommt, hat sie in einer der großen, langstieligen Pfannen gebraten. Der Schinken, der gleichzeitig mit der Meldung *„Eine Gesellschaft gibts um die andere"* aus Tübingen eintrifft, hing bestimmt vorher einige Zeit im Rauchfang des Herdes in der Hafengasse. Im Hause Uhland scheint das Essen eine große Rolle zu spielen. Immer wieder tauchen Hinweise auf etwas besonders Gutes in den Briefen der Familie auf. Selbst nach Paris, schon damals ein Begriff für gute Küche, möchte Rosine Elisabeth ihrem Ludwig *„einen Gans- oder Entenschlegel zuschicken ... wann ich so was im Küchenkasten habe, wünsche ich es Dir in Deinen Mund"*. (25. 10. 1810) Und Vater Uhland schreibt in späteren Jahren seinem Sohn, nachdem er zu Hause in Tübingen vergeblich erwartet wurde: *„Die Mutter hat schon gesulzte Schweinsöhrlen gemacht, von welchen sie wußte, daß Du Liebhaber seyst, die ich eben jetzt allein esse."* (18. 2. 1819) Auch scheint die *„Ypersillwurst"* etwas zu sein, das nicht jeden Tag auf den Tisch kommt. Rosine Elisabeth Uhland bestellt eine solche extra zum *„Christkindle"* und macht ihrem 26jährigen Sohn deutlich, was sie von ihm erwartet: *„Unartig ists, wenn Du nicht auch kommst."* Neben den *„pregelten Spatzen"* (gebratene Spätzle) und Kalbsbraten gehört auch ein *„Schweiners Brätle und Kraut"* zu den bevorzugten Speisen im Hause.

In Württemberg lebt zu Rosine Elisabeths Zeit eine berühmte und heute legendäre Köchin: Friederike Luise Löffler (1744–1805). Ihre schmackhaften Leckereien, delikaten Genüsse und feinen Gaumenfreuden animieren Justinus Kerner zu einem Gedicht auf die Kochkunst der Löfflerin:

„Novalis hat es ausgesprochen:
Kochkunst ist Poesie fürwahr!
D'rum, welche Frau'n versteh'n zu kochen,
Sind auch Poetinnen ganz klar.

Die größte Dichterin in Schwaben
War wahrlich die Frau Löfflerin,
O könnt ich doch ihr Standbild haben,
Gemacht also nach meinem Sinn.

Auf ihrem haupt, gleich einer Schüssel,
Lorbeerbekränzet sitzt ein Hut,
Die rechte hand hält Löffel, Schüssel,
Ihr Kochbuch ihr zu Füßen ruht.

Dem Saal der alten Landschaft stiften
Möcht' ich dieß Standbild dann, den sie
So oft erfüllt mit süßen Düften,
Durch ihre Kochkunst Poesie.“

Daß man in Württemberg gut kocht, sehen die Untertanen nicht nur an des Königs ausladender Figur. Zum Thema *„Essen im Schwabenland“* kann Ludwig Uhland den Eltern Bemerkenswertes aus Paris berichten: *„Vorgestern habe ich das erste Sauerkraut gegessen, es ist gut und fast ganz wie bei uns, vielleicht hat mein Restaurateur die Zubereitung in Stuttgart gelernt, wo er ehemals als Koch bei dem königl. französischen Gesandten war.“* (31. 10. 1810)

Rosine Elisabeth interessiert sich sehr für die Koch- und Eßgewohnheiten der Franzosen und nimmt die Gelegenheit wahr, ihren Sohn als Berichterstatter zu benutzen. In einem sehr langen Brief aus Paris vom 30. August 1810 schreibt er· *„Ich komme nun an ein weitlaufiges Capitel, nemlich die Kost, wegen der mich die l.* Mutter befragt" und berichtet ausführlich über die verschiedenen Möglichkeiten, bei einem *„Restaurateur"* zu speisen. Verwundert dürfte man in Tübingen darauf reagiert haben, daß jeder Pariser *„Restaurateur"* seine Karte hat, *„worauf die Richten mit ihren Preisen verzeichnet stehen. Karten sind in mehrere Rubriken getheilt"*.

Natürlich kennt man auch in Tübingen Lokale wie das *„Lamm"*, in dem die Herren Studenten sich abends treffen. Und wenn es dort etwas zu essen gibt, dann sagt's einem der Wirt, oder es steht vielleicht auf der Schiefertafel, aber wer hätte schon je davon gehört, daß dem Gast Karten vorgelegt werden, auf denen er sich das Essen aussuchen kann! *„Es ist komisch, wenn man auf der Karte wählen kann, welchen Theil man z. B. vom Kalbe will: Kopf, Ohren, Hirn, Gekrös, Leber, Nieren, Brust, Rippen, Füße"*, meint Uhland. (30. 8. 1810)

Er zählt viele Gerichte auf, geht sozusagen für seine Mutter die ganze Speisekarte durch, um sie zu informieren. Diejenigen, denen er keine Erklärungen hinzufügt, dürfen bei Rosine Elisabeth als bekannt vorausgesetzt werden. Anders ist es wohl bei *„grüne Bohnen, dünn, ohne Kerne, die man entweder mit einer Sauce oder mit Essig und Oel ißt"* und bei *„bloße Bohnenkerne, die man gewöhnlich mit Fricandeau, gedämpftem Kalbfleisch, ißt"*. Daß gerade das Kochen von Hülsenfrüchten einen besonderen Trick erfordert, ist Rosine Elisabeth als gute und erfahrene Köchin bekannt: *„Bey Erbsen und Linsen ist hauptsächlich in Acht zu nehmen, das solche nicht mit dem blechernen oder eisernen Deckel im Kochen zugedeckt werden, weil sie davon ihre Farbe verlieren und ganz grau werden."*

Rosine Elisabeth bedankt sich bei ihrem Sohn in Paris *„vor die Beschreibung der Köstlichkeiten, die in den Gasthöfen zu haben sind"* und tröstet ihn: *„Hier wirst oft auch müssen bei manchen Speisen wegen ihrer Theure Dich am Geruch begnügen*

und dadurch viel profitieren lernen von der Tugend der Entbehr-
lichkeit.“ (19. 9. 1810).

Rosine Elisabeths Wirkungsraum ist das Haus und ihr täg-
liches Arbeitspensum ist groß. Nur wenige privilegierte
Frauen können es sich leisten, ihre eigenen Ziele zu verfol-
gen. Und wenn die Männerwelt noch hundert Jahre später
behauptet, es sei der *„natürliche Trieb des Weibes, baldmög-*
lichst einen eigenen Haushalt zu besitzen“, dann handelt es sich
um Wunschdenken. Die Stimmen der Frauen sagen etwas
anderes. In einem fiktiven Dialog, der in ihrem Nachlaß
gefunden wurde, schreibt die Hamburgerin Elise Rei-
marus, die es vorgezogen hatte, nicht zu heiraten: *„Wie mei-*
ne Freundin, sie sind auch von denen, die sich beklagen über dieses
Loos was uns zugefallen ist oder vielmehr, wie sie sagen: über die
Last, die uns Frauenzimmern unbilliger Weise von den Männern
aufgelegt ist, allein nur die stillen niederen Geschäfte des häusli-
chen Standes in einem einförmigen Leben zu verwalten, ... hergegen
die andere Hälfte des menschlichen Geschlechts sich ... das Recht
vor uns herausgenommen, ganz allein die glänzenden Posten der
Oberherrschaft in der Welt zu bekleiden und ohne Einschränkung
eine jede Lebensart zu erwählen, von einer jeden Stuffe unverdeckt
zu stralen wozu ihr Ehrgeiz oder andere Neigungen sie einladen!“
Dennoch können wir davon ausgehen, daß Rosine Elisabeth Uhland sich wohl gefühlt hat in ihrem Leben. Neben
den vielen Dingen, die es stets mit ihrem Sohn Ludwig per
Brief zu besprechen gibt, nimmt auch der häusliche Alltag
Raum in ihrer Korrespondenz ein. Hier wie dort sind Rosine Elisabeths Briefe von lebendigem Humor, großer Mun-
terkeit und vor allem von einer zwischen den Zeilen sehr
wohl spürbaren Selbständigkeit des Denkens geprägt.
Noch heute, zweihundert Jahre später, lohnt es sich, ihre
Korrespondenz zu lesen. *„Ich weiß wohl, daß ich nur ein Weib*
bin, wo übrigens ein gesunder, schlichter, wohlwollender Men-
schenverstand, den ich mir nicht abspreche, öfters doch einen richti-

gen Blick hat, den ich Dir nun hier mitteilen will", schreibt sie am 3. 8. 1816 ihrem Ältesten.

Daß sie mit ihrem Selbstwertgefühl keine Ausnahme-erscheinung ist, wird deutlich bei der Korrespondenz mit der Großmutter ihrer späteren Schwiegertochter. Es ist nämlich keineswegs so, daß sich alle Frauen als Ehefrau, Hausfrau und Mutter ins Haus zurückziehen und den Mund halten. Ihre Pflicht, die Menschen einer neuen, besseren Gesellschaft zu erziehen, veranlaßte sie vielmehr, sich zu informieren und zu bilden. Das schließt die Weltpolitik ebenso ein wie die Ereignisse in Tübingen. Im Juli 1815 zeigt sich Rosine Elisabeth *„erfreut über die Napoleonischen Nachrichten"*, nachdem ihr Sohn von der Gefangennahme des ehemaligen Kaisers der Franzosen geschrieben hat. Und zwei Jahre später zur württembergischen Verfassungsfrage heißt es über den König in einem Brief an ihren Sohn: *„Sollte Er nicht nach und nach aufmerksam werden, was des Volks Stimmung ist? Wollte Gott! sonst gibts noch schlimme Auftritte."* (5. 4. 1817)

Was auch immer es in der Familie Uhland zu besprechen gibt, es taucht in den Briefen, die Ludwig Uhland mit seinen Eltern wechselt, auf. Das ändert sich erst mit seiner Heirat im Jahre 1820. Die insgesamt vier Bände des gedruckten Briefwechsels von Ludwig Uhland (36) beginnen mit einem Brief in lateinischer Schrift an den *„Carissime Pater"* im Jahre 1795. Der siebenjährige Ludwig unterschreibt die Zeilen zum neuen Jahr an den Vater mit *„Johannes Ludovicus Uhland"*. Die Familie hat in den letzten Monaten Schlimmes durchgemacht. Ein Jahr nach der Herbstreise, die nach Heilbronn ging, erkranken Fritz und Ludwig. Es beginnt damit, daß sie über Halsschmerzen klagen, und schon bald haben die zwei Uhland-Jungs Fieber und müssen erbrechen. Nach einigen Tagen zeigen ihre Zungen eine hochrote Färbung, und damit sind die letzten Zweifel beseitigt. Sie haben eine der gefürchtetsten Kinderkrankheiten: Scharlach. Im tagelangen Fieberwahn wirft sich Ludwig unruhig in seinem Bett hin und her, wird gepeinigt von wilden Träumen, dabei *„fort und fort seine lateinischen Conjugationen hersagend, bis ihm die Stimme versagte".* Erst später, wenn er wieder etwas zu Kräften gekommen ist, werden die Eltern ihm sagen können, daß sein Bruder Fritz gestorben (12. 2. 1794) und schon auf dem Kirchhof beerdigt worden ist. Am Ende seines Lebens wird Ludwig Uhland ein Epigramm schreiben, das noch heute die Traueranzeige mancher Kinder begleitet:

> *„Du kamst, du gingst mit leiser Spur,*
> *Ein flücht'ger Gast im Erdenland;*
> *Woher? Wohin? Wir wissen nur:*
> *Aus Gottes Hand in Gottes Hand."*

Von den vier Kindern, die Rosine Elisabeth zur Welt gebracht hat, lebt jetzt nur noch Ludwig. Der Tod seines Bruders hat die Familie verändert. Die Eltern sind jetzt viel ängstlicher, wenn er im Neckar schwimmt oder im Winter seine Runden auf dem Eis dreht. Auf die Gesundheit wird nun noch mehr als früher geachtet, was Ludwig überhaupt nicht behagt: *„Im Frühjahr mußte ich Schleenblüthentee trinken gegen die Würmer, das hat mir fast den Frühling entleidet."* Aber so, wie er seine Mutter kennt, ist ein Widerspruch völlig zwecklos. Ludwig weiß sich zu helfen: *„Winters unterdrückte er im Zimmer, so lange es möglich war, den Husten, um nicht zu Hause bleiben zu müssen",* schreibt Emilie Uhland.

Von dem inzwischen 13jährigen erhält Rosine Elisabeth Uhland zur Jahrhundertwende einen Brief: *„Gütigste Mutter! Mein Herz, so wie meine Pflicht ruft mich laut auf, Ihnen am Ende dieses Jahres, in dem Sie mir so unzählige Wohltaten erwiesen, meinen innigen Dank abzustatten. Ich vermag es freilich nicht, ihn Ihnen mit Worten nach Würden abzustatten, aber um*

so mehr werde ich es mir angelegen seyn lassen, durch Fleiß, Fröm-
migkeit und gute Sitten mich Ihnen dankbar zu erweisen, und täg-
lich will ich Gott bitten, Sie noch viele Jahre stets gesund und
glücklich zu erhalten Ihrem gehorsamsten Sohne J. L. Uhland."
(1. 1. 1800)

Johann Friedrich und Rosine Elisabeth können mit
ihrem Sohn zufrieden sein. Er lernt gut in der Schule, hat
Spaß am Verseschreiben, von denen er manchmal ganz
freiwillig einige mehr als vom Lehrer verlangt schreibt, er
hilft seinen Kameraden, zieht mit ihnen oder auch allein
durch die Gegend bis hinauf auf den Österberg, führt mit
Pappfiguren kleine Ritterspiele auf, und manchmal hört
man stundenlang auch gar nichts von ihm. Dann ist er bestimmt zu seinem Großvater Uhland, dem Stiftsephorus,
in die Neckarhalde gegangen und sitzt dort im Garten, um
zu lesen. Bücher gibt es genug in der Familie. Auch
Großvater Hoser ist sein Leben lang ein Mann des Geistes.
Ein Blick in seine Bibliothek und Ludwig ist fasziniert:
alte Bücher, Chroniken, Reisebeschreibungen und Bilder
aus fremden Welten. Hier beginnt sie vielleicht, die Faszi-
nation und Freude an Büchern, die Rosine Elisabeths Sohn
sein Leben lang empfindet. Wie oft wird sie ihm dieses
oder jenes Buch aus seinem Bestand nach Stuttgart
schicken, wie oft ihm dringend benötigtes Geld für ein an-
gebotenes Buch geben, wenn es wieder einmal in einem
Brief an Justinus Kerner heißt: *„Ich habe einiges bei Hasel-*
meier (37) *gefischt."* (10. 6. 1809) Ludwig Uhland kennt sich
aus, schimpft zwar darüber, daß manches *„ziemlich gesalzen"*
(9. 12. 1831) im Preis ist, bestellt aber immer wieder aus
Katalogen oder bei Buchhändlern, die den bibliophilen
Nachlaß so berühmter Zeitgenossen wie Johann Gottfried
Herder versteigern und setzt auch die Familie zu diesen
Zwecken ein. So bittet er im Jahre 1805 seinen Vetter Hoser, er möge ein ganz bestimmtes Buch in Heilbronn besorgen, das im *„Schwäbischen Merkur"* angeboten wurde.

Eigentlich ist gegen diese Freude an Büchern nichts einzuwenden. Mutter Uhland ist aber trotzdem etwas besorgt, denn ihr Ludwig neigt zum Eigenbrötlerischen. Jetzt, da andere Jungen in seinem Alter schon mal einen Blick auf die Tübinger Mädchen riskieren, sitzt ihr Sohn oft lieber zu Hause und vertieft sich in seine Bücher. Manchmal geht dabei sein Blick auch so abwesend in die Ferne, und sie weiß nicht genau, an was er denkt, kann es sich aber vorstellen. Ihr Sohn leidet unter dem Tod des Bruders. Er müßte etwas mehr Leben und Gesellschaft um sich haben, lockerer werden, das Leben etwas leichter nehmen. Mit *„großen und wohlbestrichenen Gsälzbrödern"* (Marmeladebroten) gelingt es ihr, Ludwigs Schulkameraden ins Haus zu holen, so daß er mehr unter Gleichaltrigen und nicht immer so allein für sich ist. Aber trotzdem: daß die Tübinger Mädchen über ihren Ludwig nicht gerade in Begeisterungsstürme ausbrechen, kann Rosine Elisabeth verstehen. Er hat so wenig von dem, was junge Mädchen ein zweites Mal vorsichtig hinschauen läßt. Zwei Dinge treffen dann aber glücklich zusammen; einmal, daß Justinus Kerner kein Freund der Askese ist, und zum anderen, daß er sein Studium in Tübingen beginnt, wo Mutter Uhlands Kochkünste bekannt sind. So grundverschieden sie in ihrem Wesen auch sind, Justinus und Ludwig freunden sich an, und damit beginnt für Rosine Elisabeths Sohn eine neue Zeit in seinem Leben. Wo der umtriebige, humorvolle und muntere Kerner sich aufhält, da ist meistens was los, und schon bald sieht Mutter Uhland ihren Sohn in einem Kreis von Freunden, die merklich dafür sorgen, daß er langsam etwas *„auftaut"*. Viele später berühmte Männer wie Karl August Varnhagen von Ense, Karl Mayer und Gustav Schwab kommen in das Haus in der Hafengasse. Hier besprechen sie ihre Reise- und Wanderpläne, sitzen nächtelang zusammen, sprechen über Poesie und Dichtung, und Rosine Elisabeth lernt auch Friederike Ehmann, die spätere Frau von

Justinus Kerner, kennen. Als das „*Rickele*" wird sie in die Literaturgeschichte des Landes Baden-Württemberg eingehen. (38)

Rosine Elisabeth Uhland gehört zu den Frauen, die die Französische Revolution miterlebt haben. Sie erinnert sich noch sehr gut an die Revolutionsbegeisterung der Studenten, an das Aufstellen des Freiheitsbaumes. Es gärt zu dieser Zeit schon lange in der Enge des Tübinger Stifts, die Studenten begehren auf, und von ihrem Schwiegervater Uhland erfährt die Familie, daß einige Studenten durch „*skandalöse Reden*" auf sich aufmerksam machen. Man hat das Denken der jungen Männer nicht mehr richtig unter Kontrolle, und von einem gewissen Hegel aus Stuttgart heißt es, er lese unablässig im „*Contrat social*" von diesem Franzosen J. J. Rousseaus. Man spricht schon außerhalb des Stifts davon, „*unter den Studenten herrsche viel vorgefaßte Abneigung gegen Theologie und ... Dogmatik.*" Ein Student aus Mömpelgrad, „*der auch sonst wegen seines zügellosen Wesens bekannt ist*", weigert sich neuerdings sogar, die Hände beim Gebet zu falten! Was für ein Einfall! Schwiegervater Uhland ist besorgt über die Zukunft des Stifts als „*Pflanzschule der Pfarrer der württembergischen Kirche*".

Wie groß die Teilnahme und Begeisterung der Frauen an den revolutionären Ereignissen ist, zeigt sich an dem Bemühen einiger Männer, diese beunruhigende Neigung ihrer Zeitgenossinnen in ein überschaubares Schema zu pressen. Nach Carl Friedrich Pockels, der sich im Jahre 1801 den „*Versuch einer Charakteristik des weiblichen Geschlechts*" zutraut, kann es nur an Folgendem liegen: Reiz der Neuheit, Interesse am Schicksal Unterdrückter und Sichbefreiender, Erbitterung gegen den Krieg, Vorliebe für alles Französische, der Geist des Widerspruchs und größere Klugheit der Frauen, Abhängigkeit vom Urteil ihrer Männer und Wunsch der Frauen, überall Revolution und die

Wiedereroberung der geschmälerten Rechte ihres Geschlechts zu sehen. Gerade damit aber hat es nun überhaupt nicht geklappt. Von den Hoffnungen der Frauen, aus Unmündigkeit und absoluter Männerherrschaft befreit zu werden, ist nicht viel geblieben. Im Gegenteil: Den revolutionären Umwälzungen und Unwägbarkeiten im öffentlichen Leben wird im privaten, also in der Sphäre der bürgerlichen Frau, Disziplin, Ordnung und die Verfestigung eines bestimmten Frauenbildes entgegengesetzt.

Rückblickend schreiben zwei Frauen dieses Jahrhunderts darüber: *„Als die Frauen kleine Krümel von der Macht gewannen, begannen die Männer sich völlig paranoid zu benehmen – als hätten wir sie zu Invaliden gemacht."* (39) Und: *„Seit* (der französischen Revolutionärin) *Olympe de Gouges fordern Frauen die Ehre ein, an der Staatsführung beteiligt zu werden, und ebenso regelmäßig hat man sie an ihre Kochtöpfe zurückgeschickt."* (40)

Genau dort wird Rosine Elisabeths Tochter Louise (1795–1836) ihr Leben verbringen, das nach heutiger Erkenntnis wesentlich stärker von dem geprägt sein wird, was man (!) sich unter einem *„guten Weib"* vorstellt, als das ihrer Mutter. Rosine Elisabeth muß und will ihrer Tochter all das mitgeben, was sie für ein Leben als Ehefrau, Hausfrau und Mutter benötigt. Während ihr Bruder nach dem Besuch der Anatolischen Schule Privatstunden bei einem Repetenten des Stifts bekommt und schon vereinzelte Vorlesungen besucht, übt sich Louise darin, im Haushalt nützlich zu sein. Sie lernt lesen und schreiben, besucht vielleicht sogar später das 1798 gegründete Institut der Julie von May und eignet sich eine sogenannte *„höhere Bildung"* an, zu der als vorrangiges Kennzeichen das Klavierspiel und Beherrschen der französischen Sprache gehört. Daß Tochter Louise fleißig übt und lernt, zeigen die Briefe, die Ludwig ihr aus Paris in der Landessprache schreibt und die sie ebenso beantwortet. *„Er hat zwar manche Fehler, doch weiß sie sich nun wenigstens deutlich zu machen. Sie soll nur, so viel sie kann,* *französische Schriften lesen und sich das Nachschlagen nicht verdrießen lassen"*, heißt es in einem Brief Ludwigs an die Eltern (31. 10. 1810). Nicht nachgewiesen, aber sehr wahrscheinlich ist es, daß Rosine Elisabeth ihre Tochter auch in die Klavierstunden des Konzertmeisters Samuel Gottlob Auberlen schickt. Schließlich geht Louises Cousine Wilhelmine (*„Wilmele"*) Uhland dort ebenso hin wie die Töchter des Professors Malblanc und des berühmten Orientalisten Schnurrer, den Goethe sogar hier in Tübingen besucht hat. Französisch, Klavier – das kostet alles Geld, und mancher Vater ist gar nicht so begeistert von dem Gedanken, seine Tochter so oft außer Haus gehen zu sehen. Was bei den Söhnen gewünscht und gefördert wird, kann bei den Töchtern leicht dazu führen, daß ihr guter Ruf leidet. Rosine Elisabeth bringt das zum Ausdruck, wenn sie ihrem Neffen Heinrich Hoser nach Heilbronn schreibt: *„Wäre Louis* (ihr Sohn Ludwig) *ein Mädchen, würde ich mir die von mir geheime Correspondenz verbitten."*

Eines kann Louise nicht verhehlen, daß sie die Tochter von Rosine Elisabeth ist. Ebenso munter und forsch wie ihre Mutter schreibt sie mit flotter Feder ihrem Bruder nach Paris: *„Du bist und bleibst auch in Paris immer noch der alte trockene Vetter, schreibst immer nur von Bibliotheken, Museen usw., Sachen, die mich ganz und gar nicht interessieren. Schreibe lieber auch von den Pariser Mädchen, was sie für Kleider anhaben, wie sie gemacht sind u. dgl. Auch von der Kaiserin und von ihrem Anzug möchte ich viel wissen, was freilich für Dich blinden Heß schwere Fragen sind. Doch für was hast Du Deine Brille? Auch von der Kocherei möchte ich hören."* Und Ludwigs Verlobung mit Emilie Vischer, die er bereits seit sechs Jahren kennt, wird sie 1820 mit den Worten kommentieren: *„Darf man fragen, wies zuging, daß die Sache doch am Ende noch so schnell ins Reine kam? Wirst Dich doch nicht übereilt haben?"*

Louise wird weder zur sanften Stummheit erzogen, noch wird sie zu Hause eingesperrt. Die Eltern Uhland gestatten ihrer Tochter ein recht freies Leben. Sie besucht öfters die überall im Schwabenland verstreut wohnende, sehr zahlreiche Verwandtschaft, hält sich auch bei ihrem Bruder in Stuttgart auf, besucht Bälle und gehört bei Schlittenpartien, Teenachmittagen und Geburtstagsfeiern in Tübingen zu den immer wieder eingeladenen jungen Frauen. *„Eine Gesellschaft gibts um die andere"*, teilt Mutter Uhland ihrem Sohn im März 1813 mit und spricht von Gesellschaften, Bällen, Kasinos, in denen *„Louischen ... nun ganz die Rolle der Erwachsenen"* spielt und teilt ihm mit, eine *„Schlittenfahrt zu 12 Schlitten gieng erst um* $^1/_2$ *1 Uhr zu Ende"*. (1. 2. 1815)

Durch den Briefwechsel der Uhland-Familie bekommt man eine Vorstellung von dem regen gesellschaftlichen Leben zu Beginn des 19. Jahrhunderts in Tübingen. Die Familien Uhland, Baur, Gmelin, Cotta, Geß, Bossert, Hochstetter, Schikhardt, Wölffing, Schnurrer und Malblanc, Sigwart und Heerbrandt bilden in der Universitätsstadt einen Zirkel, in dem man sich trifft, miteinander feiert, sich zu Familienfesttagen Geschenke schickt, Deklamationen und die Konzerte des Musikdirektors Silcher besucht, die Kinder miteinander verheiratet und von den Beziehungen und Verbindungen der anderen profitiert. In der *„Beschreibung und Geschichte der Stadt Tübingen"* aus dem Jahr 1822 heißt es dazu: *„Schon seit vielen Jahren bestanden hier Kasinos, Konzerte, Bälle und Gesellschaften, wo Zeitung gelesen, gespielt und getrunken wurde."* Ebenso finden *„regelmäßig alle Feiertage mit Frauen und Töchtern"* Teenachmittage statt, zu denen *„Studirende freien Zutritt haben"*. Das Feiern und fröhliche Beisammensein ist dabei keineswegs ausschließlich eine Angelegenheit der jungen Leute. *„Hier gehts lebhaft zu, wieder Casino und Sonntags große Gesellschaft im Trauben, wir werden auch bisweilen dahin gehen, wenn ich schon so halb der Welt abgestorben bin"*, schreibt Rosine Elisabeth einige Jahre später (2.12.1818), nachdem ihre Tochter geheiratet hat und sie sich mit ihren 58 Jahren alt fühlt.

Bei einem derartig regen gesellschaftlichen Leben bleiben die Bewerber oder, wie Rosine Elisabeth schreibt, *„Anbeter"* nicht aus. Louise ist es aber gar nicht so danach zu heiraten. Für den Theologiestudenten Meyer, der um ihre Hand anhält, kann sie sich zunächst nicht recht begeistern und vertröstet ihn erstmal auf später. Im März 1818 heiratet sie ihn schließlich und ist damit im gleichen Alter wie ihre Mutter, als diese vor nun 35 Jahren ihrem Johann Friedrich das Ja-Wort gab. Im Jahr darauf bringt Louise im Haus ihrer Eltern ihr erstes Kind zur Welt, und Rosine Elisabeth ist nun Großmutter. Gleich geht ein Brief nach Stuttgart mit der Nachricht für Ludwig, *„daß Luise gestern in Tübingen von einem Knäblein glücklich entbunden wurde"* (20.8.1819). Bald weiß es die ganze Verwandtschaft, auch die, die gar nicht in Tübingen wohnt: *„Heuglins habe ich die frohe Botschaft sogleich mitgetheilt ... In Feuerbach, wo ich am Samstag Abends auf dem Weg nach Stuttgart einen Besuch machte, waren sie schon durch Wilmele benachrichtigt"*, schreibt Ludwig der Familie nach Tübingen.

Die Uhlands machen sich Sorgen um ihren Sohn, der nun (1819) schon seit sieben Jahren in Stuttgart lebt, aber nicht so recht ihren elterlichen Vorstellungen entspricht. Rosine Elisabeth weiß aus Briefen, daß es ihm nicht gut geht. Obwohl er sonst gar nicht dazu neigt, sich und seine Gefühle darzustellen, schreibt er: *„ ... ich muß befürchten, zuweilen auch Ihnen, liebe Eltern und Schwester, etwas entfremdet zu erscheinen, wenn ich an Mittheilungen größtenteils aus dem Grunde sparsam bin, weil mich die widrigen, unbestimmten Verhältnisse, worin ich so lange her mich befinde, so wenig Erfreuliches mittheilen lassen."* (22.2.1815) Mit der Anstellung im Justizministerium hat es nicht geklappt, und auch die Tätigkeit als freier Advokat in Stuttgart ist mühsam und wenig erfreulich. Rosine Elisabeth weiß, woran das Herz ihres Sohnes hängt, an der Dichtung. Bei Ludwig hat sich schon früh die Liebe zum Gedicht gezeigt, aber welcher Mann kann davon leben oder sogar einmal eine Familie ernähren! Ludwig muß sich für ein *„ordentliches"* Studium entscheiden und das schon im Alter von 14 Jahren. Daran ist Rosine Elisabeths Familie nicht ganz unschuldig: Einer ihrer Vorfahren, Johann Broll, gründete eine Stiftung für Studierende. Das Geld steht allerdings nur zur Verfügung, wenn Theologie oder Rechtswissenschaft gewählt wird. Die Eltern Uhland können auf diese Unterstützung nicht verzichten, und so wird aus dem Jungen mit dem *„empfänglichen Gemüth"* ein Mann, der sich mit Paragraphen herumschlagen muß. *„Sammlung zu heiterem Leben, zu ruhiger Poesie scheint mir nicht beschieden zu sein"*, beklagt sich Rosine Elisabeths Sohn bei einem Freund. Das Gedicht *„Katharina"*, das Ludwig anläßlich des plötzlichen Todes der Königin von Württemberg (1819) aufsetzt, veranlaßt Vater Uhland zu der Bemerkung, er werde *„wegen dessen ... nicht zum Hofdichter ernannt werden"*.

Zu dieser Zeit hat der Verleger Johann Friedrich Cotta schon lange erkannt, daß der Uhland etwas kann und seine *„Gedichte"* im Jahre 1815 veröffentlicht. Die *„Vaterländischen Lieder"* (1817) machen Rosine Elisabeths Sohn berühmt, über Württemberg hinaus. Sie schreibt ihm anerkennend: *„Dein Gedicht macht ja große Sensation"* (29.3.1817).

Die drängende Frage einer Anstellung aber ist damit nicht beantwortet. Unentwegt bewirbt sich Uhland für die verschiedensten Posten, auch im Ausland, und Rosine Elisabeth schreibt ihrem Sohn, sein Wunsch, nach Basel zu kommen, möge *„erfüllt werden, so sehr es sie schmerzen würde, ihn noch entfernter zu wissen"*. (22.10.1818) Aber es will auch diesmal nicht klappen, wieder bekommt ein anderer den Posten. Wie und wann endlich ihr Sohn eine feste Anstellung findet, das gehört zu den immer wieder aufgegriffenen

Themen des Uhland-Briefwechsels. Denn es geht ja nicht nur um das eigene Geld und die Unabhängigkeit von den Eltern; nur wer in der Lage ist, sich selbst zu ernähren, kann auch heiraten. Rosine Elisabeth schreibt ihrem Sohn: *„Und wenn Du wartest und nochmals wartest, so geht die thätigste Lebenszeit herum und dann geht Dirs wie den alten Jungfern, die in der Jugend die Wahl überall hatten, denen aber nichts gut genug war, sie bleiben am alten Platz, es reut sie, und dann werden sie mürrisch, wenn immer jüngere vorrücken – auch kommen alte Advokaten aus der Mode, und dann um wie viel häusliches Glück bringst Du Dich! so frage alle Junggesellen, ob ich nicht recht habe, daß sie der Stand im Alter ganz unglücklich macht.“* (3. 8. 1816) Anlaß dieses Briefes ist Ludwig Uhlands Weigerung, den Eid auf die momentane Verfassung abzulegen, und Rosine Elisabeth weist ihren Sohn zurecht: *„Was den Eid anbelangt, ist er nicht so, daß Du ihn nicht leisten könntest, auch läßt es sich doch nicht denken, daß unter so vielen hundert Männern, die ihn schworen, worunter auch Dein Vater, nicht redliche, religiöse wären und Du der ganz Einzige seyn müßtest, der so gesinnt wäre, das ist doch auffallend.“* Schon ein Jahr vorher fordert Rosine Elisabeth ihren Sohn auf: *„Schmide das Eisen so lang es warm ist, das Leben geht so schnell vorüber, nach und nach würdest ja so alt und zuletzt ein alter Junggeselle.“* (24. 3. 1814) Nicht ganz eindeutig, diese Briefzeilen; meint Mutter Uhland eine in Aussicht stehende Anstellung: oder Emilie Vischer aus Stuttgart? Seine Schwester Louise schreibt ihm, sie habe in Stuttgart gehört, *„Pistorius wolle seine Tochter Emma keinem andern Manne geben, als der ein bestimmtes Brot habe“* und die Jungfer Vischer soll auch einen ernsthaften Bewerber haben.

Der Sohn der Kernerin, Justinus, ist zu diesem Zeitpunkt schon seit fünf Jahren verheiratet, hat zwei Kinder und ist soeben Oberamtsarzt in Weinsberg geworden, und Ludwig ist mit seinen 32 Jahren noch immer finanziell abhängig von den Eltern, von einer Braut oder Frau ganz zu schweigen. Rosine Elisabeth schreibt ihrem Sohn oft über die Möglichkeiten einer Anstellung, wünscht ihm zum Geburtstag eine solche, berichtet, daß der Universitätskurator Karl August von Wangenheim fragen läßt, *„ob er nicht an die Bibliothek kommen und daneben Vorlesungen halten könne?"* und spricht sich halb fürchtend, halb zustimmend aus, wenn ihr Mann meint, *„die Vorsehung wird doch immer für uns sorgen"*. Ein Jahr später will sie *„mit Feuer und Schwert hinter den Minister"* (9.4.1815), wenn es diesmal auch wieder nichts wird.

Am 14. November 1818 antwortet Ludwig auf die vielen sorgenvollen Briefe seiner Mutter: *„Der l. Mutter wünsche ich baldige Besserung und bitte Sie, wegen meiner sich keine Sorgen zu machen. Wenn ich irgendwo eine ordentliche Stelle erlangt haben werde, so hoffe ich, daß auch die übrigen Verhältnisse zu Ihrer Zufriedenheit ins Klare kommen werden."* Rosine Elisabeth Uhland ist eine pragmatische Frau, die sich auskennt im Leben – beim *„Tübinger Postjacob"*, der *„sicher fahrt, sich nicht betrinkt und den bedienten ordentlich machen kann"* ebenso, wie im Leben allgemein: *„Unsre Welt ist eine würkliche und bleibts, was wir uns auch vor eine Ideenwelt vorhalten, wir sind genöthigt uns nach ihr zu richten, sie nicht nach uns, sie hat so viel Bewohner, wie könnte sie sich nach jedes derselben Launen bequemen?"*

„Uhlands Briefwechsel" ist eine Familiengeschichte in Briefen, die ohne Rosine Elisabeth von wesentlich geringerer Aussagekraft wäre. In ihren Briefen, die nur in Auszügen und an verschiedenen Orten publiziert wurden, gibt sie eine Art Steckbrief von sich selbst. Ein tugendhaftes Frauenzimmer stellt nach Gellert ihre Briefe in den Dienst der Familie, und genauso macht das auch Rosine Elisabeth. Über sie hat Vater Uhland Kontakt mit dem Sohn, der denn auch fast immer an seine Eltern schreibt und keine ausschließliche Korrespondenz mit einem Elternteil pflegt. Die Liste der Dinge, die im Laufe der Jahre brieflich be-

sprochen werden, ist eindrucksvoll und umfaßt so unterschiedliche Bereiche wie die Juristerei, Wäsche und Stellensuche des Sohnes, Reisebeschreibungen, Justinus Kerners Kinder, Weinbestellungen, Krankheiten, *„Congreß nachrichten"* und Angelegenheiten der Frauenzimmer, Todesfälle und Näharbeiten, Ludwigs Verlobte und der Posten für Louises künftigen Ehemann, Stoffbestellungen und Aufträge, bestimmte Verwandte und Bekannte zu besuchen, der Hühnerhund (Jagdhund) der Tübinger Nachbarin, Buchwünsche des Sohnes und die im Felleisen (Ranzen, Reisesack) mitgeschickte Verpflegung, das vermißte Pitschierstöckchen (Sigelstock), Nankinghosen und Sacktücher, freudige Ereignisse und Ärgernisse. *„Mein Handwerkszeug, Papier, Feder, wahrscheinlich auch der Brief etwas schlecht, es steht so viel darin das mich ärgerte, wie Du merken wirst"*, schreibt die mißgestimmte Rosine Elisabeth einmal ihrem Sohn (8.6.1819) und macht an anderer Stelle unmißverständlich klar: *„ ... hier möchte ich also mir klaren Wein ausbitten, da das noch alles rätselhaft ist."* (23. 2. 1820)

Die Briefe zwischen Tübingen und Stuttgart, von Louise in Pfullingen nach Stuttgart und Tübingen müssen nur so hin- und hergeflogen sein. Eine Kette von Mitteilungen, Fragen, Beschwichtigungen, Bestellungen, Antworten, Neuigkeiten, Klatsch, politischen Nachrichten, Ermahnungen und Wünschen verbindet die Familie Uhland und läßt jeden jederzeit fast alles über die anderen wissen. *„Das Briefschreiben ist der ganzen Familie wie angebohren ... Feder und Dinte! ist das erste, wornach der ruft, sobald er in ein Wirtshaus tritt. Zuhause, auf Reisen, wo es auch sey! Schreib ihnen, und du hast den ersten Posttag Antwort. ... von Morgen bis in den Abend laufen die Depeschen bey ihr ein"*, schreibt ein Zeitgenosse über die *„Briefmanie"* in einer Familie. Bei den Uhlands kann davon allerdings trotz reger Schreibtätigkeit nicht gesprochen werden. Sie pflegen den engen brieflichen Kontakt einer Familie, die sich nahe ist, was nicht bedeutet, daß Sohn Ludwig nicht auch ermahnt werden muß: *„Der l. Vater sagt, Du habest nicht die Gewohnheit, seine Briefe eigentlich Punct für Punct zu beantworten, oder überhaupt oft spät, wann er wegen etwas Deine Ansichten wissen möchte."* (17. 8. 1813) Auch Mutter Rosine Elisabeth hätte manchmal gerne etwas mehr aus der Residenzstadt gehört, obwohl ihre Meinung über die Stuttgarter nicht besonders gut ist: *„Entweder sind's Schmeichler, die zu viele gute Worte austheilen, oder sich nichts um andre bekümmern".*

Wenn es um besonders wichtige Angelegenheiten geht, schicken die Uhlands auch schon mal einen Briefboten nach Stuttgart, am liebsten aber ist es ihnen, ihre Post per *„Gelegenheit"*, also über Freunde, Verwandte, Bekannte und Bekannte von Bekannten mitzuschicken. Rosine Elisabeth weiß genau, wann wieder jemand mit der Kutsche Richtung Stuttgart fährt und schickt dann eine der Mägde in das betreffende Haus oder gleich zur Poststation, damit die Reisenden ihren Brief mitnehmen. Auch der täglichen Stafettenpost des Verlegers Cotta können eilige Mitteilungen mitgegeben werden, besonders seit Rosine Elisabeths Sohn zu den im Hause Cotta gedruckten Dichtern gehört. Aus zahlreichen Erinnerungen und Familiengeschichten ist es bekannt, wie groß die Freude jedesmal beim Eintreffen eines Briefes ist. Als einen *„Strahl des Trostes"* empfindet Annette von Droste-Hülshoff sie, und auch der strenge Johann Friedrich Uhland betont seine Freude über die Briefe seines Sohnes, *„die mir immer viel Freude machen".* Nicht alles ist immer auch für Mutter Uhlands Augen bestimmt. Um sie zu schonen und *„damit die darin enthaltene traurige Nachricht* (vom Tod ihres Bruders) *der* (lieben) *Mutter nicht zu unerwartet vor die Augen kommt, habe ich meinen Brief von fremder Hand überschreiben lassen",* klärt Ludwig seinen Vater auf. (21.5.1813) Üblich ist es auch, bei solchen Gelegenheiten, dem an alle gerichteten Brief kleine *„Beiblätter"* hinzuzufügen, die unangenehme, brisante, pikante und andere Nachrichten enthalten, die nur für bestimmte Personen ganz allein gedacht sind. Auch Rosine Elisabeth schreibt manchmal heimlich Briefe: „*Der Vater weiß nicht, daß ich Dir schreibe, aber ich muß mein Herz doch ausleeren, weil es mich erzürnt, daß Dein Plan abermals mißlungen, ... so bin ich ganz weltsatt, die Menschen sind mir bald zu ärgerlich ... doch richtet mich immer Religion auf, daß ich denke, Gott werde noch etwas, das Dir nützlich ist, vorbehalten.*“ (28. 7. 1814)

„*Ich bin noch nach altem Schrot und Korn*“, sagt sie von sich selbst und mahnt Ludwig, daß er „*nicht zu sehr auf seines Vaters Beutel loshaue*“ während des Paris-Aufenthalts, aber unbedingt zu seiner „*Verfeinerung*“ einige Visiten machen solle, habe er doch selbst geäußert, er wolle „*Lebensart studieren*“. Ungeschliffen und wenig charmant, etwas unbeholfen und zu unpassenden Zeiten stumm, so tritt ihr Sohn in Gesellschaft auf. Das macht Rosine Elisabeth und ihrem Mann große Sorgen. „*Nach dem Rath Deines Vaters solltest Du auch in Frauenzimmer=Gesellschaften gehen, weil diese so ungenirt wären, Fehler gegen die Artigkeit mit aller Höflichkeit zu rügen, auch würden sie Dir nach meiner Meinung vermuthlich sagen, ob in Paris die Nägel abgeschnitten oder abgenagt würden*“ kritisiert sie ihn. Nicht jeder verträgt so deutliche Worte, aber Ludwig weiß, wie seine Mutter es meint: „*Aufrichtigkeit war immer ein Hauptzug meines Charakters, besonders gegen meine Kinder, deren erste Freundin ich seyn will.*“ (3. 8. 1816).

1820, Rosine Elisabeths Sohn ist jetzt 33, sie selbst ist 60 Jahre alt, werden die Sorgen endlich weniger. Ludwig zieht als Abgeordneter Tübingens der Ständeversammlung an und einen Tag später gibt er seine Verlobung mit Emilie (genannt: Emma) Vischer bekannt. „*Gottlob, das, was inzwischen in meinem Innern höchster Wunsch war, eine Wirklichkeit geworden*“, jubelt die Uhlandin und hofft, „*es werde Emma freuen, wann ich ihr mit dem tiefsten Gefühl sage, daß ich wünsche im engsten Sinn ihr Mutter so zu seyn, wie ich sie gegen Dich bin*“, schreibt sie ihrem „*lieben Louis Bräutigam*“.

(19.1.1820) Mutter Uhland schreibt ihrer zukünftigen Schwiegertochter am gleichen Tag: *„Liebe Tochter! daß mir Gott einen meiner höchsten Wünsche erfüllt und Sie mir als Tochter zugeführt, davor kann ich Ihm nicht dankbar genug seyn. Ihr Brief spricht Liebe gegen mich aus, die ich fühle daß sie von Herzen kommt, was von Herzen kommt geht zu Herzen und ich drücke Sie in Gedanken an mein mütterliches Herz, das von Liebe gegen Sie durchdrungen ist, ohne Sie persönlich zu kennen. Ich bin von meinem Sohn überzeugt, daß er mir nie eine Tochter bringen würde, die nicht meinem Sinn anpaßte, dazu hat er mich zu lieb, und da seine Grundsätze, die Sie wie ich hoffe kennen werden, die ganze Gesinnung meines Wesens und Hauses aussprechen, so konnte ich zuversichtlich hoffen, er schließe sich auch an ein Wesen an, das mit uns allen einstimmig wäre, ketten Sie sich, liebe Tochter an uns an, so bin ich höchst glücklich. Bin ich wie auch mein lieber Mann im stand, in die Stelle Ihrer lieben Eltern, die Sie nun gerade in diesem Zeitpunkt am stärksten vermissen werden, einzutreten, so werde ich mir diß zur angenehmsten Pflicht machen. Louis wird und darf sich ganz glücklich fühlen, wird sich aber manchmal trockener äußern als er es in seinem Innern fühlt. Erfüllen Sie meiner Louise ihren von jeher genährten Wunsch, auch eine Schwester zu haben im vollsten Sinn, sie ist ein fein fühlendes Geschöpfe und wird Ihre Liebe zu würdigen wissen, sie hat viel von ihrem Bruder, nur theilt sie sich wie es Frauenzimmern gebührt, freundlicher mit als der Männer Ernst es mit sich bringt. Seyd so vergnügt wie Louise und Meyer, deren beider Wahl auch aus Neigung und gegenseitiger Achtung entstand, welche Gründe bürgen, daß Ihr Glück ewig dauernd bleibe.“*

Mit der nun sein Leben bestimmenden Beziehung zu Emilie Vischer (sie heiraten im Mai des gleichen Jahres) endet Ludwig Uhlands enger Kontakt zu seiner Mutter, zu seinen Eltern. Er hat sich eine Frau ausgesucht, die ebenso wie seine Mutter in den nun folgenden 42 gemeinsamen Jahren mit beiden Beinen fest im Leben stehen und zu den starken Frauen der Familie Uhland gehören wird.

Ende Januar 1820 lernen Rosine Elisabeth und Johann Friedrich Uhland ihre Schwiegertochter kennen. Emilie Vischer kommt zusammen mit ihrem Verlobten nach Tübingen. Daß dafür alles besonders gut vorbereitet sein soll im Haus in der Hafengasse, ist Rosine Elisabeths Anliegen, und so schreibt sie ihrem Sohn: *„Ohnerachtet sie nun als Kind im Haus ist und als solches wird behandelt werden, so wünsche ich es doch vorher zu wissen, wann ihr kommt."* (24.1.1820) Der erste Besuch läuft bestens, und Rosine Elisabeths *„Herz ist ganz erfüllt von Dank gegen Gott, der uns Emma zugeführt"* (2.2.1820) und wenige Tage später schreibt sie ihrer Schwiegertochter: *„Du wirst mich immer dankbar finden vor das Glück, das meinem Louis durch Dich zu theil geworden."* (6.2.1820)

Für Rosine Elisabeth und ihren Mann beginnt mit der Heirat und endgültigem Auszug des zweiten Kindes nun die Zeit der Zweisamkeit als älteres Ehepaar. Sie führen seit 37 Jahren ein paralleles Leben. *„Wenn das Leben ärmer wird, wenn die Kreise unserer Jugend sich immer enger und enger zusammenziehen, wenn wir zuletzt nichts mehr brauchen können als Vertrauen, Liebe und Hingebung, dann zeigt sich der Werth eines braven Weibes"*, meint ein Zeitgenosse des Ehepaares Uhland, und wir fügen hinzu *„ … dann zeigt sich der Wert eines braven Mannes"*. Daß alte Ehepaare, die lange und innig miteinander zusammengelebt haben, manchmal kurz hintereinander sterben, ist bekannt. Bei Rosine Elisabeth und Johann Friedrich Uhland wird es auch so sein.

Offene Worte der Zuneigung und des gegenseitigen Respekts richtet Rosine Elisabeth an ihren Sohn: *„ … ich vielleicht als Weib bilde mir andere Ideen, von dem darfen wir aber immer ausgehen, daß wir es gegenseitig herzlich und gut miteinander meynen."* (26.4.1819)

Dieser Satz könnte wohl auch die Essenz ihrer Ehe mit Johann Friedrich Uhland sein, denn die in über zwei Jahrzehnten gewechselten Familienbriefe sind getragen von dem nicht Ausgesprochenen, das wie eine Ahnung, wie ein Hauch über dem Geschriebenen liegt. Liebe, Fürsorge, gegenseitige Achtung, Vertrauen und Freude am Leben und dem des anderen, Mitgefühl und Wärme strahlen die Briefe der Uhlands aus. *„Briefe gehören unter die wichtigsten Denkmäler, die der einzelne Mensch hinterlassen hat. … Was uns freut oder schmerzt, drückt oder beschäftigt, löst sich von dem Herzen los, und als dauernde Spuren eines Daseins, eines Zustandes sind solche Blätter für die Nachwelt immer wichtiger, je mehr dem Schreibenden nur der Augenblick vorschwebte, je weniger ihm eine Folgezeit in den Sinn kam"*, schreibt Goethe in *„Dichtung und Wahrheit"*.

Der Kontakt zu dem jungen Ehepaar Uhland ist gut, man schreibt sich, und vor allem kommen Ludwig und Emma immer wieder nach Tübingen zu Besuch. Sie reisen sehr viel, vor allem zu den großen europäischen Bibliotheken, wo Ludwig seinen Forschungen nachgeht und Emma ihm bei den Abschriften hilft. Rosine Elisabeth weiß, daß es ihrem Sohn in der Ehe gut geht. Sie erlebt auch die langjährige und herzliche Freundschaft ihres Sohnes zu Justinus Kerner mit und kann sich bestätigt fühlen, daß diese Verbindung gut und wichtig ist. Im Jahre 1830 freuen sich die alten Uhlands über die Berufung ihres Sohnes an die Universität als außerordentlicher Professor für deutsche Sprache und Literatur. Nun ist er also dort angekommen, wo er immer hinwollte. Und auch für seine Mutter ist der Wunsch, *„am Abend meines Lebens Freude"* zu haben, in Erfüllung gegangen.

In ihrem 65. Lebensjahr schreibt Rosine Elisabeth: *„Mit dem tiefsten Dankgefühl gegen Gott, der mir durch Dich, lieber Louis, so unendlich viel schenkte, feierte ich gestern in der Stille Deinen Geburtstag, meine Liebe gegen meine Kinder vermag ich nicht auszudrücken."* (27. 4. 1825)

Etwas mehr als ein Jahr nach dem Umzug in seine Geburtsstadt, schreibt Ludwig Uhland einem Freund: *„Es wa-*

ren traurige Ereignisse, die mich so saumselig im Schreiben gemacht haben. Nachdem mein Vater von langem Kranksein sich soweit erholt hatte, daß außer einer großen Entkräftung kein krankhafter Zustand zurückblieb, wurde meine Mutter, deren lebhafte Regsamkeit längere Jahre zu versprechen schien, von einer Brustentzündung ergriffen, mit deren Folgen sie auf einem fünfwöchigen Krankenlager zu kämpfen hatte. Sie unterlag am 11ten dieses Monats." (23. 6. 1831)

In der Traueranzeige im *„Schwäbischen Merkur"*, die am Morgen von Rosine Elisabeth Uhlands Beerdigung auf dem Tübinger Friedhof erscheint (4. 6. 1831), heißt es: *„Die Segnungen unserer Liebe und unseres Dankes folgen ihr über das Grab, das Bild ihrer liebevollen Treue wird nie in uns erlöschen"*, und die Leichenpredigt rühmt *„ihr reiches mit einem klaren Geiste im Bunde stehendes Mutterherz."*

Wenig später schreibt Ludwig Uhland ein Gedicht auf seine Mutter. In *„Nachruf"* heißt es:

*„Ein Grab, o Mutter, ist gegraben dir
An einer stillen, dir bekannten Stelle,
Ein heimatlicher Schatten wehet hier,
Auch fehlen Blumen nicht an seiner Schwelle.*

*Drin liegst du, wie du starbest, unversehrt,
Mit jedem Zug des Friedens und der Schmerzen;
Auch aufzuleben ist dir nicht verwehrt:
Ich grub dir dieses Grab in meinem Herzen."*

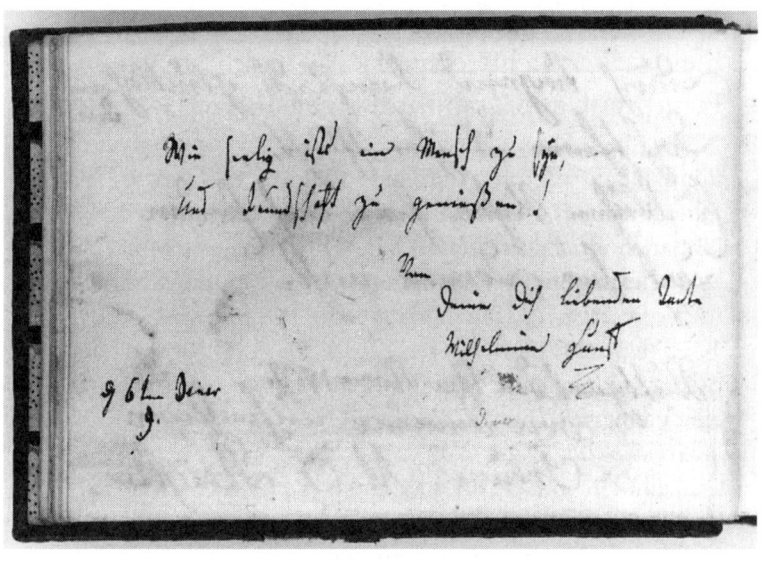

Originalschrift von Wilhelmine Hedwig Hauff

Wilhelmine Hedwig Hauff
(1773–1845), geb. Elsässer

Das Schlimmste, was einer Mutter passieren kann, bleibt ihr nicht erspart: Wilhelmine Hedwig Hauff muß am Grab ihres eigenen Kindes stehen.

Fünf Jahre, nachdem Friederike Luise Stockmayer dem Oberamtmann Kerner nach Ludwigsburg gefolgt ist, verläßt auch ihre Schwester Juliane Christiane, die Mutter von Wilhelmine Hedwig Hauff, mit 18 Jahren das Elternhaus in der Stuttgarter Kanzleistraße. Sie heiratet im November 1772 den zehn Jahre älteren Karl Friedrich Elsässer, seit einem Jahr Kanzleiadvokat und mit besten Aussichten auf eine vielversprechende Zukunft; er gilt schon jetzt als *„ausgezeichneter Jurist"*.

Nach den vorliegenden Quellen muß angenommen werden, daß Juliane Christiane die letzten fünf Jahre vor ihrer Heirat im Elternhaus gebraucht wurde. Sie kennt ihre Heimatstadt gut: Noch ist Stuttgart eine Stadt, die von Mauern umschlossen ist. In ihnen befindet sich die Altstadt und zwei Vorstädte, die sogenannte Esslinger und die Reiche. Und damit nicht unliebsame Besucher ihr Unwesen treiben können, bewachen Stadtsoldaten die Stadttore. Drei Hochwächter auf dem Stifts- und Spitalkirchenturm, die alles von oben genau im Blick haben, Nachtwächter und *„Gassenparullisten"*, die die Gassen durchstreifen, um die *„Gassenvögel am Kopf zu nehmen"* oder jeden, der nach zehn Uhr abends ohne Laterne angetroffen wird, sorgen für Ruhe und Sicherheit der Bürgerinnen und Bürger. Zu dieser tragen auch die Wirtshäuser bei, weil es nämlich kaum welche gibt. Weingärtner allerdings haben ein Einsehen mit den Durstigen und schenken eigene Weine aus, und Metzgermeister haben *„das Recht des Weinschanks unter Verspeisung einer selbstmachenden Wurst an gemeine Leute"*. Seit Herzog Karl Eugen mit seinem Hofstaat nach Ludwigsburg gezogen ist, hat sich in Stuttgart eine gewisse Tristesse breitgemacht. Glanz und Prunk sind verrauscht, und das geistige Leben verdient seinen Namen in Stuttgart noch nicht. Über die knapp 15 000 Einwohner der Stadt heißt es, ihr Leben sei *„kaum jemals vor- wie nachher ... so geräuschlos und einförmig dahingegangen, wie gerade um 1770"*. Es ist die Zeit, in der ein anfahrender Reisewagen noch ein Ereignis ist, über das man spricht, die Kinder zu den Eltern noch *„Herr Vater"* und *„Frau Mutter"* sagen und die einlaufenden Briefe von den Mägden des Postmeisters im Korb ausgetragen werden, wenn sie sowieso zum Markt gehen. Die Stuttgarter Gassen, durch die sie dabei kommen, sind uneben und krumm, haben kein Trottoir, dafür aber eine Gosse in der Mitte, über die sie immer wieder springen müssen, ohne den unglaublichsten Gerüchen, die daraus aufsteigen, entkommen zu können. Und als ob das nicht schon genug wäre, erfüllen die zahlreichen Dungstätten vor den Häusern auch noch die Luft mit *„zweifelhaften Düften"*.

Das ist die äußere Welt, in der Juliane Christiane Elsässer ihre Jugend und ersten Ehejahre verbringt. Das Zusammenleben mit Karl Friedrich scheint glücklich und harmonisch zu sein: Kurz nachdem das erste Ehejahr vorüber ist, bringt sie ihr erstes Kind zur Welt: Wilhelmine Hedwig. Was bedeutet es, in den 70er Jahren des 18. Jahrhunderts als Mädchen geboren zu werden? *„Zunächst bedeutet es, ein Mensch minderen Werts zu sein, wofern man überhaupt als Mensch gewertet wurde"*, schreibt ein Biograph von Caroline Schlegel-Schelling. Sie verbringt ihre Jugend in Göttingen, Hedwig Wilhelmine zieht mit ihren Eltern nach Erlangen, und ihre Freundin Christiane Hegel wächst in Württemberg auf. Der Satz über den weiblichen Menschen als einen von minderem Wert aber gilt hier wie dort. Die Männerwelt ist sich grenzübergreifend einig, und es gehört zu ihrer betrüblichen Geschichte, daß sie die Gitterstäbe des Gefängnisses *„weibliche Bestimmung"* unentwegt nachwachsen lassen.

Die Erstgeborene der Elsässers ist zwei Jahre alt, als an der Erlanger Universität die Stelle eines Professors der Rechte frei und ihr Vater berufen wird. *„Außer dem Vorzug, eine Universität aufweisen zu können, entbehrte Erlangen im 18. Jahrhundert so ziemlich jeder weiteren Bedeutung und Anziehungskraft"*, heißt es über die Jahre, die die Elsässers dort verbringen. Das ist die eine Sichtweise, andererseits sind seit 1686 viele Hugenotten in Erlangen ansässig, und der damalige Markgraf hat neben der bestehenden Ortschaft *„Erlang"* eine Neustadt erbauen lassen. Sie zeichnet sich durch breite, gerade Straßen und saubere, recht großzügig angelegte Häuser aus. Im Gegensatz zu den mittelalterlichen Städtchen der Umgebung finden die Elsässers hier bei ihrer Ankunft keine dunklen Gassen mit unübersichtlichen Winkeln wieder. Dort, wo sie jetzt wohnen, ist es hell und luftig. Ein Reisender des Jahres 1787 hält begeistert in seinem Tagebuch fest, daß er Erlangen wegen seiner geometrischen Gestaltung für eine der schönsten Städte Deutschlands hält. Wenn Juliane Christiane Elsässer an so manches Quartier in ihrer württembergischen Heimatstadt denkt, dann hat sie es gar nicht so schlecht getroffen, als sie mit ihrem Mann hierherzog. Karl Friedrich ist sogleich in Universitätsangelegenheiten unabkömmlich, und so gehört es zu Juliane Christianes Aufgaben, es der Familie hier in der Fremde heimisch zu machen. Dazu gehört an erster Stelle eine angemessene Unterkunft. Mit ihrem Mann und ihrer kleinen Tochter bezieht sie eine etwa sechzig Quadratmeter große Wohnung, deren Räume fast drei Meter hoch sind. Beheizbar ist nur die Stube zur Straße, die Küche geht zum Hof und die zwei anderen Kammern dienen zum Schlafen und als ruhige Studierstube für den Herrn Professor. Zu Anfang muß noch an dem einen oder anderen gespart werden, denn mit 179 Florin (Gulden) im ersten Jahr sind die Bezüge des Hausherrn nicht gerade üppig, aber schon 1776 hat er 500 Florin in seinem Beutel. Seine Reputation kann sich sehen lassen, und Karl Friedrich Elsässers Frau wird mit *„Frau Professorin"* in der Stadt gegrüßt.

Wenn sie für die schweren Arbeiten auch eine Magd und vielleicht sogar eine Köchin angestellt hat, so macht Juliane Christiane Elsässer manche Besorgungen doch gerne selbst. Schließlich ist der Gang zum Markt eine gute Gelegenheit, Neues zu erfahren, Kontakte zu knüpfen, sich über die besten Angebote zu unterhalten und einfach ein bißchen zu gucken. Der Marktplatz ist nicht nur in Erlangen ein weibliches Kommunikationszentrum: Ehefrauen mit ihren Kindern, Mägde mit Körben und Bottichen, Dienstmädchen mit dem Henkelkorb zum Einkaufen, Damen mit Sonnenschirmen, Händlerinnen und Kräuterweiber, die Nachbarin und die Frau Professorin Gmelin aus Tübingen trifft Juliane Christiane Elsässer dort. Und nachdem sie einen Gruß ausgetauscht und die nächste Kartenrunde bei Tee und Gebäck miteinander verabredet haben, genehmigt sich die Elsässerin noch einen kleinen Umweg entlang der Hauptstraße, um in eines der vielen großen, rundbogigen Schaufenster zu schauen. Schaufenster, das hat es in Stuttgart nicht gegeben. In Erlangen aber, wo schon seit hundert Jahren die eingewanderten Hugenotten mit ihren Hutmanufakturen und Strumpfwirkereien als Handschuhmacher und Betreiber einer *„Seyden-Manufactur"* ansässig sind, wo *„Feine Englische Tücher"* hergestellt und Glacéhandschuhe für die höheren Stände angeboten werden, da nutzt mancher der Gewerbetreibenden die Möglichkeit und präsentiert seine Produkte in den zur Straße liegenden Fenstern. Hauben und Tucher tragen die Frauen, denn es ist ihnen verboten, sich in die Männersache *„Hut"* einzumischen: *„Ihr den Hut zu überlassen war gleichbedeutend mit unter dem Pantoffel kommen oder an ,sie' die Hose zu verlieren."* Das geht nun wirklich nicht, und so steht Wilhelmine Hedwigs Mutter vor den Schaufenstern der Erlanger Hutmacher und denkt vielleicht an jene Frauen, von denen man sagt, sie hätten es doch tatsächlich gewagt, einen Hut zu tragen und sich damit höchst unweiblich betragen. So ein Schimpfwort will sie nicht zu hören bekommen und geht ein Stück weiter, um in die Auslage des Strumpfwirkers zu schauen. Zwar werden in Erlangen fast ausschließlich die einfachen Baumwollstrümpfe und dieser fürcherlich kratzige, aber herrlich warme *„Kastorstumpf"* für den Winter hergestellt, aber es gibt *„Blumennäherinnen"*, die aus einem einfachen Strumpf ein kleines Kunstwerk machen können. Zu ihnen bringt Juliane Christiane ein neu erstandenes Paar und weiß, daß sie ihrem Mann damit sehr gefallen wird. Karl Friedrich ist auch in dieser Beziehung nicht anders als die anderen Männer, der Blick auf eine schlanke Fessel in einem hübschen Strumpf kann ihn sogleich milder stimmen, versöhnen und sogar in sehr zärtliche Stimmung bringen.

Daß viele Frauen wie die der Strumpfwirker und Hutmacher in den Manufakturen, Blumenstickerinnen, Näherinnen und Wäscherinnen täglich hart arbeiten und dabei nicht einmal ihre Kinder schonen können, weiß Juliane Christiane. Manchmal sieht sie diese fleißigen Frauen, die arm und wenig geachtet leben müssen. *„Blutspeyen"* und *„Strumpferkatarrh"* sind häufige Krankheiten, und alt werden die Menschen auch nicht. Wie ganz anders ist das Leben da wohl in den Häusern der Adligen! Einer ihrer Spazierwege hat den Professor mit seiner Frau auch am *„Altensteinischen Haus"* vorbeigeführt, das man sogar als *„Palais"* bezeichnet. Einladungen zu Gesellschaften in solche Häuser kommen nur selten vor, dabei hätte es Juliane Christiane schon sehr interessiert, die eine oder andere Dame einmal aus der Nähe zu sehen. Man spricht viel von der Markgräfin Sophie Caroline, die schon nach dreijähriger Ehe Witwe wurde und nun seit einigen Jahren im Erlanger Schloß – ihrem Witwensitz – lebt. Jeden Sonntag kann Juliane Christiane sie beim Kirchgang sehen. Er wird inszeniert: Die kurze Strecke vom Schloß zur Universitätskirche legt Sophie Caroline in angemessen prachtvoller Kleidung jedesmal in einer Staatskarosse zurück, die von Heiducken und Läufern wirkungsvoll begleitet wird. Für alle, die am Wegesrand stehen und *„Maulaffen feilhalten"*, ist das ein sonntägliches Schauspiel, das durch den zweiten Wagen, in dem ihre Hofdamen vorgefahren werden, noch ein bißchen weitergeht. Die Tisch- und Abendgesellschaften der Markgräfin im Schloß gehören ebenso zu den Stadtgesprächen wie die ungewöhnliche Tatsache, daß sie sich höchstselbst um das *„Komödienhaus"* kümmert, sogar Schauspieltruppen selbst einlädt. Man erzählt sich, daß der Hang zu Kunst und Wissenschaft in der Familie liegen muß, hat ihre Schwester Amalia den Weimarer Hof doch zu einem wahren Anziehungspunkt für Menschen gemacht, die sich in Dichtung, Musik und Wissenschaft auskennen. seit einigen Jahren hält sich dort sogar der Dichter des *„Werther"* auf.

So eine Berühmtheit hat der Erlanger Hof nicht zu bieten, bekannt ist die Markgräfin aber für ihre freien Ansichten, wenn es darum geht, ihre Einladungen auszusprechen. Die jungen adligen Studenten verbringen so manchen Abend bei ihr. Daß sie ein besonderes Augenmerk auf die Universität hat, ist bekannt. Ob sie allerdings auch einen Austausch mit den Professoren pflegt, weiß man nicht so genau. Schließlich sind so gut wie alle von bürgerlicher Herkunft, andererseits haben die Gedanken der Aufklärung den Geist und das Denken geadelt. Die Königin von Preußen, Sophie Charlotte, hat jahrelang mit dem Philosophen Leibnitz, einem Freund ihrer Mutter, korrespondiert und vertrauten Umgang gepflegt. Also warum soll die Markgräfin von Brandenburg-Bayreuth nicht auch einmal einige der Herren Professoren einladen?

Eine gepflegte Konversation wäre sicher möglich mit ihnen. Die Baseler *„Vetterliswirtschaft"* oder den Tübinger *„Verwandtenhimmel"* gibt es an der Erlanger Universität nicht; *„Professorendynastien"* wie die der Gmelins sind hier nicht möglich. Wie Karl Friedrich Elsässer kommen die Professoren aus Gegenden Deutschlands, in denen die Markgräfin noch nie war. Das könnte ebenso ein Thema des Gesprächs sein wie natürlich die Situation der Universität im allgemeinen auf großes Interesse bei der Markgräfin stößt.

Zur gleichen Zeit wie Elsässer lehren noch andere Württemberger an der Erlanger Universität. Zu den wichtigsten Kollegen und familiären Freunden gehören in diesen Jahren Christian Gmelin aus Tübingen und seine Frau Charlotte. Zusammen mit Gmelin gibt Wilhelmine Hedwigs Vater das Journal *„Neueste juristische Litteratur"* und *„Gemeinnützige juristische Beobachtungen und Rechtsfälle"* heraus. Neben der Lehrtätigkeit erfordert das eine Menge Zeit und häufige Kontakte. Mag sein, daß sich Juliane Christiane Elsässer und Charlotte Gmelin über diese Arbeitsgemeinschaft ihrer Männer näher kennenlernen. Nicht nur das Leben einer Professorenfrau verbindet, sie sind auch gleich alt und leben als junge Ehefrauen in einer fremden Stadt. Hinzu kommt, daß Juliane Christiane als Ratgeberin willkommen ist, denn die Frau des Professors Gmelin ist schwanger. Die Verbindung der zwei Familien muß sehr eng sein, denn viele Jahre später wird Christian Gmelin der Taufpate von Hedwig Wilhelmines Tochter Sophie in Tübingen sein.

Wie Elsässer und Gmelin haben die meisten Professoren ihre Familien mitgebracht und leben für einige Jahre in Erlangen. In welchem Kreis von Frauen sich Wilhelmine Hedwig und ihre Mutter in der Universitätsstadt bewegen, kann nur noch über Personen und Daten auf indirekter Ebene rückgeschlossen werden. Niedergeschriebene Erinnerungen, Briefe, Tagebücher und Nachrichten über einen *„württembergischen Zirkel"* in Erlangen sind bisher nicht aufgetaucht, dabei ist der Schwabe Breyer nicht nur ein Freund der Literatur, er lehrt sie auch zeitweise an der Universität, und wenn man dann noch weiß, daß auch Johann Peter Hebel sich gerade in diesen Jahren in Erlangen aufhält, so entsteht leicht ein Bild von bürgerlicher Abendgemütlichkeit, zu der sich der eine oder andere Kollege mit seine Frau gesellt. Die heller als üblich erleuchteten Fenster zur Straße zeigen den Gästen schon von weitem, daß an diesem Abend eine kleine Gesellschaft stattfindet. Von einem *„Salon"* zu sprechen, geht wohl zu weit, aber eine Vorform dieser Geselligkeit der nächsten Generation begegnet uns hier sicher. Szenen aus dieser Zeit zeigen eher karg eingerichtete Räume, die den Damen Sitzplätze bieten, während die Herren auch gerne mal in kleinen Grüppchen abseits stehen. Vereinzelt sind die Handarbeiten der Frauen, kleine Bilder an den Wänden und ein Musikinstrument erkennbar. Mit den überladenen Zimmern des Biedermeier haben diese Räume noch nicht viel zu tun. Oft gehört zu dem geistigen Genuß der vorgelesenen oder rezitierten Gedichte und Geschichten auch eine kleine Beköstigung, dazu gibt es Klatsch aus der Stadt und viel Privates. Ähnlich wie bei der berühmten Weimarer Gastgeberin Johanna Schopenhauer wird es zugehen: *„Man nimmt Thee, auch Zwieback und Butterbrot, man schwazt von novis (Neuigkeiten), politischen und literarischen; man zeichnet, man spielt Clavier und singt. Um 6 Uhr geht man hin, um oder nach 8 schleicht man sich wieder fort"*.

Bekannt ist, daß der Vater der kleinen Elsässerin zu den Lehrern gehört, die *„durch anziehende Persönlichkeit und Vortrag die Zuhörer an sich fesselten"*. Seine Art zu lehren unterscheidet sich nicht wesentlich von der der heutigen Professorinnen und Professoren. Vorgelesen und günstigenfalls vorgetragen wird noch immer, nur das Diktieren direkt auf das Blatt gibt es nicht mehr wie noch zu Elsässers Zeiten. Umstritten ist das auch am Ende des 18. Jahrhunderts schon, aber die Befürworter tragen überzeugende Argumente vor: Schließlich will doch der Student *„für sein Geld etwas haben, das er nach Hause bringen und seinen lieben Eltern zeigen kann, welche denn ... Freudentränen vergießen möchten, wenn sie an die erstaunliche Mühe, die sich ihr Herr Sohn gemacht hat, gedenken und in den Früchten seines Fleißes herumblättern können"*.

Elsässers anziehende Art der Lehre ist die ideale Voraussetzung für einen kleinen Nebenverdienst, für *„privatim"* gehaltene Vorlesungen. Diese, der reguläre Universitätsbetrieb, seine Publikationen – alles muß in den Tag hineinpassen. Das unzureichende künstliche Licht verkürzt die Zeit des Schaffens, und deshalb wird das, was hinten fehlt, vorne vorgesetzt. Mit anderen Worten, im Sommer beginnen die Vorlesungen nicht selten um 6 Uhr morgens, Aufstehen muß die Gattin des Herrn Professors deshalb aber nicht so früh, die Magd hantiert sowieso schon lange in der Küche herum und kann eine Morgenmahlzeit bereitstellen. Es sind keine Glanzjahre der juristischen Fakultät, in denen Professor Elsässer aus Stuttgart hier lehrt; die beginnen erst mit einem seiner Nachfolger. Aber zu seinen Zeiten wird immerhin festgelegt, daß Studenten der Juristerei bei einem Ansuchen auf Anstellung auch Testate vorlegen müssen, daß sie überhaupt Vorlesungen besucht haben.

Unermüdlich tätig und von den lästigen Dingen des Alltags verschont, veröffentlicht Elsässer 1782 einen *„Leitfaden*

*zum Gebrauch bey seinen Vorlesungen über die Theorie der Canz-
ley-Praxis"* und im Jahr darauf *"Vermischte Beyträge, vorzüglich zum Canzley-Wissen"*. Die Jurisprudenz und die Universität, das ist Karl Friedrichs Welt. Die Welt von Frau und
Tochter Elsässer ist das Haus und die Geselligkeiten. Bis zu
ihrem 11. Lebensjahr bleibt Wilhelmine Hedwig in Erlangen und verbringt ihre Jugend im Umkreis einer Universität, die zu den wenigen Neugründungen der Aufklärung
gehört und sich der Suche nach der Wahrheit verpflichtet.
Es werden keine Dogmen verbreitet, es wird gesucht und
geforscht, in Frage gestellt und überlegt. Das beeinflußt
Wilhelmine Hedwigs Leben. Die Gespräche ihrer Eltern
drehen sich um ganz andere Themen als die in den schwäbischen Pfarrhäusern und Handwerksbetrieben, bei Weinbauern und Beamten des Hofes. Wilhelmine Hedwig Elsässer
wird sich von diesen jungen Frauen in mancher Hinsicht
unterscheiden, sie wird andere Menschen kennengelernt
und Denkhorizonte erreicht haben, von denen viele ihrer
Zeitgenossinnen noch nie etwas gehört haben. Die Gäste
ihrer Eltern, der persönliche Kontakt mit der gelehrten
Welt, die Frauen der Professoren, die an Bildung und
Selbständigkeit sehr oft das Maß ihrer Zeit weit überragen,
und vor allem der leichtere Zugang zu Büchern wirken sich
prägend auf Wilhelmine Hedwigs Leben aus. Daß sie eine
ungewöhnliche Frau ist, die von den Männern ihrer Zeit in
noch anderen Dimensionen als der der ausschließlichen
Weiblichkeit wahrgenommen wird, machen die Worte der
Männer, die sie trafen, deutlich.

Wenn die junge Elsässerin auch Glück mit ihrem Elternhaus hat, so hat sie als interessiertes und aufgeschlossenes
Mädchen Pech im Hinblick auf eine höhere Schulbildung.
Auf die Idee, daß weibliche Wesen noch etwas anderes lernen
sollten außer den Haushaltstugenden, ist bisher noch kaum
jemand gekommen. *"Die Distanz zu einer wie auch immer ge-
arteten höheren Bildung der Mädchen war noch zu Beginn des 19.*

Jahrhunderts auch in Bayern sehr ausgeprägt", schreibt ein Schulhistoriker, 150 Jahre werden dann vergangen sein, ohne daß es zu einer spürbaren Modernisierung der Männerwelt gekommen ist. Die meisten halten es dann immer noch mit dem Philosophen Johann Gottfried von Herder, der zu Wilhelmine Hedwigs Lebzeiten die ganze Sache auf einen einfachen Nenner bringt: *„Eine Henne, die da krähet, und ein Weib, das gelehrt ist, sind üble Vorboten; man schneide beiden den Hals ab!"* Vielen jungen Frauen und Mädchen reicht es nicht mehr, ein *„ausgeruhtes Gehirn"* (die Forderung eines Gynäkologen aus dem Jahre 1917!) zur Aufzucht der Kinder zu haben, sie wollen ihren Geist benutzen.

Schon im letzten Drittel des 18. Jahrhunderts entstehen in größeren Städten private Mädchenschulen. Diese Entwicklung fällt genau in die Zeit von Wilhelmine Hedwigs Jugend, aber das kleine Erlangen verfügt nicht über so ein attraktives Angebot. Erst hundert Jahre später wird es eine höhere Töchterschule geben. Mag sein, daß die Professorenväter sich entschließen, gemeinsam einen Privatlehrer für ihre Töchter zu engagieren, oder sie übernehmen selbst einen Teil des Unterrichts, oder ... Es sind viele Möglichkeiten und Wege bekannt aus der Bildungsgeschichte, wie Frauen trotz allem zu Wissen kamen. Schon bei der Tübingerin Rosine Elisabeth Uhland kam der Gedanke, ob sie nicht einfach mit ihrem Vater durch die großen Universitätstore der Alma mater (= nahrungsspendende Mutter) gegangen ist und dann heimlich einigen Vorlesungen zugehört hat. Niemand rechnet damit und es wäre höchst ungewöhnlich, ein weibliches Wesen in dieser Stätte der Gelehrsamkeit anzutreffen, aber verboten ist es (noch) nicht! Dorothea Schlözer und Dorothea Christiane Erxleben, deren Vater auch in Erlangen lehrte, haben das klug ausgenutzt. Diese akademischen Vorbilder könnten auch Wilhelmine Hedwig auf die Idee bringen, verborgen hinter der

Tür den privaten Vorlesungen ihres Vaters in seiner Erlanger Wohnung zuzuhören. Und wenn all das nicht klappt, so profitiert Wilhelmine Hedwig trotzdem von der Universität, denn gerade solche, die noch keine jahrhundertealten, verkrusteten Strukturen haben, die dem Neuen aufgeschlossen gegenüberstehen, sind der beste Ort für eine informelle Teilnahme der weiblichen Familienangehörigen von Professoren. Von Göttingen, wo die Universität nur neun Jahre vor Erlangen gegründet wurde, ist bekannt, was auch für Wilhelmine Hedwig Elsässers Zeit gelten kann: *„Hier kamen bei informellen Formen des Zusammentreffens, wie Besuchen der Studenten im Hause der Professoren, in Leskreisen oder bei Teestunden, auf Ausflügen und bei größeren Gesellschaften die weiblichen Verwandten der Professoren mit den ‚Bürgern‘ der Universität in Kontakt, auch wenn solche Veranstaltungen oft eher geselligen als gelehrigen Charakter hatten."* Aber auch die Herren Studenten haben einigen Nutzen von diesen Geselligkeiten, denn ihr Benehmen ist oft mehr als ungehobelt und rüpelhaft, und von ihrem Kontakt mit den Professorentöchtern erhofft sich mancher eine Verfeinerung ihrer Sitten. Wilhelmine Hedwigs Vater, der Herr Professor, ist nicht nur Lehrer und Dozent, man verlangt auch von ihm und seiner Familie ein sittliches Vorbild. Wohlanständigkeit, Sparsamkeit, Bildung und die Sittsamkeit der Töchter werden von den Neugierigen und Anständigen genauestens beäugt. Solche Sachen wie bei den Hubers und Michaelis in Göttingen dürfen nicht passieren, die ganze Familie ist ins Gerede gekommen wegen der *„emanzipatorischen Exzentrizitäten"* ihrer Töchter Therese und Caroline.

Wenn auch erst mit der Anstellung seines Nachfolgers eine der *„glänzendsten Perioden"* der juristischen Fakultät in Erlangen beginnt, so ist Karl Friedrich Elsässers Verdienst als Lehrer doch unbestritten. In Württemberg will man auf ihn nicht länger verzichten, und er wird *„durch Herzog Karl* *persönlich von einem Lehrstuhl weg für die Karlsschule gewonnen".* So geht es also nach neun Jahren Ausland zurück nach Stuttgart. Irgendwann im Laufe des Jahres 1784 erreichen die Elsässers, die inzwischen drei Kinder haben, mit einer der großen Überlandkutschen wieder die Residenzstadt.

Niemand weiß, ob Wilhelmine Hedwigs Mutter zur Zeit ihrer Rückkehr nach Stuttgart schon krank ist. Zwei Jahre danach stirbt sie dort im Alter von 32 Jahren an „Melancholie", wie ihr Neffe Justinus Kerner behauptet, der ihr allerdings nie begegnet ist. Das Stuttgarter Totenregister gibt die Ursache von Juliane Christianes frühem Sterben nicht an. Bei Arthur Schopenhauer findet sich die Möglichkeit einer Erklärung: *„Wenn durch eine ... große und unwiderrufliche Versagung vom Schicksal der Wille in gewissem Grade gebrochen ist, so wird im übrigen fast nichts mehr gewollt, und der Charakter zeigt sich sanft, traurig, edel, resigniert. Wann endlich der Gram keine bestimmte Gestalt mehr hat, sondern über das Ganze des Lebens sich verbreitet, dann ist er gewissermaßen ein In-sich-Gehen, ein Zurückziehen, ein allmähliches Verschwinden des Willens, dessen Sichtbarkeit, den Leib, er sogar leise, aber im Innersten untergräbt, wobei der Mensch eine gewisse Ablösung seiner Bande spürt, ein sanftes Vorgefühl des sich als Auflösung des Leibes und des Willens zugleich ankündigenden Todes."* Wenn sich Juliane Christiane Elsässer in so einem Zustand befindet, dann hat sie fürchterliche Jahre hinter sich. In einem zeitgenössischen Wörterbuch wird von der Melancholie als *„einer traurigen Empfindung des Gemüts"* geschrieben. Trübsinn und Niedergeschlagenheit, Todesgedanken und -sehnsucht, sind über lange Zeiten immer wieder Juliane Christianes Begleiter, die sie nicht los wird. Als typische Anzeichen für Melancholie gelten in dieser Zeit trübe Gedanken, Verweigerung des Essens und der Arbeit und völlige Abkapselung von der Umwelt. So kann es sein, daß eine melancholische Person den ganzen Tag mit gesenktem Kopf, wie eine Mauer unbeweglich und ebenso stumm dasteht, ins Leere blickt und niemanden an sich heranläßt. Es gibt Ärzte, die meinen, man solle die Erkrankte *„in das Getümmel der Menschen hineinziehen, und an solche Oerter führen, wo ...* (ihre) *Augen unaufhörlich viel zu sehen, und ...* (ihre) *Ohren viel zu hören bekommen"*. Der fleißige Besuch von Opern und Komödien, *„musicalische Concerte"*, Bälle und Maskeraden könnten den Seelenschmerz lindern. Aber was hilft das, wenn die Seele Trauer trägt! *„Du schreibst von bezaubernden Gegenden, aber du schreibst an jemand, der – auch wenn er sie gesehen hat – daran keine Freude finden kann"*, schreibt ein an Melancholie Erkrankter. Und so, wie er es beschreibt, muß es auch Wilhelmine Hedwigs Mutter gehen: *„In einem Tag, in einer Minute, wird die Natur für mich zur vollkommenen Leere und ... wie die Blindheit selbst."* Justinus Kerners Briefe, die von Jugend an immer wieder Depressionszustände ausdrücken und sein Jammern, selbst in glücklichen Zeiten, sind bekannt und im Briefwechsel mit Freundinnen und Freunden nachlesbar. Er hat die ihn quälenden Gemütsverfassungen nicht nur literarisch verarbeitet, er hat sie im persönlichen Kontakt auch immer wieder mitgeteilt. Heute wissen wir, daß das eine Form der Therapie ist, und es kommt der Gedanke, ob Juliane Christiane nicht länger gelebt hätte mit so einer Möglichkeit. Sophie Mereau schreibt in dem Gedicht „Schwermut":

„Abenddämmerung liegt auf meinem Garten –
und ich blicke mit bewölktem Sinn,
meinen müden Kopf gelehnt am harten
Fensterrahmen, wie auf Gräber hin.

Und die Geister meiner schönen Stunden
gehn vorüber, mit gesenktem Blick.
Ach! schon sind sie fern dahingeschwunden –
ich allein blieb sehnsuchtsvoll zurück."

Platon, Sokrates, Heinrich von Kleist, Nikolaus Lenau und viele andere bekannte Männer waren Melancholiker. Die Suche nach Melancholikerinnen gestaltet sich schwierig, denn diese Krankheit, so behauptet schon 1734 ein englischer Arzt, sei ein Element der Gelehrsamkeit. Als *„Mutter der Betrachtung"* und Quelle, ja Medium der gesteigerten Gedankentätigkeit gilt die Melancholie. *„Man darf sagen, der Glückliche phantasiert nie, nur der Unbefriedigte"*, lautet der Freudsche Kernsatz über die dichterische Phantasie. *„Leid und Lied"* gelten ebenso als zusammengehöriges Paar, wie Melancholie, Einbildungskraft und Phantasie als Schwestern zu betrachten sind. Juliane Christianes Tochter wird man später zwar die *„seltene Begabung, zumal nach Seite der Phantasie"* zugestehen, eine schreibende Verarbeitung aber nicht, denn die hat etwas mit Gelehrsamkeit zu tun und ist für das weibliche Geschlecht nicht vorgesehen. Hier liegt womöglich die Lösung, warum in der Großfamilie Kerner-Hauff so unglaublich viele weibliche Wesen an Melancholie, Wahnsinn, Schwermut und anderen Geistesverformungen sterben müssen, während die männliche Seite nicht nur weitgehend verschont wird, sondern auch noch als Poeten und Denker in die Geschichte eingeht. Es wird den Frauen nicht erlaubt, ihre Melancholie denkend zu verarbeiten, in Poetik und Prosa umzusetzen; ihre Bestimmung ist der Körper, nicht der Geist. Und so betrachtet sind Melancholie, Schwermut und Wahnsinn der Frauen in den Familien Kerner und Hauff gesellschaftlich bedingt und nicht pathologisch begründet: Zustimmung zur Pflicht, sich schicken in die *„Bestimmung"* als Weib und das Selbst verleugnen, wo aus innerer Berufung vielleicht nicht nur ein wunderbares Leben, sondern auch eine große Dichtung hätte entstehen können.

Einen Hinweis auf den Ausbruch von Juliane Christianes Krankheit suchen wir selbstverständlich ebenso vergeblich wie eine Bestätigung von Kerners Behauptung, sie sei an *„Melancholie"* gestorben. Darüber wird in den Familien nicht gesprochen und schon gar nicht geschrieben. Aus Zürich ist für das Jahr 1777 die Geschichte einer Frau bekannt, die nach der zweiten Geburt melancholisch wird: *„Von dieser Zeit an entfernte sie sich nach und nach aller Arbeit, glaubte sich zu jedem guten untüchtig, hielt sich für das verabscheuungswürdigste Geschöpf auf Gottes Erdball, von aller Gnade Gottes ausgeschlossen, untüchtig mit Ernst und aus dem Herzen zu beten, nur zu sinnlichen Lüsten geneigt, ein Eigenthum des Satans ... Diese unglücklichen Vorstellungen quälten sie so schrecklich, dass sie ungefähr vor einem Jahr den grausamen Entschluss fasste nicht nur sich, sondern auch ihr unschuldiges Kind, weil sie selbiges so wie sich selbst für verlohren hielte, umbringen wollte."* Schopenhauer schreibt über *„das Schwachwerden jener Lebenslust ... ihr gänzliches Versiegen als Hang zum Selbstmord, der alsdann bei dem geringfügigsten, ja einem bloß eingebildeten Anlaß eintritt".*

Juliane Christiane, die junge Frau des Professors Elsässer, wird am 28. März 1786 in Stuttgart beerdigt, und nur wenige Wochen später steht der 14jährige August Friedrich Hauff auch am Grab seiner Mutter. Für seine Zukunft allerdings hat der Tod der Mutter eine wesentlich geringere Tragweite als für seine spätere Frau Hedwig Wilhelmine Elsässer. Ihr schon fortgeschrittenes Alter von sechsundzwanzig Jahren bei der Heirat ist ein Indiz, das uns Hinweise geben kann auf die Zeit zwischen 1786 und 1799. Es haben die jungen Frauen *„bessere Entwicklungs- und Entfaltungschancen, deren Vater vor der Mutter starb"*, schreibt die Wissenschaftlerin Luise Pusch und zählt dazu Elisabeth Nietzsche, Carla Mann und Betsy Meyer. Töchter, deren Mutter früh stirbt, müssen oft deren Aufgaben übernehmen. Und wenn es heißt *„sie dienet den Eltern"*, so heißt das genau genommen *„sie dienet dem Vater"*, denn Mütter brauchen keine weibliche Bedienung und kommen außer in Krankheitsfällen allein zurecht. Männer dagegen sind es gewohnt, von Müttern, Schwestern, Tanten und Töchtern bedient zu werden, und es findet sich immer eine, die den *„armen"* Mann aus seiner Hilflosigkeit erlöst.

Dieses Tochter-Schicksal ist kein Einzelfall. Wilhelmine Hedwigs Freundin Christiane Hegel ist zehn Jahre alt, als sie die Mutter verliert. Über die Jugendzeit ihres Bruders lesen wir, was für die meisten jungen männlichen Familienmitglieder in dieser Situation gelten kann: Seine Jugendzeit *„verlief still und heiter, durch nichts Auffallendes bemerklich"*. Der Verfasser dieser Zeilen hat entweder schlampig recherchiert oder er mißt dem Tod der Mutter so wenig Bedeutung bei, daß ihm diese Worte flott aus der Feder fließen können. Für die Töchter ist die Situation eine ganz andere. Auch wenn Dienstboten und Mägde viele Arbeiten im Haus erledigen, so fehlt doch der weibliche Bezugspunkt, die Frau im Haus. Christiane Hegel und Wilhelmine Hedwig Elsässer schließen diese Lücke so gut sie können, aber sie sind junge Frauen mit dem Anspruch auf ein eigenes Leben. Das sieht man in ihrer Umgebung zwar völlig anders, aber ihre Gedanken und Träume lassen sich dem nicht unterordnen. Und während die eine ihr Schicksal gut meistert, wird die andere letztendlich daran zerbrechen.

Wie die zwei Stuttgarter Mädchen sich kennenlernen, ist nicht mehr nachvollziehbar. Sicher ist, daß es eine lange und intensive Freundschaft ist, die Christiane und Wilhelmine Hedwig verbindet. Die Jungfer Hegel wird nicht nur die Patenschaft bei drei Hauff-Kindern übernehmen, sie spielt auch eine wesentliche Rolle für den Asperg-Gefangenen August Friedrich Hauff. Und wieder zeigt das Leben der Freundinnen Parallelitäten. Für die Hegelin und die Elsässerin ändert sich im Jahre 1799 fast alles. Christiane Hegel verliert ihren Vater und geht als Gouvernante nach

Ludwigsburg, Wilhelmine Hedwig lernt August Friedrich Hauff kennen. Der hat sich inzwischen sehr gut gemacht und kann in die engere Wahl gezogen werden als Ehemann für die Tochter des Professors Elsässer.

Familiäre Beziehungen, Geselligkeiten der Stuttgarter Honoratioren, Kontakte über heute unbekannte Personen oder wie man sich eben so kennenlernt in diesem Jahrhundert – was es auch ist, irgendwie kommen die Jungfer Elsässer und der Sohn des Landschaftskonsulenten Hauff, der als *„eine gewinnende Erscheinung von feiner Intelligenz und weltmännischer Bildung"* gilt, zueinander. Im August 1799 wird aus Wilhelmine Hedwig die *„Frau Regierungs-Registratorin Hauff"*. Über die Familie, in die der berühmte Sohn Wilhelm hineingeboren wird, heißt es: Sie *„gehörte zur württembergischen Ehrbarkeit, also jener überwiegend humanistisch gebildeten Berufsbeamtenschaft, die in Staat und Kirche, oft über Generationen, ihre Ämter verwaltete, ohne die gebotene Loyalität gegenüber der Obrigkeit durch den Verzicht auf die ständischen Rechte schmälern zu lassen. Hauffs Großvater väterlicherseits war Landschaftskonsulent ..., also Rechtsberater der ständisch gegliederten Vertretungskörperschaft, eines politisch wirkenden Kontrollorgans gegenüber dem absolutistischen Herrscher"*. Fast auf den Tag genau ein Jahr später kommt aber nicht Wilhelm, sondern erstmal der Hauffsche Stammhalter Hermann (1800–1865) zur Welt. Etwa zu dieser Zeit geschieht auch das, wovon Justinus Kerner in seinen Erinnerungen berichtet: *„Es wurden damals mehrere Württemberger ... ferner Sekretär Hauff ... und mehrere andere, auf herzoglichen Befehl in der Nacht aufgehoben und auf die Feste Asperg abgeführt. Das österreichische Armee-Kommando in Württemberg hatte sie angegeben. Man hatte sie in Verdacht, in sträflichen Verbindungen mit den Franzosen zur Errichtung einer deutschen Republik getreten zu sein."* Wilhelmine Hedwig Hauff kommt während der Gefangenschaft ihres Mannes öfters nach Ludwigsburg in das Haus ihrer Tante Kerner, *„um* *ihrem auf dem Asperg gefangenen Gatten näher zu sein; auch hatte sie eine Freundin in Ludwigsburg, die gutmütig und entschlossen genug war, ihr Briefe an ihren Mann auf der Feste zu besorgen. Diese Freundin kleidete sich in Magdkleider, brachte die Briefe in ein Gefäß mit doppeltem Boden, in dem man den Gefangenen, was erlaubt war, gekochtes Obst, Gelée usw. zusandte, das sie zu Fuß dann auf die Feste trug und gut an den Mann brachte".* Es spricht sich schnell herum, was passiert ist. *„Eben höre ich es zitert alles an mir Segt. Hauff wo meine l. Elsässerin hat sei auch heute nacht abgeführt worden. Wan das wahr so wird sie melancholisch. Diese häte in der That ein recht trauriges schiksal, und sie ist so eine gute rechtschaffne persohn, und Sie leben so vergnügt, sie ist in der Hoffnung, ich hoffe aber es seie nicht wahr",* schreibt Dorothea Scholl, die Großmutter der Schriftstellerin Ottilie Wildermuth, ihrer Schwester nach Dänemark.

Einige Quellen sagen, daß Hauff acht Monate auf dem Asperg bleiben muß, andere sprechen, was vom Ablauf der Ereignisse wahrscheinlicher ist, von sechs Wochen, die bis zu seiner Entlassung vergehen und er im September 1800 voll rehabilitiert wird. Der Mann ist eingesperrt, die Zukunft ist ungewiß und dazu ist Wilhelmine Hedwig auch noch schwanger. In diesen schweren Zeiten lebt sie wohl weiterhin bei ihrem Vater in der Eberhardstraße oder, wie es damals hieß, *„auf dem kleinen Graben"*.

Nach der unverhofft raschen Entlassung ihres Mannes kann das Leben in der Eberhardstraße 23 bald wieder seinen geregelten Gang gehen. Nicht weit von dem Haus, in dem Wilhelmine Hedwigs Freundin Christiane geboren wurde, leben die Hauffs in einer Wohnung im zweiten Obergeschoß. Aber nicht nur mit den Hegels ist diese Gegend der Stadt verbunden, auch Friedrich Schiller hat hier bei der Hauptmannswitwe Vischer und in der zu ebener Erde gelegenen Kammer die *„Räuber"* vollendet. Und in dem vornehmen Gasthof *„Zum Ritter Sankt Georg"* soll 1777 Kaiser

Joseph II. genächtigt haben, als er den württembergischen Herzog Karl Eugen besuchte.

Darauf, daß Wilhelmine Hedwig Hauff auch einmal in dieser Reihe der *„Mütter berühmter Schwabenköpfe"* gehören wird, deutet kurz nach der Jahrhundertwende noch nichts hin. Hermann, der spätere Redakteur, liegt krähend in der Wiege und raubt seinen Eltern wahrscheinlich so manche Stunde Schlaf. Die Liste seiner Paten beweist die Richtigkeit der folgenden Insiderkenntnisse über das Leben in den Stuttgarter Bürgerhäusern um 1800: *„Man kannte sich und wußte voneinander in dem engen kleinen Lande und war in der Regel auch miteinander verwandt. Die verwandtschaftliche Verflechtung der bürgerlichen Oberschicht ... boten den gleichsam selbstverständlichen Hintergrund für das gesellschaftliche Leben, für das berufliche Interessen- und wohl auch Intrigenspiel."* Bei allen vier Hauff-Kindern tritt ein noch heute berühmter Mann der Medizingeschichte als Pate auf, der zu den anderen nicht recht passen will, weil er außerhalb der erkennbaren Bezüge steht. Über den Maler Johann Baptist Seele heißt es an einer Stelle: *„Er ergreift den Menschen frei von jedem Schema in seiner Eigenart und bringt ihn ohne Schmeichelei, resolut und frisch ... auf die Leinwand."* Er ist es, der im Jahre 1809, angeblich *„aus Dankbarkeit und als Entgelt",* Dr. Karl Christian und Friederike Henriette Klein mit ihrer Tochter Lotte malt und uns damit die Möglichkeit gibt, fast zweihundert Jahre später einen Mann kennenzulernen, der in engem familiären Kontakt zu den Hauffs steht. Dieses bekannte Bild, das in vielen Büchern der Illustration bürgerlichen Familienlebens dient, gehört heute der Staatsgalerie Stuttgart. Welche Beziehung die Hauffs zu einem der profiliertesten Vertreter der württembergischen Ärzteschaft haben, ist wohl am ehesten mit dem fast undurchdringbaren Familien-, Verwandtschafts- und Bekanntschaftsgeflecht der württembergischen Familien zu erklären, zumal die Familien Hauff und Elsässer beide der württembergischen Ehrbarkeit angehören. Ein genauer Nachweis darüber, wer hier mit wem seit Generationen verwandt ist, fehlt allerdings bisher. Von Friedrich Haug ist einiges über die Stuttgarter Lebensart und Geselligkeit dieser Jahre zu erfahren, wenn er über Klein berichtet: *„Die Musik sprach sein fühlendes Herz besonders an. Er spielte selbst Clavier und sang angenehm. Wenn es nur irgend seine Geschäfte erlaubten, eilte er der Oper zu ... In seinen wenigen Nebenstunden las er gern treffliche Dichter und gelungene Romane. Zum Scherze ließ er sich zur Verfertigung von Scharaden, oft sogar gereimter, herab und gab sie seinen Freunden auf. ... Allein in seinen wöchentlichen Schachkränzchen, das in den Abendstunden von sechs bis neun stattfand, sprach er in Spielpausen gerne über Wortforschung, neue Schriften, Mysticismus, Vorsehung, Zukunft, Unsterblichkeit und andere wichtige Gegenstände. Seiner Bibliothek war ein eigenes Zimmer geweiht."*

Das führt uns zurück zur Familie Elsässer-Hauff, denn Wilhelmine Hedwigs ältester Sohn Hermann wird bei seinem Großvater, dem Professor der Rechte und Hofrat, aufwachsen und sich sein Leben lang an *„Großvaters Büchersaal"* erinnern und ihn als *„Schauplatz unserer Selbstbildung"* bezeichnen. Zusammen mit seinem kleinen Bruder Wilhelm wird er sich viele Stunden in der schönen Bibliothek im Tübinger Haus des Großvaters aufhalten, zunächst aber nicht zum Lesen, sondern zum Spielen: *„Und gedenkst du des geheimnisvollen Freudelebens in Großvaters Büchersaal? Ach, damals kanntest du noch keine Bücher als den schnöden kleinen Bröder (Autor einer lateinischen Schulgrammatik), deinen ärgsten Feind; wußtest nicht, daß jene Folianten noch zu etwas anderem in Leder gebunden seien, als um Hütten und Ställe daraus zu erbauen für dich und dein Vieh? Gedenkst du noch des Frevels, wie roh du mit der deutschen Literatur, in kleinerem Format, umgingst? Hast du nicht deinem Bruder den Lessing an den Kopf geworfen, wofür er dich freilich mit „Sophiens Reisen von Memel nach Sachsen" erbärmlich zudeckte?"* wird Wilhelm später fragen. Erst allmählich entdecken die zwei Brüder die Schätze, die zwischen den Buchdeckeln verborgen sind, wobei sie in ihrer Auswahl keinerlei Bevormundung erfahren. Romane und Historienbücher werden geradezu verschlungen, und im Alter von 14 Jahren hat sich Wilhelm wie ein Bücherwurm durch sämtliche Belletristik des Großvaters *„durchgefressen"*. Parallel dazu entwickelt sich bei ihm ein Talent, von dem der ältere Bruder scheinbar nichts abbekommen hat. Während der musterhafte Schüler Hermann als verschlossen, ernst, fleißig und systematisch denkend gilt, sagt man von seinem Bruder Wilhelm, er sei ein *„oberflächlicher Springinsfeld"*. Wie sollen sie es auch sonst nennen in ihrer Ratlosigkeit, die Tübinger, die keinen anderen Jungen in seinem Alter kennen, der im Spiel mit seinen erfundenen Figuren, die ganz unglaubliche Geschichten erleben, so sicher und glücklich ist. Seine Freundinnen und Freunde finden das toll und versammeln sich regelmäßig mit seinen zwei Schwestern in einer dämmrigen Abstellkammer des Tübinger Hauses, um Wilhelm Hauff zuzuhören. *„Hier, im mystischen Helldunkel, vom Hausrat einer verschollenen Zeit umgeben, erzählte er die Märchen und Geschichten, die ihm den Tag über auf der Schulbank durch den Kopf gegangen (seine Noten waren „jammervoll"!), und freute sich königlich über den Beifall seines Auditoriums, dessen Entzücken auf das Höchste stieg, wenn er mit leichter Hand Figuren aus der bekannten Umgebung einflocht und, mit den alten Kleidungsstücken der Kammer drapiert, die Opfer seines Humors in Stimme und Geberden nachahmte"*, schreibt sein Neffe Julius Klaiber, der damit die Erzählungen und Berichte seiner Mutter Sophie aus ihrer Kindheit wiedergibt. Sie ist das vierte und letzte Kind von Wilhelmine Hedwig und August Friedrich Hauff, nachdem Wilhelm 1802 und Marie 1805 geboren wurden. Die Szene in der Abstellkammer, die zum Märchenzimmer wird, spielt sich ab, nachdem die Hauffin im Jahre 1809 mit ihren Kindern nach Tübingen in das Haus ihres Vaters zurückgekehrt ist, der dort mittlerweile die Stelle des Richters am Obertribunal versieht. Sie hat Stuttgart als Witwe verlassen. *„Erinnerst du dich des Morgens, als sie dich hineinführten zu einem wohlbekannten Mann, dessen Gesicht so blaß geworden war, dessen Hand du weinend küßtest, weinend ohne zu wissen warum? denn konntest du glauben, daß die harten Männer, die ihn in einen Schrank legten und mit schwarzen Tüchern zudeckten, konntes du glauben, daß sie ihn nicht mehr zurückbringen würden?"* fragt Wilhelm Hauff viele Jahre später und hat den Tod des Vaters ähnlich eindringlich festgehalten wie Justinus Kerner. Genauso wie bei ihm entsteht durch den frühen Tod des Vaters eine Konstellation, die Wilhelm Hauffs weiteres Leben bestimmen wird.

Kerners Worte über seine Mutter lauteten: Es *„erzeugte sich in ihr, wenn man mich so nennen will, ein Poete, und so war es auch bei Wilhelm Hauffs Mutter."* Er ist nicht der einzige Mann, der die ungewöhnlichen Seiten der Wilhelmine Hedwig Hauff wahrnimmt. Auch Gustav Schwab sieht Wilhelm Hauffs *„Hang zu den Gebilden der Phantasie"* in engem Zusammenhang mit den Anlagen seiner Mutter: *„Diese vortreffliche Frau, eine zärtliche und verständige Mutter ... hatte einen wohltätigen Einfluß auf sein weiches, empfängliches Gemüth; auch sein Talent zu erzählen bildete sich im häuslichen Kreise unter Mutter und Schwestern frühe aus."* Und wenn hier vom älteren Bruder Hermann nicht die Rede ist, so macht das nur deutlich, daß er auch nicht recht dazugehört. Sein Großvater hat ihn unter seine Fittiche genommen und übt großen Einfluß auf seine Erziehung und sein Leben aus. Die *„feste Führung durch Vaterhand"* wird Hermann nicht fehlen, der Großvater ersetzt sie vollkommen. Daß das nicht unbedingt ein Glück sein muß, zeigt die Entwicklung seines Bruders, der sich seiner phantasiebegabten Mutter eng anschließt und vom *„kernhaften Wesen"* des Familienpatriarchen verschont bleibt. *„Der Mutter Lust*

und Gabe zu fabulieren" findet in ihrem Sohn Wilhelm un-
geahnten Widerhall, und so ist es ihr zu verdanken, daß
später so wunderschöne Märchen und Geschichten aus der
Feder ihres Sohnes entstehen und nicht – wie gerne erzählt
wird – dem gut bestückten Büchersaal des Großvaters. Da
saßen sie einst beide in die Bücher vertieft, aber nur derjenige Sohn von Wilhelmine Hedwig kann seine schöpferische Begabung ausleben, der nicht in andere Dinge
gedrängt wird und den Erwartungen einer Männergesell-
schaft gerecht werden muß. Von Wilhelm heißt es, man
habe ihm nicht zugetraut, *„daß aus ihm etwas werden könnte"*. Daß es auch noch andere Bereiche des Fortkommens
gibt als den Staats- und Kirchendienst, haben die, die so
sprachen, vergessen. *„Eine zarte, fast weibliche Empfindung"*,
wie sie später auch seinem Neffen Klaiber nachgesagt
wird, darf Wilhelm nicht nur haben, er darf sie auch ausleben und schöpferisch verwerten. Was den Frauen der Familie untersagt ist und bleibt, was sie vielleicht gerne tä-
ten und sich aber nicht trauen, was Schimpf und Schande
über die Familie bringen und den Ruf einer Frau zerstören
kann – Wilhelm darf es, Wilhelmine darf es nicht: Schreiben. Um gar zu lästige weibliche Ambitionen in dieser
Richtung abzuwehren, schreibt Justinus Kerner: *„An
Dichterinnen: ‚Die Kochkunst ist Poesie fürwahr'/ Schrieb Novalis vor vierzig Jahr/ Drum geschmackvolle Gerichte/ Wohl zu
verdau'n/ Sind auch – (kocht! kochet!) – Gedichte! Poetische
Fraun!"*

Das 19. Jahrhundert steht noch am Anfang, und das Leben mancher Frauen, deren schriftstellerische Arbeit in die
Geschichte eingehen wird, wie die der Annette von Droste-Hülshoff, beginnt erst. Andere sitzen schon lange an
ihren Küchen-, Näh- und Eßtischen, bringen mit schneller
Feder zwischen dem einen und dem anderen Pflichttermin
das zu Papier, was ihnen wichtig ist oder was sich gut verkaufen läßt, und kümmern sich nicht darum, was die

Männerwelt davon hält. Die allerdings entlädt Zorn und Angst vor Konkurrenz manchmal in wütenden Attacken gegen die *„Frauen der Feder".* Da bedarf es schon des ironischen Großmuts einer Sophie Mereau-Brentano, um die armen, sich bedroht fühlenden Wesen zu beruhigen. Sie schreibt ihrem Clemens: *„Gewiß geziemet es sich eigentlich gar nicht für unser Geschlecht* (Schriftstellerin zu werden), *und nur die außerordentliche Großmut der Männer hat diesem Unfug so lange gelassen zusehen können ... für die Zukunft werde ich wenigstens mit Versemachen meine Zeit nicht mehr verschwenden, und wenn ich mich ja genötigt sehen sollte, zu schreiben, nur gute moralische oder Kochbücher zu verfertigen suchen."* Das hört sich schon besser an, und man lehnt sich beruhigt über die Rückkehr der Frau zum echt Weiblichen zurück und erzählt von diesem wunderbaren Wesen, das man da zu Hause hat: *„Meine Frau ... ist ein gutes, herzgutes, sanftes, daubenähnliches, lang u. zart u. reinlich gebildetes, geduldiges, unschuldiges Herzenslämmchen — ein edles, stilles, friedsames, in meinen Armen unaussprechlich anmutsvolles — mich unaussprechlich beglückendes Weibchen; ungelehrt, ungestutzt, ohne Koketterie u. Prätension* (Anspruch). *... Das allerliebste Kindmütterchen",* schwärmt Johann Kaspar Lavater gegenüber Goethe im Jahre 1774. Ja, das sind die Ansichten und Meinungen, mit denen sich Wilhelmine Hedwig Zeit ihres Lebens herumzuschlagen hat. Da kann ihr schon mal der Gedanke kommen, wieviel einfacher es wäre, zur Männerzunft zu gehören. Wenn ihr Sohn Wilhelm von seinem *„Beruf zu schriftstellern"* spricht, dann erhebt sich allenfalls Erstaunen und vorsichtige Achtung vor solch einem kühnen Plan, aber doch kein ungläubiges und wütendes Geschrei, das sogleich nach *„Sich besinnen"* ruft und diesen *„Verrücktheiten"* eines Weibes mit dem Ruf nach kirchlichem oder ärztlichem Beistand begegnet. Wilhelmine Hedwig muß vorsichtig sein, ihr Stand verlangt gewisse Rücksichten. Sie ist nicht nur Witwe, was an sich schon etwas Unnormales

ist, ihr Vater gehört auch dem höchsten württembergischen Gerichtshof an, und die Familie ihres Mannes verlangt eine würdige Haltung von ihr. Schnell spricht sich
etwas rum in Tübingen, und schon wenig später weiß es
die Verwandtschaft in Stuttgart, daß die Witwe Hauff
„eine Frau von seltener Begabung, zumal nach der Seite der
Phantasie" ist.

Hinweise auf die gesellschaftliche Exponiertheit ihres
Hauses in der Tübinger Haaggasse 15 finden sich an verschiedenen Stellen. Eine Suche danach ist fast unmöglich,
aber beim recherchierenden Abtasten von Wilhelmine
Hedwigs Umwelt und Lebenszeit tauchen aus dem Meer
der zahllosen Männererinnerungen und -biographien kleine
Glanzlichter auf, die das beweisen, was sowieso schon über
die Hauffin vermutet wurde:

„Noch heute sprechen ... Männer ... mit Begeisterung von dem
unvergleichlichen Reiz ihrer Unterhaltung, welche das Unbedeu-
tendste zu heben und jeden Gegenstand, den sie berührte, mit Geist
und innerem Leben zu erfüllen verstand."

Zu ihnen gehört der Student und spätere Professor Gottfried Klaiber, der Wilhelmine Hedwig Hauff als seine
„mütterliche Freundin" betrachtet und in ihrem Haus ein und
aus geht. Er unterrichtet nicht nur ihre Söhne, er findet bei
der *„hochgebildeten, geistvollen Frau"* auch einen *„höchst wert-*
vollen, ihn anregenden und fördernden Umgang und Verkehr". Zu
dem tragen auch die anderen Mitglieder des geselligen
Kreises dieser Jahre bei. Obertribunalrat Kölle, der mit einer Schwester von Wilhelm Hauffs Vater verheiratet ist,
Bürgermeister Hauff von Tübingen, dessen Frau eine Cousine von Wilhelmine Hedwig ist, Obertribunalrat Faber als
„Großoncle" der Hauff-Kinder und ein *„Doctor Gmelin"* mit
Gattin, bei dem es sich nur um den Kollegen aus den Erlanger Zeiten ihres Vaters handeln kann, gehören zu denen,
die in der Universitätsstadt leben und die als Gäste des
Hauses gelten können.

Wilhelm Hauff

Zu dem überlieferten Stuttgarter Freundinnenkreis um Wilhelmine Hedwig Hauff und Christiane Hegel gehört auch Wilhelmine Riecke, deren Neffe ein Freund von Wilhelm Hauff ist. Sie führt ihrem Bruder den Haushalt und bewährt sich als *„eine außerordentlich thatkräftige Natur, welche, insbesondere auch bei der Erziehung der Nichten, nicht immer gerade in deren Sinn, ihren Willen durchsetzte"*. Genau wie Wilhelmine Hedwig gehört sie zu den Frauen, die das Leben kraftvoll und energisch anzupacken scheinen, denen die Aufgaben, die sie bewältigen müssen, von allein zuwachsen und wenig Raum lassen für das ganz Persönliche. Wenn es von Wilhelmine Riecke heißt *„ihre Stellung und Autorität wurde wie von den Verwandten, so auch in weiten Kreisen der Stadt unumwunden anerkannt"*, so kann das genauso für die Hauffin in Tübingen gelten. Und schließlich gehört auch der Cousin Friedrich Haug zu denen, die dem Haus in der Haaggasse nahe stehen. Ein zusätzlicher Grund für einen Besuch mag sein, daß seine Frau Luise Henriette, geb. Stäudlin, auch Verwandte in Tübingen hat. Die 1793 verstorbene Großmutter von Ludwig Uhland, Gottliebin, war ihre Tante. Neben den vielen bis heute unbekannt gebliebenen Gästen von Wilhelmine Hedwig Hauff bindet sie einen Kreis von Menschen an sich, der sie gesellschaftlich nicht im Abseits stehen läßt wie so viele Witwen, wobei es sicher von Vorteil ist, daß ihr Vater noch lebt und die männliche Autorität des Hauses bildet.

Mit 36 Jahren ist Wilhelmine Hedwig Hauff Witwe geworden, aber das ist gar nicht ausschlaggebend, denn alle Witwen, egal welchen Alters, haben sich eines ganz bestimmten Benehmens zu befleißigen. Und wie das auszusehen hat, legen die Männer fest. *„Ein Weib gegen ihren Mann soll sein, wie ein Wintergrün gegen einen Baum, das ihn umfängt, wenn er auch verdorben"*, heißt es über Witwen 1704. Und siebzig Jahre später erklärt Theodor Gottlieb Hippel die Witwe zu einer einzigen Abnutzungserscheinung: *„Man könnte fragen, was ist eine Witwe mehr als eine verwischte Schilderei, ein umgewandtes Kleid, ein aufgewärmtes Essen, eine Perücke statt eigenes Haar, eine Tulpe, die den Schlüssel verloren hat und sich nicht mehr zuschließen läßt."* Wilhelmine kann und will diesen Vorschriften nicht genügen. Und wenn es auch nicht zu einer zweiten Heirat kommt, so scheint sie doch kein Leben im Abseits zu führen. Aus den Briefen der Uhlands in Tübingen wissen wir, daß Schlittenfahrten, Bälle, Ausflüge, lange Abende im Casino und üppige Geburtstagsfeiern stattfinden. Über das Beisammensein in den Häusern, im privaten Kreis gibt es kaum Nachrichten. Wie wichtig aber die kleinen Zeremonien des gepflegten Umgangs sind, merken wir beim Lesen der Briefe von Luise Mohl. Sie fragt ihren in Paris weilenden Sohn, *„ob bei kleiner Gesellschaft die Dame von Haus den Thee mit eigenen schönen Händen den Glücklichen am Tisch reicht, und ohne Teller nur mit der Hand die Tasse anfaßt?"* Die Sitten und Gebräuche der feinen Gesellschaft sind ihr sehr wichtig und sie ermahnt den Briefempfänger, er solle nicht vergessen, *„diese höchst wichtige Frage zu beantworten".* Und weiter: *„Ich muß noch eine wichtige Frage über die großen Soireés machen, was machen die jungen Leute darinnen? was die jungen Frauen? und was giebt man für Erfrischungen dabei, wenn kein Ball und kein Consert ist? noch eine wichtige Frage fällt mir ein, wie gehen die Leute fort, ohne sich der Frau vom Haus zu nähern, ohne alle Verbeugung? Männer gehen ab und zu, das glaube ich wohl, aber wie Frauen?"* Es liegt Luise Mohl viel an den Antworten, denn sie zeigen, *„ob man zum Pöbel gehöre oder nicht".* Ob Luise Mohl mit Wilhelmine Hedwig Hauff gesellschaftlich verkehrte, kann bisher nicht beantwortet werden. Ihre Söhne pflegen während ihres Paris-Aufenthalts regen Verkehr miteinander.

Das Haus in der Haaggasse bedeutet für Wilhelmine Hedwig die Rückkehr zu ihren Vormüttern, denn niemand

anders als die berühmte *„schwäbische Geistesmutter"* Regina
Bardili (1599–1669) hat in diesen Räumen gelebt, als sie
über ihre Töchter und Söhne zur Vorfahrin einer langen Reihe von Württembergerinnen und Württembergern wurde,
ohne die die Geschichte des Landes eine andere oder gar keine wäre. Ob die Hauffin auch weiß, daß in der geräumigen
Honoratioren-Wohnung ihres Vaters Rosine Elisabeth
Uhland geboren wurde? Verwandt, wenn auch weitläufig,
sind sie miteinander, die zwei Tübingerinnen, und es gehört
zu den Dingen, die wir nicht mehr beweisen, aber trotzdem
als geschehen betrachten können: Sie kennen sich, treffen
sich zufällig oder geplant und sprechen über ihre Söhne.
Wilhelm Hauff geht im Jahre 1817 nach Blaubeuren in die
Seminarschule, Ludwig Uhland, der zehn Jahre später an
seinem Grab stehen wird, hat in Stuttgart erste literarische
Erfolge mit seinen bei Cotta erschienenen Gedichten.

Wilhelmine Hedwig Hauff gibt ihrem Sohn nicht nur
die entscheidende Begabung seines Lebens mit, sie ist es
auch, die seinen Alltag als Schüler, Seminarist, Student und
Schriftsteller managt. Es ist wie bei Uhlands zu Hause:
Wäsche und Näharbeiten, ausreichende Ernährung, Sorgen
um eine gute Unterkunft in der Fremde, schlechte Arbeits-
ergebnisse, genügend Geld im Beutel und erste Liebeleien,
das *„stille Stübchen"* für die häusliche Arbeit, Schutzschild
gegen den Ärger des (Groß-)Vaters und liebevolle, vertraute Zuwendung – Wilhelmine Hedwig hat genug zu tun
mit ihrem Wilhelm. Dabei ist er ja nicht der Einzige, seine
drei Geschwister hängen ebenso sehr an ihrer Mutter. Und
als ob das nicht genug ist, ziehen im Jahre 1813 nochmal
vier kleine Kinder in die Haaggasse 15. Der Älteste, Karl
Ludwig, ist gerade mal fünf. Er und seine Geschwister
kommen als Waisen ins Haus. Ihr Vater, Wilhelmine Hedwigs Bruder Heinrich Friedrich, ist als „Physikus" in
Neuenstadt an der Linde selbst Opfer des Kriegstyphus geworden. Kurz nach seinem Tod bringt seine Witwe ein

Kind zur Welt, das nun bei seiner Tante in Tübingen aufwächst. Ihrer Schwägerin hat sie auf dem Totenbett versprochen, die Kinder wenigstens so lange zusammen zu lassen, *„bis sie sich als Geschwister fühlen gelernt"* haben. Acht Kinder müssen nun also in der Haaggasse versorgt, umsorgt, ermahnt, getröstet und aufs Leben vorbereitet werden. Karl Ludwig Elsässer, zu dessen Patienten auch der Dichter Eduard Mörike gehört, wird der Familie als Arzt große Ehre machen, medizinische Schriften veröffentlichen und 1874 einen ausführlichen Nachruf im *„Schwäbischen Merkur"* erhalten.

Über das Leben der Waisen im Tübinger Haus ihrer Tante heißt es: *„Sie hat sich mit aufopfernder Liebe derselben angenommen und ihnen in der herzlichen Eintracht mit ihren vier eigenen … Kindern ein wohltuendes Familienleben eröffnet"*, und das ist es, was Wilhelmine Hedwig in den nächsten Jahren leistet. Kerners warnende Worte *„Der Kochlöffen von Lindeholz/ Rühriges Weiblein! verbleibe dein Stolz!/ Besser dir steht es/ Als die Gansfeder./ Rupfe und brate die Gans recht fein/ Aber die Federn der Schwinge/ Bringe dem Mann herein!"* verhallen ungehört. Wilhelmine Hedwig hat anderes zu tun. Und selbst, wenn sie möchte und es heimlich wünschte – die Zeit zum Schreiben ist einfach nicht da.

Erinnerungen ihres Sohnes Wilhelm an die Jugend unterm Schloßberg: *„Tauchet auch ihr auf aus dem Nebel verschwundener Jahre, ihr Mauern des alten Schlosses? Wie oft dienten deine halbverfallenen Gänge, deine Keller, dein Zwinger, deine Verliese der fröhlichen Schar zum Tummelplatz ihrer Spiele! … O Himmel, wie schön ließ es sich dort spielen!"* Und ein paar Jahre später schreibt Wilhelm Hauff über sein *„fideles Jungburschensemester"*: *„Musikkranz. Suite nach Hechingen. Museumsball. Riecke läßt sein Herz in Stuttgart. … Gedichte in den Kränzchen. Auszug der Fidolia auf einen Berg mit biergefülltem Ranzen. … Tarokabend zu Hause. … Im ganzen war das Semester lustig und fidel und dabei noch fleißig."*

Die Jugenderinnerungen seiner Schwestern Marie und Sophie sehen natürlich anders aus, schließlich gehören sie dem weiblichen Geschlecht an. Und was schon bei der Geburt ihrer Mutter ein Nachteil war, hat sich bisher auch nicht ins Gegenteil verkehrt. Sechs und acht Jahre alt sind sie, als die vier „neuen Kinder" der Mutter ins Haus kommen. Da ist Unterstützung nötig, und wei könnte die besser geben als die Töchter. Sie müssen sowieso auf ihre spätere Rolle als Hausfrau, Ehefrau und Mutter vorbereitet werden – hier bietet sich die beste Gelegenheit. Es ist falsch, Mutter Wilhelmine Hedwig nach unserem heutigen Maßstab zu verurteilen, wenn sie ihre beiden Mädchen zum Weißnähen, Stricken, Helfen in der Küche, sorgfältigem Decken der Tische, Polieren der Porzellantassen, Kehren der Stube und Bettenmachen anhält. So ist die Zeit, und die Aufgabe der Mütter ist es, ihre Töchter auf das Leben vorzubereiten. Manche mag sich innerlich sträuben in der nur zu guten Erinnerung an endlose Nachmittage bei feinsten Stickarbeiten, während die Brüder draußen herumlaufen durften, wie sie wollten, aber kann sie es verantworten, dem weiblichen Familiennachwuchs irgendwelche Flausen vom Bücherlesen und Lernen, vom Reisen und Ledigbleiben zu gestatten? Tochter Sophie hat „frühe gelernt, sich in die Verhältnisse zu schicken und den Menschen lieblich und werth zu sein, auch das Unangenehme zu überwinden und die Widerwärtigen zu behandeln", heißt es in ihrer Leichenpredigt, die zu den wenigen schriftlichen Nachweisen gehört, daß Wilhelmine Hedwigs Tochter überhaupt gelebt hat. Diese Zeilen erzählen, welches Bild das partriarchal geprägte Jahrhundert und seine Männer von den Frauen insgesamt haben, individuelle Züge von Sophie Hauff sind kaum auszumachen. Ein kleiner Hinweis auf ihre Wesensart gibt ihr Bruder, wenn er schreibt, sie sei etwas „spitzig" und „spröde", also wohl nicht so angepaßt wie ihre Schwester, nicht so nathlos in die Schablone passend. Gut, daß sie über diese Eigenschaften verfügt, denn Wilhelmine Hedwigs jüngste Tochter wird auch ein Leben führen müssen, das nicht den allgemeinen Vorstellungen entspricht. Sophies Geist soll *„frühe entwickelt"* gewesen sein, und auf ihr Leben blickend, ist es ein Glück, daß ihre Mutter wohl Einfluß nimmt auf ihre Bildung, die sich nicht nur in den Haushaltsangelegenheiten erschöpfen soll. Ob sie ihrer Tochter allerdings den Besuch des höheren Töchterinstituts der Julie von May erlaubt und bezahlen kann, muß offen bleiben. Die Gefahren eines solchen Schulbesuchs sind nicht zu unterschätzen, lernen die jungen Mädchen dort womöglich noch das Denken, und welcher Mann will schon so eine Frau! Des *„Weibes angemessener Gemütscharacter"* umfaßt solche Tugenden wie Keuschheit, Bescheidenheit, Sanftmut, Biegsamkeit, Selbstverleugnung, Sparsamkeit und Gewöhnung an Abhängigkeit. Der Gebrauch des Verstandes ist da nicht vorgesehen. So geht es auch ihrer Schwester Marie, von der außer der in einem Nebensatz erwähnten Tatsache, daß sie schon mit 37 Jahren nach *„langjährigem Siechtum"* stirbt, fast nichts bekannt ist.

Ein Jahr nach Marie heiratet auch Wilhelmine Hedwigs Tochter Sophie, 1825. Fast hundert Jahre später wird in der *„Schwäbischen Chronik"* zum ersten Mal das sich in Familienbesitz befindende Gedicht veröffentlicht, das Wilhelm Hauff zu diesem Anlaß geschrieben hat und einen unverhofften Einblick in das Privatleben der Hauffs gibt und etwas ganz Seltenes darstellt:

„War eine Witwe lobesam
Die hatte ein paar Mädchen
Zu ihr ein Paar Studenten kam
Die prächtigsten im Städtchen.

Sie waren voll Gelehrsamkeit
Die beiden Herren Studenten

Und brachtens endlich mit der Zeit
sogar zum Repetenten.

Der älteste sah die älteste gern
Er zog wohl aus bis Bremen
Doch kam er wieder aus der Fern
Das holde Kind zu nehmen.

Der Kleinste sahs und dachte: „So?
Er freit? ich kanns nicht minder
Die kleinere ist nicht von Stroh,
sind beide liebe Kinder."

Da sprach er zu dem ältern Herrn
Und sagte ohne Schämen:
„Du sahst viel Mädchen in der Fern"
– in Preußen und in Bremen.

Und doch hast du dein Herz bewahrt
Und kamst zu ihr gelaufen:
Gestehe, sind so guter Art
Die Mädchen der Frau Hauffin?"

Da sprach der Herre hochgelahrt:
Ich rath dir, nimm die Kleine,
sie ist zwar etwas anderer Art
Und spitz'ger als die meine.

Sie ist gar zart und fein, wenn schon
zuweilen etwas spröde
Hast du den ersten Kuß davon
So ist sie nicht mehr blöde.

Das Freien ist fürwahr kein Scherz,
Es machet viel Beschwerden;

Doch faßt der Kleine sich ein Herz
sagt: „Willst du meine werden?"

Sie sagt nicht ja, sie sagt nicht nein
Ist still und stumm gewesen
Doch in der Augen klarem Schein
Hat er sein Glück gelesen."

Ein Jahr nach diesem Ereignis inszeniert Wilhelm Hauff mit einem Schlag seine literarische Karriere: Gleichzeitig veröffentlicht Wilhelmine Hedwigs Sohn drei Schriften (*„Mann im Mond"*, *„Mittheilungen aus den Memoiren des Satan"* und einen *„Märchen-Almanach"*) und erhält sofort viel Anerkennung als Autor. Zeitgenossen über Wilhelmine Hedwigs Sohn in dieser Phase seines Lebens: *„Haltung (steifes Verbeugen bei der Begrüßung) wie Kleidung (Königblauer Rock) hatten einen französischen Zuschnitt, der sich indeß zu dem feinen abgemessenen Benehmen sehr wohl schickte. Erst später als man vertrauter ward, zeigt sich die angeborene schwäbische Natur in größerer Herzlichkeit und Fröhlichkeit."* Und über Wilhelm Hauffs Aussehen: *„Die Gesichtsfarbe gelblich und eben aber nicht bleich und ungesund zu nennen – scharfe, etwas gebogene Nase, guter Mund mit farbigen Lippen, die aber mehr aufgeworfen als fein sind. Der Mund selbst ziemlich breit. Unter den hervorstehenden dunklen Augenbrauen leuchten sehr eindrucksvoll kornblaue Augen, die der Farbe sowie den Zügen zu widersprechen scheinen, und weil sie ehrlich blickten, alles Diabolische, was ich in seiner Physiognomie zu finden suchte, verwischten."* Das vermeintlich Diabolische mag einen Biographen zu seinen Ausführungen über das *„psychopathische Element in Hauffs Naturanlage"* veranlaßt haben. *„Es ist richtig, daß Hauff mütterlicherseits aus einer Familie stammt, in der Geisteskrankheiten sich fühlbar machten"*, schreibt er und fragt: *„Aber soll uns das Wissen darum den Blick trüben für sein ‚frisches farbenhelles Leben...'?"* Als *„erblich schwer Belasteter"* ist Wilhelm Hauff in der Literaturgeschichte bisher nicht aufgetaucht. Es trifft fast ausschließlich die Frauen. Ihre psychopathischen Veranlagungen werden hervorgehoben, während sie bei den Männern der Familie angeblich als *„männliche Tüchtigkeit und Überzeugungstreue, rastloser Schaffensdrang, aber auch leidenschaftliches Temperament, . . . ein gewissen Hang zum Fanatismus"* bemerkbar machen.

Nach der Veröffentlichung seiner ersten Werke überschlagen sich die Ereignisse. Wilhelm Hauff wird Redakteur bei Cottas *„Morgenblatt für gebildete Stände"*, er heiratet Luise Hauff, tritt zwei Wochen später bei Cotta wieder aus wegen wiederholter Kompetenzschwierigkeiten, kommt zurück und bringt seinen Bruder Hermann zur Entlastung mit, schreibt unentwegt (*„Ich geize mit jeder freien Minute"*), führt Verlagsverhandlungen und macht eine Reise nach Tirol, um für seinen geplanten Andreas-Hofer-Roman zu recherchieren. Bald nach seiner Rückkehr fühlt er sich krank und muß den Oktober im Bett verbringen. Drei Tage, nachdem sich sein Gesundheitszustand verschlechtert hat, wird seine Tochter Wilhelmine geboren und eine Woche danach stirbt Wilhelm Hauff am 18. 11. 1827. Sein Freund Christian Riecke berichtet, daß eine *„Beengung beim Atmen"* und Magenschmerzen die ersten Anzeichen der Krankheit waren, die ihn schließlich tötet. *„Das Delirium begann zuerst mit langen Unterbrechungen, in den letzten Tagen aber wurde es nur selten durch schnell sich wieder verwischende und nie ganz lichte Momente des Bewußtseins unterbrochen. In solchen Augenblicken schwebte ihm der Tod vor."* Wihelmine Hedwig sitzt am Bett ihres Sohnes, der sie, als er seinen Tod nahen fühlt, bittet, ihm die Augen zuzudrücken. Er nimmt von ihr Abschied und sagt, *„er verdanke es dem Gebet seiner Mutter, daß er dem Tod lächelnd entgegensehen könne"*. Drei Tage später wird Wilhelm Hauff auf dem Hoppenlau-Friedhof unter großer Anteilnahme zu Grabe getragen. *„Die Teilnahme,*

*welche Hauffs Tod erregte, war groß und allgemein, hier und im
ganzen Land"* heißt es. Wilhelmine Hedwig mag darin
ebenso etwas Trost finden, wie in den Worten der Trauer,
die Gustav Schwab, Friedrich Haug und Ludwig Uhland
ihrem Sohn widmen.

*„Mensch sei ein Mensch, daß, wenn man deinen Leib begräbt,
dein Werk und dein Gedächtnis lebt!"* hatte Wilhelm Hauff
einst einem Freund ins Stammbuch geschrieben, und nun
sitzt Wilhelmine Hedwig über den Zeilen, die sie von
ihrem Sohn im Laufe seines kurzen Lebens erhalten hat:
Briefe aus Paris, ein Gedicht zum Geburtstag 1819 und
1824, die launigen Verse zu den Hochzeiten seiner
Schwestern, Briefe aus seiner Zeit in Blaubeuren. So viel
waren sie ja gar nicht voneinander getrennt, hat Wilhelm
Hauff doch auch während seiner Studienzeit im Haus
seiner Mutter gelebt und die Annehmlichkeiten eines
externen Stiftlers genossen. Daß Wilhelmine Hedwigs
genialer jüngerer Sohn, der in so enger Beziehung zu ihr
aufgewachsen ist, den älteren mit seiner Begabung und
Lebensfülle bisweilen erdrückt und dessen Selbstvertrau-
en gestört hat, ist denkbar. Die stramme Erziehung des
Großvaters scheint aus ihm keineswegs eine so selbstsi-
chere Natur gemacht zu haben wie erhofft. Er hat nicht
die schöpferische Natur seines Bruders, muß Rückschläge
verkraften und Hoffnungen begraben. So auch im Jahre
1823, als er nach der Rückkehr von der obligatorischen
Bildungsreise keine Anstellung als Arzt in Tübingen findet. Seine Mutter schreibt darüber an Justinus Kerner:
*„Du kannst denken, daß er nicht nach Schwaigern gegangen
wäre, wenn er in Tübingen Aussichten gefunden hätte, aber leider war da nichts zu machen, da der junge Authenrieth zugleich
mit ihm von Reisen zurückkam."* Hermann Friedrich Authenrieth ist der Sohn des Medizinprofessors und Univer-
sitätskanzlers, und da ist es klar, wer die Stelle des Assi-
stenten an der von ihm geleiteten Tübinger Klinik be-

kommt. Ungern geht Wilhelmine Hedwigs Sohn nach Schwaigern. Sie ist froh darüber, Kerner in der Nähe zu wissen, und bedankt sich bei ihm für die freundliche Aufnahme ihres Sohnes und bittet: *„Gehe ihm mit Deiner Erfahrung an die Hand."* In einem späteren Brief an Cotta findet sich die Andeutung, daß die Beziehung zwischen Mutter und Sohn besser sein könnte, wobei sie abwiegelnd schreibt: *„Ich danke Gott, daß es ein solches Verhältnis ist, es hätte ja auch übler sich gestalten können."*

Den Brief an Kerner schreibt sie noch aus Tübingen, bemerkt aber ihm gegenüber: *„Wie viel hat sich inzwischen verändert."* Obwohl sie sich sehr wahrscheinlich schon früher immer wieder für längere Zeit in Stuttgart aufhält, erscheint sie erst im Adressbuch von 1839 mit einem eigenen Eintrag: *„Hauff, Wilhelmine, Geh. Sekretärs Wittwe".* Nachdem sie vorher wohl bei ihrem Sohn Hermann lebte, lautet ihre Adresse jetzt *„Tübinger Straße".* Das Seeltor an deren Beginn, die alte Mühle, die Weinberge in unmittelbarer Nähe und vor allem die *„Silberburg",* das ehemals so beliebte Ausflugsziel, das seit 1836 der Museumsgesellschaft gehört, prägen das Bild dieser Wohngegend. Und wenn die *„Silberburg"* jetzt auch nur noch für Mitglieder geöffnet ist, so kann sie doch von dort den herrlichen Blick auf *„ihr"* Stuttgart genießen. *„Die schönste Stelle der Stadt"* soll es nach Jean Pauls Worten sein. In der Nr. 8 der Tübinger Straße hat die Witwe Hauff ihre Wohnung. Die Suche nach einem Grundriß, nach weiteren Informationen über ihre Lebenswelt endet ergebnislos: 1847 wird das Haus abgebrochen. Schon einige Zeit vorher muß sie in die *„Rothestraße 28"* (heute: Theodor Heuss-Straße), in das dreistöckige, *„wohlansehnliche"* Haus des Küferobermeisters Friedrich Erbe umgezogen sein. In der Straße hat bis zu ihrem Selbstmord 1832 auch ihre Freundin Christiane Hegel gelebt. Mit anderen Freundinnen aus diesem Frauenkreis trifft die Hauffin noch immer zusammen. Die Ro-

thestraße gehört zu den ruhigen und vornehmen Wohn-
vierteln Stuttgarts, und manche Witwe oder Jungfer hat
sich hier eingemietet.

Wilhelmine Hedwig Hauff hat ein langes und intensi-
ves Leben gehabt, zur Ruhe kommt sie aber auch in ihren
letzten Jahren nicht. Die Schicksalsschläge, die sie verkraften muß, sind mit dem Tod ihres Sohnes Wilhelm
nicht zu Ende. 1845 stirbt seine Tochter im Alter von 18
Jahren; 1841 stirbt der Ehemann von Wilhelmine Hedwigs Tochter Sophie, die sich nun als junge Witwe mit
den Unterrichtsstunden am Königin Katharina-Stift
durchschlagen muß. 1842 stirbt ihre Tochter Marie, die
schon länger krank war. Ein Bittbrief ihrer Mutter an
Johann Friedrich Cotta in diesem Zusammenhang ist im
Literaturarchiv Marbach erhalten. Im Sommer 1838 sieht
Wilhelmine Hedwig Hauff keinen anderen Ausweg mehr,
als den *„alten Freund"* der Familie um einen Geldbetrag zu
bitten. *„Mit großer Bangigkeit"* schreibt sie ihm: *„Ich wollte Sie auf ein halbes Jahr gebeten haben, mir gnädigst mit 100 f*
(Florin) *auszuhelfen. Aus Liebe zu meiner Tochter kam ich in
diese Verlegenheit, sie mußte … ins Baad, was ihr bei so beschränkten Umständen sehr schwer fiel."* Sie hat Marie bereits
Geld geliehen, *„um es ihr zu erleichtern"*, bekommt aber
jetzt einen bestimmten Betrag, mit dem sie gerechnet
hat, nicht ausgezahlt und *„wüßte auf der ganzen Welt niemanden, dem ich mein Zutrauen geben könnte."* Den Prälaten
Flatt, *„ein Wohltäter von mir"*, zu fragen, ist ihr unangenehm, *„würde er* (doch) *als naher Verwander* (Schwager) *von
mir diese Summe meiner Tochter als Geschenk geben, und da
glaube ich das Zartgefühl meiner Tochter und Tochtermann zu
beleidigen"*. Es ist anzunehmen, daß Cotta ihrer Bitte um
ein Darlehen entsprochen hat, er ist bekannt dafür, daß er
bei Anfragen immer wieder vielen Personen großzügig
Unterstützung gewährt hat.

Fast zwanzig Jahre sind vergangen, seit Wilhelm im Juni 1826 aus Paris seiner Mutter die Zeilen schickte: *„Beruhige mich doch recht bald ... und schreibe, wie es mit Deiner Gesundheit steht. Es würde mir sehr zu meiner Ruhe beytragen. Ich weiß, Du denkst viel an mich; wie ich an Dich."*

Märchenerzählstunden hat es im Hause Hauff gegeben, und niemand kann mehr nachprüfen, an welche Phantasien und Fabelfiguren seiner Mutter sich Hauff erinnert hat beim Schreiben seiner noch heute berühmten Märchen. Die intensive Beziehung zu seiner *„durch Geist und Bildung ausgezeichneten"* Mutter, die *„von seltener Begabung, zumal nach Seite der Phantasie"* war, hat Wilhelm Hauff zu einem der berühmtesten Männer der württembergischen Geistesgeschichte werden lassen. Seine Schwester Sophie trägt ebenfalls die besondere Begabung der Mutter in sich und gilt als ausgezeichnete Märchenerzählerin. Wäre sie ein Mann gewesen, vielleicht hätte es eine schwäbische Ausgabe der Gebrüder Grimm gegeben, aber das ist eine Lebensgeschichte, die noch nicht geschrieben wurde.

Am 23. September 1845 stirbt Wilhelmine Hedwig Hauff in Stuttgart.

Zwölf Jahre vor ihrem Tod verfaßte Wilhelmine Hedwig Hauff auf mehreren, eng beschriebenen Seiten eine Art von Lebensbilanz, die zwar unvollständig blieb, aber trotzdem auch als Testament anzusehen ist. (41) *„An meine Kinder"* lautet die Einleitung zu den bis heute einzigen bekannten Zeilen, in denen Wilhelm Hauffs Mutter ganz persönlich Auskunft über ihr Leben und Denken gibt. Beim Lesen des 1833 verfaßten Schriftstücks wird schnell deutlich, daß finanzielle Sorgen ihren Alltag wesentlich stärker bestimmt haben als angenommen. Sie schreibt ihren Kindern: *„Wenn Ihr diese Zeilen leset, so bin ich meines Erdenlebens los, wo Ihr mir alle die Ruhe gönnt, denn das Geschäft meiner Armuth hat mich* *so unglücklich gemacht, daß ich oft Gott um Erlösung bat.* " Das lange Leben als Witwe, die Sorge für die eigenen und die angenommenen Kinder des Bruders, die langjährige Krankheit ihrer Tochter und andere uns nicht bekannte Schicksalsschläge zwingen Wilhelmine Hedwig Hauff zu den Zeilen: *„Leider hinterlasse ich Euch gar nichts."* Was sie noch tun kann, versucht sie auf den folgenden Seiten schriftlich zu regeln: die Rückzahlung des geliehenen *„Capitals"* an ihren Schwiegersohn Klaiber und an den Verleger Cotta. Wilhelmine Hedwig Hauffs ganze Sorge gilt der ordentlichen Abwicklung ihrer finanziellen Verpflichtungen und sie ist überzeugt, ihre Nachkommen werden *„Sorge tragen, daß meine ... Seele Ruhe hat".*

Anmerkungen

1 Das Palais wird später abgebrochen und durch einen Bau für das
  Brüsseler Könservatorium ersetzt.

2 In „Beiträge zur Neueren Geschichte Österreichs", 1906–1909,
  entdeckte ich in dem Heft „Belgrad unter der Regierung Kaiser
  Karls VI." eine weitere Charakterisierung von Maria Augustas
  Ehemann: „Leider hat es sich später herausgestellt, daß andere,
  weit weniger empfehlenswerte Charaktereigenschaften ihn für
  den verantwortungsvollen und schönen Posten (oberster Chef
  im Königreich Serbien) untauglich machen. ... (mehrere) Fälle,
  in welchen seine Unfähigkeit zur Leitung der Administration
  einer so großen Provinz, wie es Serbien war, so recht zu Tage
  tritt, sind nicht die einzigen ... Es gibt deren in den Akten des
  Hofgerichtsrates ... so viele, daß es schwer fallen würde, dieselben in den Rahmen eines gewöhnlichen Berichtes hineinzu-
  zwängen."

3 Die Arbeit eines unbekannten Malers hängt heute in der Thurn
  und Taxis-Residenz in Regensburg.

4 vgl.: Haasis, Helmut: Joseph Süß Oppenheimer, genannt Jud
  Süß, Reinbek 1998.

5 Nach einem Bericht des Decker-Hauff-Schülers Dr. Eckart
  Knittel, Fellbach-Schmiden, vom Januar 1999.

6 Auf der großen Versteigerung der Fürstlichen Sammlung
  Thurn und Taxis von Sotheby's im Jahre 1993 befand sich auch
  eine Miniatur der Herzogin Maria Augusta von 1737 im Angebot, die sie mit Witwenkleid neben einer Urne mit einem To-
  tenkopf sitzend zeigt.

7 Eine ausführliche Darstellung des Ereignisses gibt Pfaff (ohne
  Vorname) in den „Miszellen aus der wirttembergischen Geschichte", Stuttgart 1824, S. 104–110, entleihbar in der Stuttgarter Landesbibliothek.

8 „Derartige Audienzen fürstlicher und adliger Damen im Bett
  scheinen im 18. Jahrhundert in Süddeutschland Mode gewesen
  zu sein", schreibt ein Historiker und berichtet von einer „adligen Dame im Oberamt Aalen, die ihren Bauern im Schlafgemach Audienz erteilt".

9   Auch sie endet in der „Verwahrung" – Auguste Elisabeth hat versucht, ihren Mann umzubringen.

10 Cotta, Regina von: Werden, Sein und Vergehen des Verleger-geschlechts Cotta, Zürich 1969

11 Keppler, Utta: Marianne Pirker, Mühlacker 1988, S. 13/14

12 „Ah, wir haben Madame Pirker vermißt!"

13 Die Haus- und Hofarchive in Wien, Bayreuth und Berlin verfügen ebenfalls über kein klärendes Quellenmaterial zu diesem Vorfall.

14 Im zweiten Weltkrieg (1944) wurde es zerstört.

15 Otfried Mylius (Pseudonym) verarbeitete Marianne Pirkers Schicksal in „Die Irre von Eschenau. Historischer Roman aus dem 18. Jahrhundert, Stuttgart 1869

16 Im Lesesaal „Alte Drucke" der Landesbibliothek Stuttgart können noch heute die Originale in die Hand genommen und eingesehen werden.

17 Das Buch „Der Verleger Johann Friedrich Cotta. Repertorium seiner Briefe" von Helmuth Mojem, 1999, „dokumentiert alle derzeit bekannten und erreichbaren Briefe Johann Friedrich Cottas aus öffentlichem und privatem Besitz" und erwähnt Rosalie Cotta nur an dieser einen Stelle. Eine nochmalige Anfrage im Marbacher Cotta-Archiv nach Briefen oder anderen Texten aus der Hand seiner Mutter blieb ebenso ergebnislos wie die Recherche in der Handschriftenabteilung der Staatsbibliothek zu Berlin.

18 vgl.: Strohmeier, Renate: Lexikon der Naturwissenschaftlerinnen und natukundigen Frauen Europas, Frankfurt a.M. 1998

19 Johann Jakob Moser (1701–1785), Jurist und Begründer des positiven Staats- und Völkerrechts, in: Wie man einst in Schwaben reiste, hg. von Diethard H. Klein, Mühlacker 1984

20 Im Lesesaal für Alte Drucke der Landesbibliothek Stuttgart kann sie unter der Signatur „Fam. Pr. fol. 151" gelesen werden.

21 Dorothea Erxlebens Abhandlung „Gründliche Untersuchung der Ursachen, die das weibliche Geschlecht vom Studieren abhalten" wurde fünf Jahre nach ihrem ersten Erscheinen (1742) wegen des großen Interesses bei Leserinnen und Lesern im Jahre 1747 erneut aufgelegt.

22 Nach einer Auskunft von Pfarrer a.D. Thilo Dinkel, Kirchheim u.T., vom 5. 1. 1999

23 „Mein Name ist mit dem Odium der Geisteskrankheit behaftet", schreibt Emilie Kempin (1853–1901), die erste Juristin im deutschsprachigen Raum, und bewirbt sich von der Irrenanstalt Basel aus um eine Stelle als Magd bei einem Pfarrer. Die Schriftstellerinnen Zelda Fitzgerald (1900–1948) und Sylvia Plath (1932–1963) werden langläufig ebenso in die Kategorie „Wahnsinn" gesteckt wie Virginia Woolf (1882–1941), der ein Arzt empfiehlt: „Gleichmut – üben Sie sich in Gleichmut, Mrs. Woolf!" Aber wie soll sie das denn üben, wenn gleichzeitig um sie herum eine Welt existiert, die all das ablehnt und bestraft, was das Leben einer solchen ichstarken Frau aus- und lebenswert macht. Schriftstellerinnen, politisch und dem Zeitgeist entgegen denkende Frauen, Juristinnen, Ärztinnen und Künstlerinnen, die die weibliche Rolle ab- und sich gegen patriarchale Ansprüche auflehnen, gelten schnell als „hysterisch", wenn nicht „wahnsinnig".

24 Die manchmal etwas uneinheitliche Orthographie wurde ebenso vom Original übernommen, wie die fehlende Zeichensetzung und die uns heute fremde Schreibweise einiger Wörter oder Wortverbindungen.

25 vgl.: Rebmann, Jutta: Die Prinzessin. Der Weg der Antonia von Württemberg im Dreißigjährigen Krieg, Mühlacker 1998

26 „Wohl kann ich mir denken, daß Schwab sich in seiner Einsamkeit (Pfarrstelle in Gomaringen) selig fühlt. O, könnte ich nur solche Einsamkeit ... nur auch noch ein Jahr lang vor meinem Tode genießen! ... Ich sehe kein Morgenrot, mehr, bis der Sargdeckel über mir zusammenschlägt." (Justinus Kerner an Sophie Schwab, 13. 12. 1837)
Kerners Probeliegen für ein gemeinsames Grab mit Frau und Kindern erlebt der Dichter Nikolaus Lenau bei seinem ersten Besuch in Weinsberg: Marbacher Magazin 39/1986, S. 26

27 Jennings, Lee B.: Der aufgespiesste Schmetterling. Justinus Kerner und die Frage der psychischen Entwicklung, in: Antaios 10/1968

28 Mary Astell (1666–1731), eine Freundin der Lady Mary Montagu, schrieb das Vorwort. Astell ist eine der ersten englischen Frauenrechtlerinnen.

29 vgl.: Rebmann, Jutta: Die schöne Friederike, Eine Schwäbin im Biedermeier, Mühlacker 1989

30 Das im Jahre 1996 erschienene „Biographische Handbuch der Abgeordneten der Frankfurter Nationalversammlung 1848/49" ist ein weiteres, aktuelles Beispiel für die einseitige Geschichtsschreibung der Historiker. Emilie Uhland (1799–1881), deren Biographie „Ludwig Uhlands Leben" die Grundlage seiner Lebensbeschreibung, ist, erscheint in den biographischen Angaben ihres Ehemannes mit den Worten „verh. (1820)".

31 Von 1715 bis 1759 sind es 51 Werke, von 1760 bis 1790 ist es bereits die dreifache Zahl.

32 Geschichte der Familie Metzler und des Bankhauses B. Metzler seel. Sohn und Co. zu Frankfurt am Main 1674 bis 1924, hg. von H. Voelker, Frankfurt a.M. 1924

33 Im Lesesaal „Alte Drucke" der Landesbibliothek kann das Stuttgart Büchlein bestellt und gelesen werden.

34 Zum Thema „Gartengeschichte" gibt Andrea van Dülmen in „Das irdische Paradies. Bürgerliche Gartenkultur der Goethezeit", Köln – Weimar – Wien 1999, einen breiten detaillierten Überblick.

35 vgl. Roi-Frey, Karin de la: Frauenleben im Biedermeier, Leinfelden-Echterdingen 1998, S. 15–34.

36 vgl.: Hartmann, Julius: Uhlands Briefwechsel, Band 1 bis 4, Stuttgart/Berlin 1911–1916.

37 Antiquar in Tübingen

38 vgl. Heuss, Theodor: Das Rickele, in: Brot und Wein. Jahresgabe schwäbischer Dichtung 1958, hg. von Emil Wezel, Stuttgart.
Ninck, Johannes: Das Rickele (Friederike Kerner). Ein Frauenbild der schwäbischen Romantik, Leipzig und Hamburg 1938.
Einen Roman hat Utta Keppler mit „Friederike und ihr Justinus", Mühlacker 1983, zu diesem Thema vorgelegt.

39 Jong, Erica: Keine Angst vor Fünfzig, München 1996, S. 22

40 Groult Benoîte: Leben heißt frei sein, München 1998, S. 232

41 Wilhelmine Hedwig Hauffs Brief „An meine Kinder" befindet sich heute im Nachlaß Elsässer des Stadtarchivs Stuttgart und ist nach der Bestätigung eines Nachkommen „zweifellos von ihrer eigenen Hand geschrieben".
Den Hinweis darauf verdanke ich Frau Dr. Mack vom Stuttgarter Stadtarchiv.

Benutzte Archive und Bibliotheken:

Staatsbibliothek Berlin, Preußischer Kulturbesitz (Handschriften-abteilung), Stadtarchiv Frankfurt, Niedersächsisches Staatsarchiv Hannover, Deutsches Literaturarchiv Marbach am Neckar, Fürst Thurn und Taxis Zentralarchiv Regensburg, Württembergische Landesbibliothek und Stadtarchiv Stuttgart, Stadtarchiv Tübingen, Stadt- und Landesbibliothek Wien.

Quellenverzeichnis

Baden und Württemberg im Zeitalter Napoleons, Stuttgart 1987

Bausinger, Hermann: Ein bisschen unsterblich. Schwäbische Profile. Gerlingen 1999

Borst, Otto: Frauen bei Hof, Tübingen 1998

Brommer, Ulrike: „... und Wasser trink ich oft dazu". Das private Leben der großen schwäbischen Dichter, Gerlingen 1993

Brandstätter, Horst und Holwein, Jürgen: Stuttgart. Dichter sehen eine Stadt, Stuttgart 1989

Chronik der Frauen, Dortmund 1992

Cotta, Regina von: Werden, Sein und Vergehen des Verlegergeschlechts Cotta, Zürich 1969

Dallmeier, Martin und Schad, Martha: Das fürstliche Haus Thurn und Taxis, Regensburg 1996

Decker-Hauff, Hansmartin: Frauen im Hause Württemberg, Leinfelden-Echterdingen 1997

Gall, Lothar: Bürgertum in Deutschland, Berlin 1989

Hagel, Jürgen: So soll es seyn. Königliche Randbemerkungen und Befehle zur Stadtgestaltung in Stuttgart und Cannstatt in der ersten Hälfte des 19. Jahrhunderts, Stuttgart 1996

Hartmann, Julius: Uhlands Briefwechsel, Band 1 bis 4, Stuttgart/ Berlin 1911–1916

Holst, Christian von (Hg.): Schwäbischer Klassizismus zwischen Ideal und Wirklichkeit 1770–1830, Stuttgart 1993

Hornbogen, Helmut: Tübinger Dichter-Häuser, Literaturgeschichte aus Schwaben, Tübingen 1992

Jamme, Christoph und Pöggeler, Otto: „O Fürstin der Heimath! glükliches Stutgard". Politik, Kultur und Gesellschaft im deutschen Südwesten um 1800. Stuttgart 1988

Kerner, Justinus: Das Bilderbuch aus meiner Knabenzeit. Erinnerungen aus den Jahren 1786–1804, Braunschweig 1849

Leiner, Gabriele und Wolfgang: Gottfried Tobias Ritters Stuttgarter Tagebuch 1784, Stuttgart 1984

Marbacher Magazin 39/1986 (Sonderheft): Justinus Kerner 1786–1862.

Marbacher Magazin 59/1991: Der Stuttgarter Hoppenlau-Friedhof als literarisches Denkmal.

Mojem, Helmuth: Der Verleger Johann Friedrich Cotta. Repertorium seiner Briefe, Stuttgart 1999

Nickisch, Reinhard M. G.: Die Frau als Briefschreiberin im Zeitalter der deutschen Aufklärung, Wolfenbüttler Studien 3/1976

Pfaff (ohne Vorname): Miszellen aus der württembergischen Geschichte, Stuttgart 1824

Roi-Frey, Karin de la: Frauenleben im Biedermeier, Leinfelden-Echterdingen 1998

Roi-Frey, Karin de la: Uhland von A bis Z, Leinfelden-Echterdingen 1998

Schukraft, Harald: Stuttgarter Straßen-Geschichte(n), Stuttgart 1986

Strohmeier, Renate: Lexikon der Naturwissenschaftlerinnen und naturkundigen Frauen Europas, Frankfurt a. M. 1998

Versteigerung Fürstliche Sammlung Thurn und Taxis Regensburg 12.–15. Oktober 1993, Katalog des Hauses Sotheby's

Weller, Karl und Weller, Arnold: Württembergische Geschichte im südwestdeutschen Raum, Stuttgart 1975

Wittmann, Reinhard: Geschichte des deutschen Buchhandels, München 1991

Zeller, Bernhard und Scheffler, Walter: Literatur im deutschen Südwesten, Stuttgart 1987

Verzeichnis der Abbildungen

10. Gustav Schwab
    Ölgemälde von Karl Jakob Theodor Leybold
    Schiller-Nationalmuseum Marbach/N.

11. Silhouette von Rosine Elisabeth Uhland geb. Hoser
    Kulturamt, Stadtarchiv Stuttgart

12. Ludwig Uhland, Gemälde
    Schiller-Nationalmuseum Marbach/N.
    Foto: Landesbildstelle Württemberg, Stuttgart

13. Wilhelmine Hedwig Hauff geb. Elsässer
    Originalhandschrift aus: Eintrag im Stammbuch von Carl
    Grüneisen
    „Wie selig ists ein Mensch zu seyn und Freundschaft zu ge-
    nießen! von Deiner Dich liebenden Tante Wilhelmine Hauff"
    Schiller-Nationalmuseum Marbach/N.

14. Wilhelm Hauff, Lithographie
    Schiller-Nationalmuseum Marbach/N.